LA JEUNESSE

新青年

觉醒年代研学行专号

中国共产党早期北京革命活动纪念馆 编

团结出版社

图书在版编目（CIP）数据

新青年觉醒年代研学行专号 / 中国共产党早期北京
革命活动纪念馆编 . -- 北京 : 团结出版社 , 2023.12
　　ISBN 978-7-5234-0139-2

　　Ⅰ . ①新… Ⅱ . ①中… Ⅲ . ①高等学校 – 思想政治教
育 – 研究 – 中国 Ⅳ . ① G641

中国国家版本馆 CIP 数据核字（2023）第 079836 号

出　版：团结出版社
　　　　（北京市东城区东皇城根南街 84 号　邮编：100006）
电　话：（010）65228880　65244790（出版社）
　　　　（010）65238766　85113874　65133603（发行部）
　　　　（010）65133603（邮购）
网　址：http://www.tjpress.com
E-mail：zb65244790@vip.163.com
　　　　tjcbsfxb@163.com（发行部邮购）
经　销：全国新华书店
印　装：三河市东方印刷有限公司

开　本：170mm×240mm　16 开
印　张：23
字　数：251 千字
版　次：2023 年 12 月　第 1 版
印　次：2023 年 12 月　第 1 次印刷

书　号：978-7-5234-0139-2
定　价：69.80 元

导读

为认真贯彻落实党的二十大精神，推进文化自信自强，弘扬伟大建党精神；同时，为继续深入贯彻落实习近平总书记在北大红楼参观时的重要指示精神和在十九届中央政治局第三十一次集体学习时的重要讲话精神，用好红色文化资源，赓续红色血脉，中国共产党早期北京革命活动纪念馆以基本陈列"光辉伟业　红色序章——北大红楼与中国共产党早期北京革命活动主题展"为基础，推出了形式多样的社会教育活动，让北大红楼的深厚历史文化不断呈现出新传承、新表达、新活力。

2023年5月，由北京市委宣传部、市委教育工委主办的"'京'彩文化青春绽放"行动计划正式启动，其中"觉醒年代"研学行——首都高校力量参与红色文化研学项目，旨在充分发挥北大红楼红色文化资源优势，引导高校学生参与首都文化建设。6月，全国第一家以革命先驱李大钊的"字"守常命名的研究机构——守常研究院，在北大红楼正式揭牌成立，共同推动首都高校参与伟大建党精神研究，与全国文化中心建设双向互动、相互赋能，亮出鲜明底色，培育时代新人。为了加强"觉醒年代"研学行系列课题成果的转化利用，守常研究院推出"守常文库"，将优秀研究成果整理成册，形成独特品牌。

《新青年觉醒年代研学行专号》立足北大红楼的独特历史，在《新青年》杂志"马克思研究""易卜生"专号的启发下，编辑而成。本书不仅是"觉醒年代"研学行的实践教学资料，也是北大红楼系列社会教育活动的辅导资料，并可应用到其他相关活动中，推动我馆社会教育工作的深化。

全书以马克思主义在中国的早期传播和中国共产党的孕育为重点，聚焦中国共产党早期北京革命活动的主要人物李大钊、陈独秀、毛泽东等及其著述，以新文化运动、五四运动、真理传播和孕育建党为专题，精选出54

篇文章，基本反映了习近平总书记关于"北大红楼同建党紧密相关，北大是新文化运动的中心和五四运动的策源地，最早在我国传播马克思主义思想，也是我们党在北京早期革命活动的历史见证地，在建党过程中具有重要地位"这一重要论述。

一、新文化运动篇

本篇展示了新文化运动代表人物的重要文章14篇，既重点突出了活跃在当时的新文化运动领导者的代表作，也涵盖了新文化运动整体面貌中有影响的文章。

1915年9月15日，陈独秀在上海创办《青年杂志》，在创刊号发表《敬告青年》一文，大力提倡年轻人要做"新青年"，并提出"新青年"六大标准。翌年《青年杂志》更名为《新青年》，李大钊发表《青春》一文，号召青年人为世界进文明，为人类造幸福。1917年2月，李大钊在《甲寅》日刊发表《自然的伦理观与孔子》一文，对复古思潮进行抨击，强调"余之掊击孔子，非掊击孔子之本身，乃掊击孔子为历代君主所雕塑之偶像的权威也；非掊击孔子，乃掊击专制政治之灵魂也"。彼时，毛泽东在湖南省立第一师范学校读书，他的老师杨昌济在《新青年》发表了《治生篇》，反对中国的恶俗，大力提倡新道德。不久，毛泽东也在《新青年》发表了《体育之研究》一文，提倡体育之效，认为"欲文明其精神，先自野蛮其体魄；苟野蛮其体魄矣，则文明之精神随之"。

1917年1月，蔡元培出任北京大学校长，发表《就任北京大学校长之演说》，他提倡"思想自由""兼容并包"，为新文化、新思想的传播开拓道路。同月，胡适在《新青年》第2卷第5号上发表《文学改良刍议》，较系统地提出文学改良的主张，提倡以白话文代替文言文，以白话文学为中国文学之正宗。陈独秀认为旧道德与旧文学"相依为命"，1917年2月，他在《新青年》第2卷第6号上发表《文学革命论》，提出"三大主义"，呼吁进行文学革命，推动新文化运动。1918年5月，鲁迅在《新青年》第4卷第5号上发表了中国第一部现代白话文小说《狂人日记》，揭露封建礼教"吃人"的本质，成为把文学革命的形式和内容相结合的典范，在中国近现代文学史上有着重要的地位和影响。新文化运动者提倡白话文，陈衡哲是第一个用白话文进行文学创作的中国女作家，她的《小雨点》便是白话文小说写作的典范。1918年2月，北京大学研究所国学门发起《北京大学征集全国近世歌谣简章》，他们认为歌谣可以反映历史，反映风土人情，他们相信"民俗学研究在现今的中国确是很重要的一件事业"。

新文化运动的先驱们提倡妇女解放，希望通过思想启蒙使封建文化禁锢下的中国女性成为人格独立、个性解放的新女性。1919年2月，李大钊发表《战后之妇人问题》，从欧美妇女社会面临的问题中反思中国女界，寻求中国妇人问题的彻底解决办法。

新文化运动的倡导者强调用科学的尺度衡量一切事物，崇尚理性。1919年1月，陈独秀在《新青年》第6卷第1号上发表《本志罪案之答辩书》一文，旗帜鲜明地维护"德（民主）、赛（科学）两先生"。北京大学化学系教授王星拱发表《什么是科学方法》，认为制造知识的正当方法是实质的逻辑，大力提倡科学和理性。

二、五四运动篇

本篇按照历史事件发生、发展的时间顺序，梳理五四运动进程中起到重要作用的文献和陈独秀、李大钊等对五四运动评价的文章，共计13篇，充分体现了以爱国主义精神为核心的五四精神。

1919年5月2日，北京《晨报》刊登了林长民《外交警报敬告国民》一文，报道了巴黎和会上中国外交失败的消息。5月4日，北京大学、北京高等师范学校、北京法政专门学校等13所大中专学校的3000余名学生齐聚天安门前，北京大学学生罗家伦用白话文起草《北京全体学界通告》宣传单，许德珩用文言文起草《北京学生界宣言》，要求收回山东主权、拒绝在凡尔赛和约上签字、取消"二十一条"、惩办三个亲日派官僚曹汝霖、章宗祥、陆宗舆，五四爱国运动由此爆发。

5月18日，《每周评论》第22号刊载的李大钊撰写的《秘密外交与强盗世界》一文，深刻揭露帝国主义的侵略本质，进一步指出中国人民的斗争目标；同时刊登了陈独秀的《为山东问题敬告各方面》，明确指出"政府若是听从亲日卖国派的诡计，凭空断送重大权利，酿成直隶山东江苏三省的问题，这种卖国大罪，国民是万万不能再恕的了！"

6月8日，陈独秀在《每周评论》第25号发表《研究室与监狱》一文，指出"我们青年要立志出了研究室就入监狱，出了监狱就入研究室，这才是人生最高尚优美的生活"。陈独秀还起草《北京市民宣言》，英译文为胡适翻译。该宣言发出"惟有直接行动，以图根本之改造"的号召，为民众运动指明了新的斗争目标。6月11日晚，陈独秀在北京新世界游艺场散发《北京市民宣言》时，遭京师警察厅暗探逮捕，引起全国极大的震动，各大报刊、社会团体、各界人士强烈谴责北洋军阀政府的倒行逆施，汹涌的营救浪潮席卷而来。7月14日，毛泽东在《湘江评论》创刊号上发表《陈独秀之被捕及营救》，呼吁释放陈独秀。在各界人士营救下，陈独秀于9月16日获释。11月1日，李大钊在《新青年》第6卷第6号发表《欢迎独秀出狱》。

在五四运动爆发后的漫长历史中，人们不停地反思其意义，时至今日。1920年，陈独秀在中国公学第二次演讲会上便明确提出，五四运动的精神是爱国救国。1921年，在纪念五四运动爆发2周年之际，李大钊在《晨报》发表《中国学生界的"May Day"》一文，认为不应当把五月四日"仅仅看做一个狭义的爱国运动的纪念日"，而应该把它看作和"May Day"一样采取直接行动反抗强权世界的纪念日。

1924年5月4日，《晨报副刊》"五四纪念专号"刊载朱务善撰写的《"五四"运动给国人对外的印象》一文，指出我们纪念五四，应当引导社会群众反对帝国主义的侵略。

1925年5月2日，中国社会主义青年团中央机关刊物《中国青年》刊登张太雷的《五四运动的意义与价值》，提出"中国的民族运动自从五四运动才渐渐变成近代的民族运动——有组织的群众的反帝国主义与军阀的运动"。

三、真理传播篇

本篇收录反映马克思主义在中国早期传播的重要文章13篇，聚焦李大钊、陈独秀、毛泽东在马克思主义传播过程中的理论思考和实践探索，反映了马克思主义传播的艰辛历程和重要意义。

1917年，列宁领导的俄国十月社会主义革命的胜利，给苦闷和探索中的中国先进分子树起光辉的榜样。李大钊在中国大地上率先举起十月社会主义革命旗帜，积极研究宣传马克思主义，把马克思主义作为观察和认识国家命运的工具，引导一批先进分子成长为马克思主义者。

1918年7月1日，李大钊在《言治》季刊发表《法俄革命之比较观》，论述1917年俄国十月革命与1789年法国资产阶级革命的本质区别，指出俄国十月革命预示着社会主义时代的到来，是"世界的新文明之曙光"。1919年元旦，李大钊在《每周评论》第3号发表《新纪元》一文，指出俄国十月革命开辟了人类历史的"新纪元"，它将"带来新生活、新文明、新世界"，中国人民应当走十月革命的道路。1月，他在《新青年》第5卷第5号发表《庶民的胜利》《BOLSHEVISM的胜利》，热烈赞扬十月革命，指出无产阶级的社会主义革命是世界历史的潮流。4月，陈独秀在《每周评论》第18号发表《二十世纪俄罗斯的革命》一文，指出十月革命是"人类社会变动和进化的大关键"。7、8月，《湘江评论》连载毛泽东《民众的大联合》一文，宣传反封建的民主革命思想，指出民众大联合是改造国家、改造社会的根本方法。

1919年7月，胡适发表《多研究些问题，少谈些"主义"！》，宣扬改良主义，认为马克思主义者关于中国问题要"根本解决"的主张，是"自欺欺人的梦话"。针对胡适的观点，李大钊于8月撰写《再论问题与主义》进行反驳，初步地表述了马克思主义的一般原理必须与本国的实际相结合，并在这个结合的过程中得到发展的思想。接着，胡适连续发表《三论问题与主义》《四论问题与主义》回应李大钊的批评。12月，胡适发表《新思潮的意义》，再次重申"文明不是笼统造成的，是一点一滴的造成的"的改良主义主张。1920年1月，李大钊在《新青年》第7卷第2期发表《由经济上解释中国近代思想变动的原因》，用唯物史观分析了中国新文化运动产生的根源，提出"经济上若发生了变动，思想上也必发生变动"。

1919年9月、11月，李大钊在《新青年》第6卷第5号、第6号上发表的《我的马克思主义观》。该文系统介绍了马克思主义的唯物史观、政治经济学和科学社会主义的基本原理，充分肯定了马克思主义的历史地位。该文的发表，表明李大钊完成从民主主义者向马克思主义者的转变，标志着马克思主义在中国进入比较系统的传播阶段。1920年12月，李大钊在《新青年》第8卷第4号发表《唯物史观在现代史学上的价值》，从唯心史观的特点入手，强调以"经济的生活"为要义的唯物史观在史学上的价值。

1921年2月，在法国的蔡和森写信给陈独秀，表明自己极端主张马克思主义，寻求陈独秀的指正。8月，陈独秀回信与之交换了相关问题的意见。这两封信以《马克思学说与中国无产阶级》为题刊登在《新青年》第9卷第4号的通信栏目。

为推动马克思主义传播和筹建党的组织，1920年3月，在李大钊的指导下，邓中夏、罗章龙等秘密组织成立北京大学马克思学说研究会，并于

1921年11月17日正式公开。12月16日,《北京大学日刊》刊登了邓中夏负责起草的《公开发起马克斯学说研究会启事》。马克思学说研究会是中国最早的比较系统学习和研究马克思主义的团体。

随着马克思主义在中国的传播,《新青年》逐渐成为宣传马克思主义的阵地,介绍、研究、宣传马克思主义成为不可抗拒的潮流。《新青年》第9卷第6号刊登了陈独秀的《马克思学说》。

四、孕育建党篇

本篇选取中国共产党孕育时期的文章14篇,既有"南陈北李"对于建立党组织的看法和对于革命的态度,又有北京早期党组织成员的文章,以及党、团刊物中的一些重要论述,着力体现伟大建党精神。

"人生的目的,在发展自己的生命,可是也有为发展生命必须牺牲生命的时候。因为平凡的发展,有时不如壮烈的牺牲足以延长生命的音响和光华。绝美的风景,多在奇险的山川。绝壮的音乐,多是悲凉的韵调。高尚的生活,常在壮烈的牺牲中。"1919年11月,李大钊以"孤松"为笔名发表《牺牲》一文,表明自己对于革命牺牲的大无畏的精神。

1920年9月,《新青年》第8卷第1号刊登陈独秀撰写的《谈政治》一文。文中论述了无产阶级革命和无产阶级专政等问题,提出"要建立劳农阶级专政的国家",强调了阶级斗争的重要性。1921年3月,李大钊在《曙光》杂志第2卷第2期发表了《团体的训练与革新的事业》一文,指出"我们现在还要急急组织一个团体……中国谈各种社会主义的都有人了……但是还没有强固精密的组织产生出来""中国现在既无一个真能表现民众势力的团体,C派的朋友若能成立一个强固的精密的组织,并注意促进其分子之团体的训练,那么中国彻底的大改革,或者有所附托!"

1920年,赴法勤工俭学的蔡和森在给毛泽东信中明确提出建立中国共产党的主张，在谈到党的组织的时候，明确表示要"公布一种有力的出版物，然后明目张胆正式成立一个中国共产党"。毛泽东在回信中表示，"你这一封信见地极当，我没有一个字不赞成"，对蔡和森的主张，表示了深切的赞同。

北京早期马克思主义者关注国内劳工状况，在学习研究马克思主义、接触社会实践的过程中，积极深入农村和工厂，向群众宣传并组织群众。1921年4月，邓中夏在《少年中国》第2卷第10期发表诗歌《游工人之窟》。

1921年7月，中国共产党第一次全国代表大会召开，北京党组织派代表出席了中共一大，作了《北京共产主义组织的报告》，报告了共产党北京支部在工人与知识分子中开展工作的情况。"虽然我们现在把精力都用在组织和教育群众的工作上，但同时还应当注意对知识分子的宣传工作。同志们，黑暗的政治局势和包围着我们的腐败的社会，许多令人难以容忍的社会不公平以及悲惨的经济生活状况，所有这一切都是易于引起革命爆发的因素。我们能否利用易于激发起来的无产阶级的革命精神，能否把民主主义的政治革命引上工人阶级社会革命的轨道，所有这一切均取决于我们在高举红旗的斗争中的努力程度。这次成立大会应当具体地解决摆在我们面前的一切任务，并制定实际工作计划。"

1920年3月，缪伯英加入北京大学马克思学说研究会，同年成为北京社会主义青年团首批团员。11月，与何孟雄一起入党，成为中国共产党第一名女党员。她撰写的《家庭和女子》一文，发表在1921年《家庭研究》第1卷第3期。1921年4月，何孟雄作为北京社会主义青年团代表参加国际少年共产党第二次代表大会，在赴俄途中于满洲里被捕，6月经保释出狱。次年写下诗一首《狱中题壁》："当年小吏陷江州，今日龙江作楚囚。万里投荒阿穆尔，从容莫负少年头。"

1922年1月，北京社会主义青年团机关刊物《先驱》半月刊创刊，其发行通信处设在红楼收发课，后成为中国社会主义青年团团刊。发刊词中表明本刊的任务是努力唤醒国民的自觉，努力研究中国的客观的实际情形，介绍各国社会主义运动的成绩和失败之点。4月1日，《先驱》发表《关于中国少年运动的纲要》，初步提出中国革命要分两步走的思想，第一步是完全倾覆封建主义，第二步是推翻有产阶级的政治。

1922年9月，中共中央在上海创办了政治机关报《向导》周报，是中国共产党中央委员会的第一份政治机关报。10月，从第6期起迁往北京，以后，又先后迁到广州、上海、武汉等地出版。1927年7月，汪精卫叛变革命后停刊，共出版201期。李大钊曾主持《向导》周报在北京的出版、发行，旗帜鲜明地宣传党的反帝反封建的民主革命纲领，在革命斗争中发挥了舆论宣传和政策指导的作用。

1923年二七惨案发生后，中共北京地委组织了万人声讨军阀、援助工人游行，是自五四运动以来北京规模最大的一次群众游行。为揭露军阀罪行，中共东城支部和长辛店支部组织力量，由罗章龙执笔编写了《京汉工人流血记》，于1923年在北京出版，高君宇作后序，题为《工人们需要一个政党》，他指出京汉罢工的失败，导致工人力量损失惨重，我们不仅要再组成工会，还必须要有党的组织。

1927年4月6日，李大钊在北京遭到奉系军阀张作霖的逮捕。面对敌人的威胁利诱，他大义凛然、坚贞不屈。4月28日，李大钊从容就义，年仅38岁。李大钊被捕后写下《狱中自述》："钊自束发受书，即矢志努力于民族解放之事业，实践其所信，励行其所知，为功为罪，所不暇计。今既被逮，惟有直言。倘因此而重获罪戾，则钊实当负其全责。惟望当局对于此等爱国青年宽大处理，不事株连，则钊感且不尽矣！"理想信念之火一经点燃，就永远不会熄灭。一次次挫折失败、一次次绝境重生，直至为理想献出宝贵的生命，中国共产党人仍能愈挫愈勇，初心如磐。正如毛泽东所言："中国共产党和中国人民并没有被吓倒、被征服、被杀绝。他们从地下爬起来，揩干身上的血迹，掩埋好同伴的尸首，他们又继续战斗了。"

　　《新青年觉醒年代研学行专号》所选文章并非全部出自《新青年》杂志，乃是以新时代"新青年"自勉，夯实青年人的思想文化素质。《新青年觉醒年代研学行专号》的编辑、校勘工作，既参照了文章的原始出处，也参照了很多前人研究成果，我们在此一并致谢。虽然我们也为此做出了努力，但工作中的短处在所难免，由衷地欢迎广大读者提出宝贵的意见和建议！我们一定持续提升，不断进步！

　　　　　　　　　　　　　　　　　　　　　　　　本书编写组

　　　　　　　　　　　　　　　　　　　　　　　　2023年12月

目录

3

真理传播篇（13篇）

4

1

新文化运动篇（14篇）

敬告青年

陈独秀

陈独秀（1879—1942），字仲甫，安徽怀宁（今安庆）人，新文化运动主将、"五四运动的总司令"、中国共产党主要创始人之一。

窃以少年老成，中国称人之语也；年长而勿衰（keep young while growing old），英、美人相勖之辞也，此亦东西民族涉想不同、现象趋异之一端欤？青年如初春，如朝日，如百卉之萌动，如利刃之新发于硎，人生最可宝贵之时期也。青年之于社会，犹新鲜活泼细胞之在人身。新陈代谢，陈腐朽败者无时不在天然淘汰之途，与新鲜活泼者以空间之位置及时间之生命。人身遵新陈代谢之道则健康，陈腐朽败之细胞充塞人身则人身死；社会遵新陈代谢之道则隆盛，陈腐朽败之分子充塞社会则社会亡。

准斯以谈，吾国之社会，其隆盛耶？抑将亡耶？非予之所忍言者。彼陈腐朽败之分子，一听其天然之淘汰，惟不愿以如流之岁月，与之说短道长，希冀其脱胎换骨也。予所欲涕泣陈词者，惟属望于新鲜活泼之青年，有以自觉而奋斗耳！自觉者何？自觉其新鲜活泼之价值与责任，而自视不可卑也。奋斗者何？奋其智能，力排陈腐朽败者以去，视之若仇敌，若洪水猛兽，而不可与为邻，而不为其菌毒所传染也。鸣呼！吾国之青年，其果能语于此乎！吾见夫青年其年龄，而老年其身体者十之五焉；青年其年龄或身体，而老年其脑神经者十之九焉。华其发，泽其容，直其腰，广其膈，非不俨然青年也；及叩其头脑中所涉想，所怀抱，无一不与彼陈腐朽败者为一丘之貉。其始也未尝不新鲜活泼，寝假而为陈腐朽败分子所同化者，有之；寝假而畏陈腐朽败分子势力之庞大，瞻顾依回，不敢明目张胆作顽狠之抗斗者，有之。充塞社会之空气，无往而非陈腐朽败焉，求些少之新鲜活泼者，以慰吾人窒息之绝望，亦杳不可得。循斯现象，于人身则必死，于社会则必亡。欲救此病，非太息咨嗟之所能济，是在一二敏于自觉、勇于奋斗之青年，发挥人间固有之智能，决择人间种种之思想——孰为新鲜活泼而适于今世之争存，孰为陈腐朽败而不容留置于脑里——利刃断铁，快刀理麻，决不作牵就依违之想，自度度人，社会庶几其有清宁之日也。青年乎！其有以此自任者乎？若夫明其是非，以供决择，谨陈六义，幸平心察之。

一、自主的而非奴隶的

等一人也，各有自主之权，绝无奴隶他人之权利，亦绝无以奴自处之义务。奴隶云者，古之昏弱对于强暴之横夺，而失其自由权利者之称也。自人权平等之说兴，奴隶之名，非血气所忍受。世称近世欧洲历史为"解放历史"——破坏君权，求政治之解放也；否认教权，求宗教之解放也；均产说兴，求经济之解放也；女子参政运动，求男权之解放也。解放云者，脱离夫奴隶之羁绊，以完其自主自由之人格之谓也。我有手足，自谋温饱；我有口舌，自陈好恶；我有心思，自崇所信；绝不认他人之越俎，亦不应主我而奴他人；盖自认为独立自主之人格以上，一切操行，一切权利，一切信

《敬告青年》原载 1915 年 9 月 15 日《青年杂志》1 卷 1 号，是陈独秀为自己主编的《青年杂志》所写的发刊词。《青年杂志》后改名为《新青年》。

仰，唯有听命各自固有之智能，断无盲从隶属他人之理。非然者，忠孝节义，奴隶之道德也。［德国大哲尼采别道德为二类：有独立心而勇敢者曰贵族道德（Morality of Noble），谦逊而服从者曰奴隶道德（Morality of Slave）］轻刑薄赋，奴隶之幸福也；称颂功德，奴隶之文章也；拜爵赐第，奴隶之光荣也；丰碑高墓，奴隶之纪念物也；以其是非荣辱，听命他人，不以自身为本位，则个人独立平等之人格，消灭无存，其一切善恶行为，势不能诉之自身意志而课以功过；谓之奴隶，谁曰不宜？立德立功，首当辨此。

二、进步的而非保守的

人生如逆水行舟，不进则退，中国之恒言也。自宇宙之根本大法言之，森罗万象，无日不在演进之途，万无保守现状之理；特以俗见拘牵，谓有二境，此法兰西当代大哲柏格森（H. Bergson）之"创造进化论"（L'Evolution Creatrice）所以风靡一世也。以人事之进化言之，笃古不变之族，日就衰亡；日新求进之民，方兴未已；存亡之数，可以逆睹。矧在吾国，大梦未觉，故步自封，精之政教文章，粗之布帛水火，无一不相形丑拙，而可与当世争衡？举凡残民害理之妖言，率能征之故训，而不可谓诬，谬种流传，岂自今始！固有之伦理、法律、学术、礼俗，无一非封建制度之遗，持较皙种之所为，以并世之人，而思想差迟，几及千载；尊重廿四朝之历史性，而不作改进之图，则驱吾民于二十世纪之世界以外，纳之奴隶牛马黑暗沟中而已，复何说哉！于此而言保守，诚不知为何项制度文物，可以适用生存于今世。吾宁忍过去国粹之消亡，而不忍现在及将来之民族，不适世界之生存而归削灭也。呜呼！巴比伦人往矣，其文明尚有何等之效用耶？"皮之不存，毛将焉传？"世界进化，骎骎未有已焉。其不能善变而与之俱进者，将见其不适环境之争存，而退归天然淘汰已耳，保守云乎哉！

三、进取的而非退隐的

当此恶流奔进之时，得一二自好之士，洁身引退，岂非希世懿德。然欲以化民成俗，请于百尺竿头，再进一步。夫生存竞争，势所不免，一息尚存，即无守退安隐之余地。排万难而前行，乃人生之天职。以善意解之，退隐为高人出世之行；以恶意解之，退隐为弱者不适竞争之现象。欧俗以横厉无前为上德，亚洲以闲逸恬淡为美风，东西民族强弱之原因，斯其一矣。此退隐主义之根本缺点也。若夫吾国之俗，习为委靡：苟取利禄者，不在论列之数；自好之士，希声隐沦，食粟衣帛，无益于世，世以雅人名士目之，实与游惰无择也。人心秽浊，不以此辈而有所补救，而国民抗往之风，植产之习，于焉以斩。人之生也，应战胜恶社会，而不可为恶社会所征服；应超出恶社会，进冒险苦斗之兵，而不可逃循恶社会，作退避安闲之想。呜呼！欧罗巴铁骑，入汝室矣，将高卧白云何处也？吾愿青年之为孔、墨，而不愿其为巢、由；吾愿青年之为托尔斯泰与达噶尔（R. Tagore，印度隐遁诗人），不若其为哥伦布与安重根！

四、世界的而非锁国的

并吾国而存立于大地者，大小凡四十余国，强半与吾有通商往来之谊。

加之海陆交通，朝夕千里，古之所谓绝国，今视之若在户庭。举凡一国之经济政治状态有所变更，其影响率被于世界，不啻牵一发而动全身也。立国于今之世，其兴废存亡，视其国之内政者半，影响于国外者恒亦半焉。以吾国近事证之：日本勃兴，以促吾革命维新之局；欧洲战起，日本乃有对我之要求；此非其彰彰者耶？投一国于世界潮流之中，笃旧者固速其危亡，善变者反因以竞进。吾国自通海以来，自悲观者言之，失地偿金，国力索矣；自乐观者言之，倘无甲午庚子两次之福音，至今犹在八股垂发时代。居今日而言锁国闭关之策，匪独力所不能，亦且势所不利。万邦并立，动辄相关，无论其国若何富强，亦不能漠视外情，自为风气。各国之制度文物，形式虽不必尽同，但不思驱其国于危亡者，其遵循共同原则之精神，渐趋一致，潮流所及，莫之能违。于此而执特别历史国情之说，以冀抗此潮流，是犹有锁国之精神，而无世界之智识。国民而无世界智识，其国将何以图存于世界之中？语云："闭户造车，出门未必合辙。"今之造车者，不但闭户，且欲以"周礼""考工"之制，行之欧美康庄，其患将不止不合辙已也！

五、实利的而非虚文的

自约翰弥尔（J.S.Mill）"实利主义"唱道于英，孔特（Comte）之"实验哲学"唱道于法，欧洲社会之制度，人心之思想，为之一变。最近德意志科学大兴，物质文明，造乎其极，制度人心，为之再变。举凡政治之所营，教育之所期，文学技术之所风尚，万马奔驰，无不齐集于厚生利用之一途。一切虚文空想之无裨于现实生活者，吐弃殆尽。当代大哲，若德意志之倭根（R. Eucken），若法兰西之柏格森，虽不以现时物质文明为美备，咸揭橥生活（英文曰 Life，德文曰 Leben，法文曰 La vie）问题，为立言之的。生活神圣，正以此次战争，血染其鲜明之旗帜。欧人空想虚文之梦，势将觉悟无遗。夫利用厚生，崇实际而薄虚玄，本吾国初民之俗；而今日之社会制度，人心思想，悉自周、汉两代而来，——周礼崇尚虚文，汉则罢黜百家而尊儒重道——名教之所昭垂，人心之所祈向，无一不与社会现实生活背道而驰。倘不改弦而更张之，则国力将莫由昭苏，社会永无宁日。祀天神而拯水旱，诵"孝经"以退黄巾，人非童昏，知其妄也。物之不切于实用者，虽金玉圭璋，不如布粟粪土。若事之无利于个人或社会现实生活者，皆虚文也，诳人之事也。诳人之事，虽祖宗之所遗留，圣贤之所垂教，政府之所提倡，社会之所崇尚，皆一文不值也！

六、科学的而非想象的

科学者何？吾人对于事物之概念，综合客观之现象，诉之主观之理性，而不矛盾之谓也。想象者何？既超脱客观之现象，复抛弃主观之理性，凭空构造，有假定而无实证，不可以人间已有之智灵，明其理由，道其法则者也。在昔蒙昧之世，当今浅化之民，有想象而无科学。宗教美文，皆想象时代之产物。近代欧洲之所以优越他族者，科学之兴，其功不在人权说下，若舟车之有两轮焉。今且日新月异，举凡一事之兴，一物之细，罔不诉之科学法则，以定其得失从违；其效将使人间之思想云为，一遵理性，而迷信斩焉，而无知妄作之风息焉。国人而欲脱蒙昧时代，羞为浅化之民也，则急起直追，当以科学与人权并重。士不知科学，故袭阴阳家符瑞五行之说，惑世诬民，地气风水之谈，乞灵枯骨。农不知科学，故无择种去虫之术。工不知科学，故货弃于地，战斗生事之所需一一仰给于异国。商不知科学，故惟识罔取近利，未来之胜算，无容心焉。医不知科学，既不解人身之构造，复不事药性之分析，菌毒传染，更无闻焉；惟知附会五行生克寒热阴阳之说，袭古方以投药饵，其术殆与矢人同科；其想象之最神奇者，莫如"气"之一

说，其说且通于力士羽流之术，试遍索宇宙间，诚不知此"气"之果为何物也！凡此无常识之思惟，无理由之信仰，欲根治之，厥为科学。夫以科学说明真理，事事求诸证实，较之想象武断之所为，其步度诚缓，然其步步皆踏实地，不若幻想突飞者之终无寸进也。宇宙间之事理无穷，科学领土内之膏腴待辟者，正自广阔。青年勉乎哉！

原载《青年杂志》第一卷第一号，1915年9月15日

青春

李大钊

春日载阳，东风解冻，远从瀛岛，返顾祖邦，肃杀郁塞之象，一变而为清和明媚之象矣；冰雪沍寒之天，一幻而为百卉昭苏之天矣。每更节序，辄动怀思，人事万端，那堪回首，或则幽闺善怨，或则骚客工愁。当兹春雨梨花，重门深掩，诗人憔悴，独倚栏杆之际，登楼四瞩，则见千条垂柳，未半才黄，十里铺青，遥看有色。彼幽闲贞静之青春，携来无限之希望，无限之兴趣，飘然贡其柔丽之姿，于吾前途辽远之青年之前，而默许以独享之权利。嗟吾青年可爱之学子乎！彼美之青春，念子之任重而道远也，子之内美而修能也，怜子之劳，爱子之才也，故而经年一度，展其怡和之颜，饯子于长征迈往之途，冀

李大钊（1889—1927），字守常，河北乐亭人。中国共产主义运动的先驱，伟大的马克思主义者，杰出的无产阶级革命家，中国共产党的主要创始人之一。早年留学日本，1917年12月起受聘北京大学，先后任图书馆主任、史学系、经济系教授。领导成立北京大学马克思学说研究会，发起成立北京的共产党早期组织，领导北方革命。

有以慰子之心也。纵子为尽瘁于子之高尚之理想，圣神之使命，远大之事业，艰巨之责任，而夙兴夜寐，不遑启处，亦当于千忙万迫之中，偷隙一盼，霁颜相向，领彼恋子之殷情，赠子之韶华，俾以青年纯洁之躯，饫尝青春之甘美，浃浴青春之恩泽，永续青春之生涯，致我为青春之我，我之家庭为青春之家庭，我之国家为青春之国家，我之民族为青春之民族。斯青春之我，乃不枉于遥遥百千万劫中，为此一大因缘，与此多情多爱之青春，相邂近于无尽青春中之一部分空间与时间也。

块然一躯，渺乎微矣，于此广大悠久之宇宙，殆犹沧海之一粟耳。其得永享青春之幸福与否，当问宇宙自然之青春是否为无尽。如其有尽，纵有彭聃之寿，甚且与宇宙齐，亦奚能许我以常享之福？如其无尽，吾人奋其悲壮之精神，以与无尽之宇宙竞进，又何不能之有？而宇宙之果否为无尽，当问宇宙之有无初终。宇宙果有初乎？曰，初乎无也。果有终乎？曰，终乎无也。初乎无者，等于无初。终乎无者，等于无终。无初无终，是于空间为无限，于时间为无极，质言之，无而已矣，此绝对之说也。若由相对观之，则宇宙为有进化者。既有进化，必有退化。于是差别之万象万殊生焉。惟其为万象万殊，故于全体为个体，于全生为一生。个体之积，如何其广大，而终于有限。一生之命，如何其悠久，而终于有涯。于是有生即有死，有盛即有衰，有阴即有阳，有否即有泰，有剥即有复，有屈即有信，有消即有长，有盈即有虚，有吉即有凶，有祸即有福，有青春即有白首，有健壮即有颓老，质言之有而已矣。庄周有云："朝菌不知晦朔，蟪蛄不知春秋。"又云："小知不如大知，小年不如大年。"夫晦朔与春秋而果为有耶，何以菌蛄以外之有生，几经晦朔几历春秋者皆知之，而菌蛄独不知也？其果为无耶，又何以菌蛄虽不知，而菌蛄以外之有生，几经晦朔几历春秋者，皆知之也？是有无之说，亦至无定矣。以吾人之知，小于宇宙自然之知，其年小于宇宙自然之年，而欲断空间时间不能超越之宇宙为有为无，是亦朝菌之晦朔，蟪蛄之春秋耳。秘观宇宙有二相焉。由佛理言之，平等与差别也，空与色也。由哲理言之，绝对与相对也。由数理言之，有与无也。由《易》理言之，周与易也。《周易》非以昭代立名，宋儒罗泌尝论之于《路史》，而金氏圣叹，序《离骚经》，释之尤近精微，谓"周其体也，易其用也。约法而论，周以常住为义，易以变易为义。双约人法，则周乃圣人之能事，易乃大千之变易。大千本无一有，更立不定，日新、日日新、又日新之谓也。圣人独能以忧患之心周

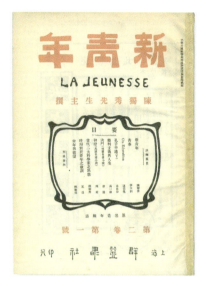

1915 年 9 月 15 日，陈独秀在上海创办月刊《青年杂志》，次年更名为《新青年》。这是《青年杂志》更名《新青年》后出版的首期第 2 卷第 1 号。

之，尘尘刹刹，无不普遍，又复尘尘周于刹刹，刹刹周于尘尘，然后世界自见其易，圣人时得其常，故云周易。"仲尼曰："自其异者视之，肝胆楚越也；自其同者视之，万物皆一也。"此同异之辨也。东坡曰："自其变者而观之，则天地曾不能以一瞬；自其不变者而观之，则物与我皆无尽也。"此变不变之殊也。其变者青春之进程，其不变者无尽之青春也。其异者青春之进程，其同者无尽之青春也。其易者青春之进程，其周者无尽之青春也。其有者青春之进程，其无者无尽之青春也。其相对者青春之进程，其绝对者无尽之青春也。其色者差别者青春之进程，其空者平等者无尽之青春也。推而言之，乃至生死、盛衰、阴阳、否泰、剥复、屈信、消长、盈虚、吉凶、祸福、青春白首、健壮颓老之轮回反复，连续流转，无非青春之进程，而此无初无终、无限无极、无方无体之机轴，亦即无尽之青春也。青年锐进之子，

尘尘刹刹，立于旋转簸扬循环无端之大洪流中，宜有江流不转之精神，屹然独立之气魄，冲荡其潮流，抵拒其势力，以其不变应其变，以其同操其异，以其周执其易，以其无持其有，以其绝对统其相对，以其空驭其色，以其平等律其差别，故能以宇宙之生涯为自我之生涯，以宇宙之青春为自我之青春。宇宙无尽，即青春无尽，即自我无尽。此之精神，即生死肉骨、回天再造之精神也。此之气魄，即慷慨悲壮、拔山盖世之气魄也。惟真知爱青春者，乃能识宇宙有无尽之青春。惟真能识宇宙有无尽之青春者，乃能具此种精神与气魄。惟真有此种精神与气魄者，乃能永享宇宙无尽之青春。

一成一毁者，天之道也。一阴一阳者，易之道也。唐生维廉与铁特二家，遽研物理，知天地必有终极，盖天之行也以其动，其动也以不均，犹水之有高下而后流也。今太阳本热常耗，以彗星来往度之递差，知地外有最轻之冈气，为能阻物，既能阻物，斯能耗热耗力。故大宇积热力，每散趋均平，及其均平，天地乃毁。天地且有时而毁，况其间所包蕴之万物乎？漫云天地，究何所指，殊嫌茫漠，征实言之，有若地球。地球之有生命，已为地质学家所明证，惟今日之地球，为儿童地球乎？青年地球乎？丁壮地球乎？抑白首地球乎？此实未答之问也。苟犹在儿童或青年之期，前途自足乐观，优游乐土，来日方长，人生趣味益以浓厚，神志益以飞舞；即在丁壮之年，亦属元神盛涌，血气畅发之期，奋志前行，亦当勿懈；独至地球之寿，已臻白发之颓龄，则栖息其上之吾人，夜夜仰见死气沉沉之月球，徒借曜灵之末光，以示伤心之颜色于人寰，若以警告地球之终有死期也者，言念及此，能勿愀然。虽然，地球即成白首，吾人尚在青春，以吾人之青春，柔化地球之白首，虽老犹未老也。是则地球一日存在，即吾人之青春一日存在。吾人之青春一日存在，即地球之青春一日存在。吾人有现在一刹那之地球，即有现在一刹那之青春，即当尽现在一刹那对于地球之责任。虽明知未来一刹那之地球必毁，当知未来一刹那之青春不毁，未来一刹那之地球，虽非现在一刹那之地球，而未来一刹那之青春，犹是现在一刹那之青春。未来一刹那之我，仍有对于未来一刹那之地球之责任。庸得以虞地球形体之幻灭，而猥为沮丧哉！

复次，生于地球上之人类，其犹在青春乎，抑已臻白首乎？将来衰亡之顷，究与地球同时自然死灭乎，抑因地球温度激变，突与动植物共死灭乎？其或先兹事变，如个人若民族之死灭乎？斯亦难决之题也。生物学者之言曰：人类之生活，反乎自然之生活也。自妇人畏葸，抱子而奔，始学立行，胸部暴露，必须被物以求遮卫，而人类遂有衣裳；又以播迁转徙，所携食物，易于腐败，而人类遂有火食。有衣裳而人类失其毛发矣，有火食而人类失其胃肠矣。其趋文明也日进，其背自然也日遐，浸假有舟车电汽，而人类丧其手足矣。有望远镜、德律风等，而人类丧其耳目矣。他如有书报传译之速，文明利器之普，而人类亡其脑力。有机关枪四十二珊之炮，而人类弱其战能。有分工合作之都市生活，歌舞楼台之繁华景象，而人类增其新病。凡此种种，人类所以日向灭种之途者，若决江河，奔流莫遏，长此不已，劫焉可逃？此辈学者所由大声疾呼，布兹骇世听闻之噩耗，而冀以谋挽救之方也。宗教信士则从而反之，谓宇宙一切皆为神造，维护之任神自当之，吾人智能薄弱，惟托庇于神而能免于罪恶灾厄也。如生物家言，是为蔑夷神之功德，影响所及，将驱人类入于悲观之途，圣智且尚无灵，人工又胡能阙，惟有瞑心自放，居于下流，荒亡日久，将为人心世道之忧矣。末俗浇漓，未始非为此说者阶之厉也。吾人宜坚信上帝有全知全能，虔心奉祷，罪患如山，亦能免矣。由前之说，固易流于悲观，而其足以警觉世人，俾知谋矫正背乎自然之生活，此其所长也。由后之说，虽足以坚人信仰之力，俾其灵魂得优游于永生之天国，而其过崇神力，轻蔑本能，并以讳蔽科学之实际，乃其所短也。吾人于此，宜如宗教信士之信仰上帝者信人类有无尽之青春，更宜悚

然于生物学者之旨，以深自警惕，力图于背逆自然生活之中，而能依人为之工夫，致其背逆自然之生活，无异于顺适自然之生活。斯则人类之寿，虽在耄耋之年，而吾人苟奋自我之欲能，又何不可返于无尽青春之域，而奏起死回生之功也。

人类之成一民族一国家者，亦各有其生命焉。有青春之民族，斯有白首之民族，有青春之国家，斯有白首之国家。吾之民族若国家，果为青春之民族、青春之国家欤，抑为白首之民族、白首之国家欤？苟已成白首之民族、白首之国家焉，吾辈青年之谋所以致之回春为之再造者，又应以何等信力与愿力从事，而克以著效？此则系乎青年之自觉何如耳。异族之觇吾国者，辄曰：支那者老大之邦也。支那之民族，濒灭之民族也。支那之国家，待亡之国家也。洪荒而后，民族若国家之递兴递亡者，莽然其不可纪矣。粤稽西史，罗马、巴比伦之盛时，丰功伟烈，彪著寰宇，曾几何时，一代声华，都成尘土矣。祇今屈指，欧土名邦，若意大利，若法兰西，若西班牙，若葡萄牙，若和兰，若比利时，若丹马，若瑞典，若那威，乃至若英吉利，罔不有积尘之历史，以重累其国家若民族之生命。回溯往祀，是等国族，固皆尝有其青春之期，以其畅盛之生命，展其特殊之天才。而今已矣，声华渐落，躯壳空存，纷纷者皆成文明史上之过客矣。其较新者，惟德意志与勃牙利，此次战血洪涛中，又为其生命力之所注，勃然暴发，以挥展其天才矣。由历史考之，新兴之国族与陈腐之国族遇，陈腐者必败；朝气横溢之生命力与死灰沉滞之生命力遇，死灰沉滞者必败；青春之国民与白首之国民遇，白首者必败，此殆天演公例，莫或能逃者也。

支那自黄帝以降，赫赫然树独立之帜于亚东大陆者，四千八百余年于兹矣。历世久远，纵观横览，罕有其伦。稽其民族青春之期，远在有周之世，典章文物，灿然大备，过此以往，渐向衰歇之运，然犹浸衰浸微，扬其余辉。以至于今日者，得不谓为其民族之光欤？夫人寿之永，不过百年，民族之命，垂五千载，斯亦寿之至也。印度为生释迦而兴，故自释迦生而印度死；犹太为生耶稣而立，故自耶稣生而犹太亡；支那为生孔子而建，故自孔子生而支那衰，陵夷至于今日，残骸枯骨，满目蠙然，民族之精英，澌灭尽矣，而欲不亡，庸可得乎？吾青年之骤闻斯言者，未有不变色裂眦，怒其侮我之甚也。虽然，勿怒也。吾之国族，已阅长久之历史，而此长久之历史，积尘重压，以桎梏其生命而臻于衰敝者，又宁容讳？然而吾族青年所当信誓旦旦，以昭示于世者，不在龈龈辩证白首中国之不死，乃在汲汲孕育青春中国之再生。吾族今后之能否立足于世界，不在白首中国之苟延残喘，而在青春中国之投胎复活。盖尝闻之，生命者，死与再生之连续也。今后人类之问题，民族之问题，非苟生残存之问题，乃复活更生、回春再造之问题也。与吾并称为老大帝国之土耳其，则青年之政治运动，屡试不一试焉。巴尔干诸邦，则各谋离土自立，而为民族之运动，兵连祸结，干戈频兴，卒以酿今兹世界之大变焉。遥望喜马拉亚山之巅，恍见印度革命之烽烟一缕，引而弥长，是亦欲回其民族之青春也。吾华自辛亥首义，癸丑之役继之，喘息未安，风尘澒洞，又复倾动九服，是亦欲再造其神州也。而在是等国族，凡以冲决历史之桎梏，涤荡历史之积秽，新造民族之生命，挽回民族之青春者，固莫不惟其青年是望矣。建国伊始，肇锡嘉名，实维中华。中华之义，果何居乎？中者，宅中位正之谓也。吾辈青年之大任，不仅以于空间能致中华为天下之中而遂足，并当于时间而谛时中之旨也。旷观世界之历史，古往今来，变迁何极！吾人当于今岁之青春，画为中点，中以前之历史，不过如进化论仅于考究太阳、地球、动植各物乃至人类之如何发生、如何进化者，以纪人类民族国家之如何发生、如何进化也。中以后之历史，则以是为古代史之职，而别以纪人类民族国家之更生回春为其中心之的也。中以前之

历史，封闭之历史，焚毁之历史，葬诸坟墓之历史也。中以后之历史，洁白之历史，新装之历史，待施绚绘之历史也。中以前之历史，白首之历史，陈死人之历史也。中以后之历史，青春之历史，活青年之历史也。青年乎！其以中立不倚之精神，肩兹砥柱中流之责任，即由今年今春之今日今刹那为时中之起点，取世界一切白首之历史，一火而摧焚之，而专以发挥青春中华之中，缀其一生之美于中以后历史之首页，为其职志，而勿逡巡不前。华者，文明开敷之谓也，华与实相为轮回，即开敷与废落相为嬗代。白首中华者，青春中华本以胚孕之实也。青春中华者，白首中华托以再生之华也。白首中华者，渐即废落之中华也。青春中华者，方复开敷之中华也。有渐即废落之中华，所以有方复开敷之中华。有前之废落以供今之开敷，斯有后之开敷以续今之废落，即废落，即开敷，即开敷，即废落，终竟如是废落，终竟如是开敷。宇宙有无尽之青春，斯宇宙有不落之华，而栽之、培之、灌之、溉之、赏玩之、享爱之者，舍青春中华之青年，更谁为归矣？青年乎，勿徒发愿，愿春常在华常好也，愿华常得青春，青春常在于华也。宜有即华不得青春，青春不在于华，亦必奋其回春再造之努力，使废落者复为开敷，开敷者终不废落，使华不能不得青春，青春不能不在于华之决心也。抑吾闻之化学家焉，土质虽腴，肥料虽多，耕种数载，地力必耗，砂土硬化，无能免也，将欲柔融之，俾再反于丰壤，惟有一种草木为能致之，为其能由空中吸收窒素肥料，注入土中而沃润之也。神州赤县，古称天府，胡以至今徒有万木秋声、萧萧落叶之悲，昔时繁华之盛，荒凉废落至于此极也！毋亦无此种草木为之交柔和润之耳。青年之于社会，殆犹此种草木之于田亩也。从此广植根蒂，深固不可复拔，不数年间，将见青春中华之参天蓊郁，错节盘根，树于世界，而神州之域，还其丰壤，复其膏腴矣。则谓此菁菁苗苗之青年，即此方复开敷之青春中华可也。

顾人之生也，苟不能窥见宇宙有无尽之青春，则自呱呱堕地，迄于老死，觉其间之春光，迅于电波石火，不可淹留，浮生若梦，直菌鹤马蜩之过乎前耳。是以川上尼父，有逝者如斯之嗟，湘水灵均，兴春秋代序之感。其他风骚雅士，或秉烛夜游，勤事劳人，或重惜分寸。而一代帝王，一时豪富，当其垂暮之年，绝诀之际，贪恋幸福，不忍离舍，每为咨嗟太息，尽其权力黄金之用，无能永一瞬之天年，而重留遗憾于长生之无术焉。秦政并吞八荒，统制四海，固一世之雄也，晚年畏死，遍遣羽客，搜觅神仙，求不老之药，卒未能获，一旦魂断，宫车晚出。汉武穷兵，蛮荒慑伏，汉代之英主也，暮年永叹，空有"欢乐极矣哀情多，少壮几时老奈何"之慨。最近美国富豪某，以毕生之奋斗，博得$式之王冠，衰病相催，濒于老死，则抚枕而叹曰："苟能延一月之命，报以千万金弗惜也。"然是又安可得哉？夫人之生也有限，其欲也无穷，以无穷之欲，逐有限之生，坐令似水年华，滔滔东去，红颜难再，白发空悲，其殆人之无奈无何者欤！涉念及此，灰肠断气，厌世之思，油然而生。贤者仁智俱穷，不肖者流连忘返，而人生之蕲向荒矣，是又岂青年之所宜出哉？人生兹世，更无一刹那不在青春，为其居无尽青春之一部，为无尽青春之过程也。顾青年之人，或不得常享青春之乐者，以其有黄金权力一切烦忧苦恼机械生活，为青春之累耳。谚云："百金买骏马，千金买美人，万金买爵禄，何处买青春？"岂惟无处购买，邓氏铜山，郭家金穴，愈有以障翳青春之路俾无由达于其境也。罗马亚布达尔曼帝，位在皇极，富有四海，不可谓不尊矣，临终语其近侍，谓四十年间，真感愉快者，仅有三日。权力之不足福人，以视黄金，又无差等。而以四十年之青春，娱心不过三日，悼心悔憾，宁有穷耶？夫青年安心立命之所，乃在循今日主义以进，以吾人之生，洵如卡莱尔所云，特为时间所执之无限而已。无限现而为我，乃为现在，非为过去与将来也。苟了现在，即了无限矣。昔者圣叹作诗，有"何处谁人玉笛声"之句。释弓年小，窃以玉字为未安，而质之圣叹。圣叹则曰："彼若说'我所吹本是铁笛，汝何得用作玉笛'。我便云：'我已用作玉笛，汝何得更吹铁笛？'天生我才，岂为汝铁笛作奴儿婢子来耶？"夫铁字与玉字，有何不可通融更易之处。圣叹顾与之争一字之短长而不惮烦者，亦欲与之争我之现在耳。诗人拜轮，放浪不羁，时人诋之，谓于来世必当酷受地狱之苦。拜轮答曰："基督教徒自苦于现世，而欲祈福于来世。非基督教徒，则于现世旷逸自遣，来世之苦，非所辞也。"二者相较，但有先后之别，安有分量之差。拜轮此言，固甚矫激，且寓风刺之旨。

1916 年 9 月，时任《晨钟报》编辑主任的李大钊在《新青年》第 2 卷第 1 号上发表《青春》一文，希望广大青年站在时代前列，做有为的新青年。

以余观之，现世有现世之乐，来世有来世之乐。现世有现世之青春，来世有来世之青春。为贪来世之乐与青春，而迟吾现世之乐与青春，固所不许。而为贪现世之乐与青春，遽弃吾来世之乐与青春，亦所弗应也。人生求乐，何所不可，亦何必妄分先后，区异今来也？耶曼孙曰："尔若爱千古，当利用现在。昨日不能呼还，明日尚未确实。尔能确有把握者，惟有今日。今日之一日，适当明晨之二日。"斯言足发吾人之深省矣。盖现在者吾人青春中之青春也。青春作伴以还于大漠之乡，无如而不自得，更何烦忧之有焉。烦忧既解，恐怖奚为？耶比古达士曰："贫不足恐，流窜不足恐，囹圄不足恐，最可恐者，恐怖其物也。"美之政雄罗斯福氏，解政之后，游猎荒山，奋其铁腕，以与虎豹熊罴相搏战。一日猎白熊，险遭吞噬，自传其事，谓为不以恐怖误其稍纵即逝之机之效，始获免焉。于以知恐怖为物，决不能拯人于危。苟其明日将有大祸临于吾躬，无论如何恐怖，明日之祸万不能因是而减其毫末。而今日之我，则因是而大损其气力，俾不足以御明日之祸而与之抗也。艰虞万难之境，横于吾前，吾惟有我、有我之现在而足恃。堂堂七尺之躯，徘徊回顾，前不见古人，后不见来者，惟有昂头阔步，独往独来，何待他人之援手，始以遂其生者，更胡为乎"念天地之悠悠，独怆然而涕下"哉？惟足为累于我之现在及现在之我者，机械生活之重荷，与过去历史之积尘，殆有同一之力焉。今人之赴利禄之途也，如蚁之就膻，蛾之投火，究其所企，克致志得意满之果，而营营扰扰，已逾半生，以孑然之身，强负黄金与权势之重荷以趋，几何不为所重压而僵毙耶？盖其优于权富即其短于青春者也。耶经有云："富人之欲入天国，犹之骆驼欲潜身于针孔。"此以喻重荷之与青春不并存也。总之，青年之自觉，一在冲决过去历史之网罗，破坏陈腐学说之囹圄，勿令僵尸枯骨，束缚现在活泼泼地之我，进而纵现在青春之我，扑杀过去青春之我，促今日青春之我，禅让明日青春之我。一在脱绝浮

世虚伪之机械生活，以特立独行之我，立于行健不息之大机轴。袒裼裸裎，去来无罣，全其优美高尚之天，不仅以今日青春之我，追杀今日白首之我，并宜以今日青春之我，豫杀来日白首之我，此固人生唯一之薪向，青年唯一之责任也矣。拉凯尔曰："长保青春，为人生无上之幸福，尔欲享兹幸福，当死于少年之中。"吾愿吾亲爱之青年，生于青春死于青春，生于少年死于少年也。德国史家孟孙氏，评骘锡札曰："彼由青春之杯，饮人生之水，并泡沫而干之。"吾愿吾亲爱之青年，擎此夜光之杯，举人生之醍醐浆液，一饮而干也。人能如是，方为不役于物，物莫之伤。大浸稽天而不溺，大旱金石流土山焦而不热，是其尘垢秕糠，将犹陶铸尧、舜。自我之青春，何能以外界之变动而改易，历史上残骸枯骨之灰，又何能塞蔽青年之聪明也哉？市南宜僚见鲁侯，鲁侯有忧色，市南子乃示以去累除忧之道，有曰："'吾愿君去国捐俗，与道相辅而行。'君曰：'彼其道远而险，又有江山，我无舟车，奈何？'市南子曰：'君无形倨，无留居，以为舟车。'君曰：'彼其道幽远而无人，吾谁与为邻？吾无粮，我无食，安得而至焉？'市南子曰：'少君之费，寡君之欲，虽无粮而乃足，君其涉于江而浮于海，望之而不见其崖，愈往而不知其所穷，送君者皆自崖而反，君自此远矣'。"此其谓道，殆即达于青春之大道。青年循蹈乎此，本其理性，加以努力，进前而勿顾后，背黑暗而向光明，为世界进文明，为人类造幸福，以青春之我，创建青春之家庭，青春之国家，青春之民族，青春之人类，青春之地球，青春之宇宙，资以乐其无涯之生。乘风破浪，迢迢乎远矣，复何无计留春望尘莫及之忧哉？吾文至此，已嫌冗赘，请诵漆园之语，以终斯篇。

原载《新青年》第二卷第一号，1916年9月1日

文学改良刍议

胡适

今之谈文学改良者众矣，记者末学不文，何足以言此。然年来颇于此事再四研思，辅以友朋辩论，其结果所得，颇不无讨论之价值。因综括所怀见解，列为八事，分别言之，以与当世之留意文学改良者一研究之。

吾以为今日而言文学改良，须从八事入手。八事者何？

一曰须言之有物。

二曰不摹仿古人。

三曰须讲求文法。

四曰不作无病之呻吟。

五曰务去滥调套语。

六曰不用典。

七曰不讲对仗。

八曰不避俗字俗语。

胡适（1891—1962），原名嗣穈，字适之，安徽绩溪人。思想家、文学家、哲学家，早年留学美国，1917年起受聘为北京大学教授，《新青年》第4卷第6号、第5卷第4号、第6卷第4号轮值编辑。

一曰须言之有物

吾国近世文学之大病，在于言之无物。今人徒知"言之无文，行之不远"，而不知言之无物，又何用文为乎。吾所谓"物"，非古人所谓"文以载道"之说也。吾所谓"物"，约有二事。

（一）情感。《诗序》曰，"情动于中而形诸言。言之不足，故嗟叹之。嗟叹之不足，故咏歌之。咏歌之不足，不知手之舞之，足之蹈之也。"此吾所谓情感也。情感者，文学之灵魂。文学而无情感，如人之无魂，木偶而已，行尸走肉而已。（今人所谓"美感"者，亦情感之一也。）

（二）思想。吾所谓"思想"，盖兼见地、识力、理想三者而言之。思想不必皆赖文学而传，而文学以有思想而益贵。思想亦以有文学的价值而益资也。此庄周之文，渊明老杜之诗，稼轩之词，施耐庵之小说，所以复绝于古也。思想之在文学，犹脑筋之在人身。人不能思想，则虽面目姣好，虽能笑啼感觉，亦何足取哉。文学亦犹是耳。

文学无此二物，便如无灵魂无脑筋之美人，虽有秾丽富厚之外观，抑亦未矣。近世文人沾沾于声调字句之间，既无高远之思想，又无真挚之情感，文学之衰微，此其大因矣。此文胜之害，所谓言之无物者是也。欲救此弊，宜以质救之。质者何，情与思二者而已。

二曰不摹仿古人

文学者，随时代而变迁者也。一时代有一时代之文学。周秦有周秦之文学，汉魏有汉魏之文学，唐宋元明有唐宋元明之文学。此非吾一人之私言，乃文明进化之公理也。即以文论，有《尚书》之文，有先秦诸子之文，有司马迁班固之文，有韩柳欧苏之文，有语录之文，有施耐庵曹雪芹之文。此文之进化也。试更以韵文言之。击壤之歌，五子之歌，一时期也。三百篇之诗，一时期也。屈原荀卿之骚赋，又一时期也。苏李以下，至于魏晋，又一时期也。江左之诗流为排比，至唐而律诗大成，此又一时期也。老杜香山之"写实"体诸诗（如杜之《石壕吏》《羌村》，白之《新乐府》），又一时期也。诗至唐而极盛，自此以后，词曲代兴。唐五代及宋初之小令，此词之一时代也。苏柳（永）辛姜之词，又一时代也。至于元之杂剧传奇，则又一时代矣。凡此诸时代，各因时势风会而变，各有其特长。吾辈以历史进化之眼光观之，决不可谓古人之文学皆胜于今人也。左氏史公之文奇矣。然施耐庵之《水浒传》视《左传》《史记》，何多让焉。《三都》《两水》之赋富矣。然以视唐诗宋词，则糟粕耳。此可见文学因时进化，不能自止。唐人不当作商周之诗，宋人不当作相如子云之赋。即令作之，亦必不工，逆天背时，违进化之迹，故不能工也。

既明文学进化之理，然后可言吾所谓"不摹仿古人"之说。今日之中国，当造今日之文学。不必摹仿唐宋，亦不必摹仿周秦也。前见国会开幕词，有云，"于铄国会，遵晦时休"。此在今日而欲为三代以上之文之一证也。更观今之"文学大家"，文则下规姚曾，上师韩欧，更上则取法秦汉魏晋，以为六朝以下无文学可言，此皆百步与五十步之别而已，而皆为文学下乘。即令神似古人，亦不过为博物院中添几许"逼真赝鼎"而已，文学云乎哉。昨见陈伯严先生一诗云：

涛园钞杜句，半岁秃千毫。所得都成泪，相过问奏刀。万灵噤不下，此老仰弥高。胸腹回滋味，徐看薄命骚。

此大足代表今日"第一流诗人"摹仿古人之心理也。其病根所在，在于以"半岁秃千毫"之工夫作古人的钞胥奴婢，故有"此老仰弥高"之叹。若能洒脱此种奴性，不作古人的诗，而惟作我自己的诗，则决不致如此失败矣！

　　吾每谓今日之文学，其足与世界"第一流"文学比较而无愧色者，独有白话小说（我佛山人、南亭亭长、洪都百炼生三人而已）一项。此无他故，以此种小说皆不事摹仿古人，（三人皆得力于《儒林外史》《水浒》《石头记》，然非摹仿之作也）而惟实写今日社会之情状，故能成真正文学。其他学这个，学那个之诗古文家，皆无文学之价值也。今之有志文学者，宜知所从事矣。

三曰须讲求文法

　　今之作文作诗者，每不讲求文法之结构。其例至繁，不便举之，尤以作骈文律诗者为尤甚。夫不讲文法，是谓"不通"。此理至明，无待详论。

四曰不作无病之呻吟

　　此殊未易言也。今之少年往往作悲观。其取别号则曰"寒灰"、"无生"、"死灰"。其作为诗文，则对落日而思暮年，对秋风而思零落，春来则惟恐其速去，花发又惟惧其早谢。此亡国之哀音也。老年人为之犹不可，况少年乎。其流弊所至，遂养成一种暮气，不思奋发有为，服劳报国，但知发牢骚之音，感唱之文。作者将以促其寿年，读者将亦短其志气，此吾所谓无病之呻吟也。国之多患，吾岂不知之。然病国危时，岂痛哭流涕所能收效乎。吾惟愿今之文学家作费舒特，作玛志尼，而不愿其为贾生、王粲、屈原、谢皋羽也。其不能为贾生、王粲、屈原、谢皋羽，而徒为妇人醇酒丧气失意之诗文者，尤卑卑不足道矣！

五曰务去滥调套语

　　今之学者，胸中记得几个文学的套语，便称诗人。其所为诗文处处是陈言滥调，"磋跎"、"身世"、"寥落"、"飘零"、"虫沙"、"寒窗"、"斜阳"、"芳草"、"春闺"、"愁魂"、"归梦"、"鹃啼"、"孤影"、"雁字"、"玉楼"、"锦字"、"残更"，……之类，累累不绝，最可惜厌。其流弊所至，遂令国中生出许多似是而非，貌似而实非之诗文。今试举一例以证之。

"荧荧夜灯如豆，映幢幢孤影，凌乱无据。翡翠衾寒，鸳鸯瓦冷，禁得秋宵几度。么弦漫语，早丁字帘前，繁霜飞舞。袅袅余音，片时犹绕柱。"

此词骤观之，觉字字句句皆词也。其实仅一大堆陈套语耳。"翡翠衾"、"鸳鸯瓦"，用之白香山《长恨歌》则可，以其所言乃帝王之衾之瓦也。"丁字帘"、"么弦"，皆套语也。此词在美国所作，其夜灯决不"荧荧如豆"，其居室尤无"柱"可绕也。至于"繁霜飞舞"，则更不成话矣。谁曾见繁霜之"飞舞"耶？

吾所谓务去滥调套语者，别无他法，惟在人人以其耳目所亲见、亲闻、所亲身阅历之事物，一一铸词以形容描写之。但求其不失真，但求能达其状物写意之目的，即是工夫。其用滥调套语者，皆懒惰不肯自己铸词状物者也。

六曰不用典

吾所主张八事之中，惟此一条最受友朋攻击，盖以此条最易误会也。吾友江亢虎君来书曰：

"所谓典者，亦有广狭二义。餖饤獭祭，古人早悬为厉禁。若并成语故事而屏之，则非惟文字之品格全失，即文字之作用亦亡。……文字最妙之意味，在用字简而涵意多。此断非用典不为功。不用典不特不可作诗，并不可写信，且不可演说。来函满纸'旧雨'、'虚怀'、'治头治脚'、'舍本逐末'、'洪水猛兽'、'发聋振聩'、'负弩先驱'、'心悦诚服'、'词坛'、'退避

三舍'、'无病呻吟'、'滔天'、'利器'、'铁证'，……皆典也。试尽抉而去之，代以俚语俚字，将成何说话。其用字之繁简，犹其细焉。恐一易他词，虽加倍蓰而涵义仍终不能如是恰到好处，奈何。……"

此论极中肯要。今依江君之言，分典为广狭二义，分论之如下：

（一）广义之典非吾所谓典也。广义之典约有五种。

（甲）古人所设譬喻，其取譬之事物，含有普通意义，不以时代而失其效用者，今人亦可用之。如古人言"以子之矛攻子之盾"。今人虽不读书者，亦知用"自相矛盾"之喻。然不可谓为用典也，上文所举例中之"治头治脚"、"洪水猛兽"、"发聋振聩"，……皆此类也。盖设譬取喻，贵能切当，若能切当，固无古今之别也。若"负导先驱"、"退避三舍"之类，在今日已非通行之事物，在文人相与之间，或可用之，然终以不用为上。如言"退避"，千里亦可，百里亦可，不必定用"三舍"之典也。

（乙）成语。成语者，合字成辞，别为意义。其习见之句，通行已久，不妨用之。然今日若能另铸"成语"，亦无不可也。"利器"、"虚怀"、"舍本逐末"，……皆属此类。非此"典"也，乃日用之字耳。

（丙）引史事。引史事与今所论议之事相比较，不可谓为用典也。如老杜诗云，"未闻殷周衰，中自诛褒妲"，此非用典也。近人诗云，"所以曹孟德，犹以汉相终"，此亦非用典也。

（丁）引古人作比。此亦非用典也。杜诗云，"清新庾开府，俊逸鲍参军"，此乃以古人比今人，非用典也。又云，"伯仲之间见伊吕，指挥若定失萧曹"，此亦非用典也。

（戊）引古人之语。此亦非用典也。吾尝有句云，"我闻古人言，艰难惟一死"。又云，"尝试成功自古无，放翁此语未必是"。此乃引语，非用典也。

以上五种为广义之典，其实非吾所谓典也。若此者可用可不用。

（二）狭义之典，吾所主张不用者也。吾所谓"用典"者，谓文人词客不能自己铸词造句，以写眼前之景，胸中之意，故借用或不全切，或全不切之故事陈言以代之，以图含混过去。是谓"用典"。上所述广义之典，除戊条外，皆为取譬比方之辞。但以彼喻此，而非以彼代此也。狭义之用典，则全为以典代言，自己不能直言之，故用典以言之耳。此吾所谓用典与非用典之别也。狭义之典亦有工拙之别，其工者偶一用之，未为不可，其拙者则当痛绝之已。

（子）用典之工者。此江君所谓用字简而涵义多者也。客中无书不能多举其例，但杂举一二，以实吾言。

（1）东坡所藏仇池石，王晋卿以诗借现，意在于夺。东坡不敢不借，先以诗寄之，有句云，"欲留嗟赵弱，宁许负秦曲。传观慎勿许，间道归应速"，此用蔺相如返璧之典，何其工切也。

（2）东坡又有"章质夫送酒六壶，书至而酒不达。"诗云，"岂意青州六从事，化为乌有一先生"。此虽工已近于纤巧矣。

（3）吾十年前尝有读《十字军英雄记》一诗云，"岂有酖人羊叔子，焉知微服赵主父，十字军真儿戏耳，独此两人可千古"。以两典包尽全书，当时颇沾沾自喜，其实此种诗，尽可不作也。

（4）江亢虎代华侨诔陈英士文有"本悬太白，先坏长城。世无鉏霓，乃戕赵卿"四句，余极喜之。所用赵宣子一典，甚工切也。

（5）王国维咏史诗，有"虎狼在堂室，徒戎复何补。神州遂陆沉，百年委榛莽。寄语桓元子，莫罪王夷甫"，此亦可谓使事之工者矣。

上述诸例，皆以典代言，其妙处，终在不失设譬比方之原意。惟为文体所限，故譬喻变而为称代耳。用典之弊，在于使人失其所欲譬喻之原意。

若反客为主，使读者迷于使事用典之繁，而转忘其所为设譬之事物，则为拙矣。古人虽作百韵长诗，其所用典不出一二事而已。（"北征"与白香山"悟真寺诗"皆不用一典。）今人作长律则非典不能下笔矣。尝见一诗八十四韵，而用典至百余事，宜其不能工也。

（丑）用典之拙者。用典之拙者，大抵皆衰情之人，不知造词，故以此为躲懒藏拙之计。惟其不能造词，故亦不能用典也。总计拙典亦有数类：

（1）比例泛而不切，可作几种解释，无确定之根据。今取王渔洋"秋柳"一章证之。

"娟娟凉露欲为霜，万缕千条拂玉塘，浦里青行中妇镜，江于黄竹女儿箱。空怜板话隋堤水，不见琅琊大道王。若过洛阳风景地，含情重问永丰坊。"

此诗中所用诸典无不可作几样说法者。

（2）僻典使人不解。夫文学所以达意抒情也。若必求人人能读五车书，然后能通其文，则此种文可不作矣。

（3）刻削古典成语，不合文法。"指兄弟以孔怀，称在位以曾是"（章太炎语），是其例也。今人言"为人作嫁"亦不通。

（4）用典而失其原意。如某君写山高与天接之状，而曰"西接杞天倾"是也。

（5）古事之实有所指，不可移用者，今往乱用作普通事实。如古人灞桥折柳，以送行者，本是一种特别土风。阳关渭城亦皆实有所指。今之懒人不能状别离之情，于是虽身在滇越，亦言灞桥，虽不解阳关渭城为何物，亦皆"阳关三迭"、"渭城离歌"。又如张翰因秋风起而思故乡之莼羹鲈脍，今则虽非吴人，不知莼鲈为何味者，亦皆自称有"莼鲈之思"。此则不仅懒不可救，直是自欺欺人耳！

凡此种种，皆文人之不下工夫，一受其毒，便不可救。此吾所以有"不用典"之说也。

七曰不讲对仗

排偶乃人类言语之一种特性，故虽古代文字，如老子孔子之文，亦间有骈句。如"道可道，非常道；名可名，非常名。无名天地之始，有名万物之母。故常无，欲以观其妙；常有，欲以观其徼"，此三排句也。"食无求饱，居无求安"。"贫而无谄，富而无骄"。"尔爱其羊，我爱其礼"。此皆排句也。然此皆近于语言之自然，而无牵强刻削之迹；尤未有定其字之多寡，声之平仄，词之虚实者也。至于后世文学末流，言之无物，乃以文胜。文胜之极，而骈文律诗兴焉，而长律兴焉。骈文律诗之中非无佳作，然佳作终鲜。所以然者何。岂不以其束缚人之自由过甚之故耶。（长律之中，上下古今，无一首佳作可言也。）今日而言文学改良，当"先立乎其大者"，不当枉废有用之精力于微细纤巧之末。此吾所以有废骈废律之说也。即不能废此两者，亦但当视为文学末技而已，非讲求之急务也。

今人犹有鄙夷白话小说为文学小道者。不知施耐庵、曹雪芹、吴趼人皆文学正宗，而骈文律诗乃真小道耳。吾知必有闻此言而却走者矣。

八曰不避俗字俗语

吾惟以施耐庵、曹雪芹、吴趼人为文学正宗，故有"不避俗字俗语"之论也（参看上文第二条下）。盖吾国言文之背驰久矣。自佛书之输入，译者以文言不足以达意，故以浅近之文译之，其体已近白话。其后佛氏讲义语录尤多用白话为之者，是为语录体之原始。及宋人讲学以白话为语录，此体遂成讲学正体。（明人因之。）当是时，白话已久入韵文，观唐宋人白话之诗

1917年1月，胡适在《新青年》第2卷第5号上发表《文学改良刍议》，较系统地提出文学改良的主张，提倡以白话文代替文言文，以白话文学为中国文学之正宗。

词可见也。及至元时，中国北部已在异族之下，三百余年矣（辽、金、元）。此三百年中，中国乃发生一种通俗行远之文学。文则有《水浒》《西游》《三国》之类，戏曲则尤不可胜计。（关汉卿诸人，人各著剧数十种之多。吾国文人著作之富，未有过于此时者也。）以今世眼光观之，则中国文学当以元代为最盛，可传世不朽之作，当以元代为最多。此可无疑也。当是时，中国之文学最近言文合一。白话几成文学的语言矣。使此趋势不受阻遏，则中国乃有"活文学出现"，而但丁、路得之伟业，（欧洲中古时，各国皆有俚语，而以拉丁文为文言，凡著作书籍皆用之，如吾国之以文言著书也。其后意大利有但丁诸文豪，始以其国俚语著作。诸国蹀兴，国语亦代起。路得创新教始以德文译旧约新约，遂开德文学之先。英法诸国亦复如是。今世通用之英文新旧约乃一六一一年译本，距今才三百年耳。故今日欧洲诸国之文学，在当日皆为俚语。造诸文豪兴，始以"活文学"代拉丁之死文学。有活文学而后有言文合一之国语也。）凡发生于神州。不意此趋势骤为明代所阻，政府既以八股取士，而当时文人如何李七子之徒，又争以复古为高，于是此千年难遇言文合一之机会，遂中道夭折矣。然以今世历史进化的眼光观之，则白话文学之为中国文学之正宗，又为将来文学必用之利器，可断言也。（此"断言"乃自作者言之，赞成此说者今日未必甚多也。）以此之故，吾主张今日作文作诗，宜采用俗语俗字。与其用三千年前之死字（如"于铄国会，遵晦时休"之类），不如用二十世纪之活字。与其作不能行远不能普及之秦汉六朝文字，不如作家喻户晓之《水浒》《西游》文字也。

上述八事，乃吾年来研思此一大问题之结果。远在异国，既无读书之暇晷，又不得就国中先生长者质疑问题，其所主张容有矫枉过正之处。然此八事皆文学上根本问题，一一有研究之价值。故草成此论，以为海内外留心此问题者作一草案。谓之刍议，犹云未定草也。伏惟国人同志有以匡纠是正之。

原载《新青年》第二卷第五号，1917年1月1日

就任北京大学校长之演说

蔡元培

蔡元培（1868—1940），字鹤卿、又字子民，浙江绍兴人，著名教育家，1917年1月出任北京大学校长。他提倡"思想自由""兼容并包"，为新文化、新思想的传播开拓道路。

五年前，严几道先生为本校校长时，余方服务教育部，开学日曾有所贡献于同校。诸君多自预科毕业而来，想必闻知。士别三日，刮目相见，况时阅数载，诸君较昔当为长足之进步矣。予今长斯校，请以三事为诸君告。

一曰抱定宗旨。诸君来此求学，必有一定宗旨，欲求宗旨之正大与否，必先知大学之性质。今人肄业专门学校，学成任事，此固势所必然。而在大学则不然，大学者，研究高深学问者也。外人每指摘本校之腐败，以求学于此者，皆有做官发财思想，故毕业预科者，多入法科，入文科者甚少，入理科者尤少，盖以法科为干禄之终南捷径也。因做官心热，对于教员，则不问其学问之浅深，惟问其官阶之大小。官阶大者，特别欢迎，盖为将来毕业有人提携也。现在我国精于政法者，多入政界，专任教授者甚少，故聘请教员，不得不聘请兼职之人，亦属不得已之举。究之外人指摘之当否，姑不具论，然弭谤莫如自修，人讥我腐败，问心无愧，于我何惧？果欲达其做官发财之目的，则北京不少专门学校，入法科者尽可肄业于法律学堂，入商科者亦可投考商业学校，又何必来此大学？所以诸君须抱定宗旨，为求学而来，入法科者，非为做官；入商科者，非为致富。宗旨既定，自趋正轨，诸君肄业于此，或三年，或四年，时间不为不多，苟能爱惜分阴，孜孜求学，则求造诣，容有底止。若徒志在做官发财，宗旨既乖，趋向自异。平时则放荡冶游，考试则熟读讲义，不问学问之有无，惟争分数之多寡；试验既终，书籍束之高阁，毫不过问，敷衍三四年，潦草塞责，文凭到手，即可借此活动于社会，岂非与求学初衷大相背驰乎？光阴虚度，学问毫无，是自误也。且辛亥之役，吾人之所以革命，因清廷官吏之腐败。即在今日，吾人对于当轴多不满意，亦以其道德沦丧。今诸君苟

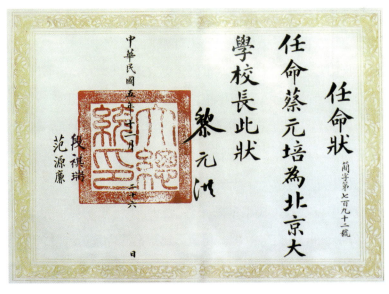

蔡元培出任北京大学校长的任命状

不于此时植其基，勤其学，则将来万一因生计所迫，出而仕事，但任讲席，则必贻误学生；置身政界，则必贻误国家。是误人也。误己误人，又岂本心所愿乎？故宗旨不可以不正大。此余所希望于诸君者一也。

二曰砥砺德行。方今风俗日偷，道德沦丧，北京社会，尤为恶劣，败德毁行之事，触目皆是，非根基深固，鲜不为流俗所染。诸君肄业大学，当能束身自爱。然国家之兴替，视风俗之厚薄。流俗如此，前途何堪设想。故必有卓绝之士，以身作则，力矫颓俗，诸君为大学学生，地位甚高，肩此重任，责无旁贷，故诸君不惟思所以感己，更必有以励人。苟德之不修，学之不讲，同乎流俗，合乎污世，己且为人轻侮，更何足以感人。然诸君终日伏首案前，芸芸攻苦，毫无娱乐之事，必感身体上之苦痛。为诸君计，莫如以正当之娱乐，易不正当之娱乐，庶于道德无亏，而于身体有益。诸君入分科时，曾填写愿书，遵守本校规则，苟中道而违之，岂非与原始之意相反乎？故品行不可以不谨严。此余所希望于诸君者二也。

三曰敬爱师友。教员之教授，职员之任务，皆以图诸君求学便利，诸君能无动于衷乎？自应以诚相待，敬礼有加。至于同学共处一室，尤应互相亲爱，庶可收切磋之效。不惟开诚布公，更宜道义相劝，盖同处此校，毁誉共之。同学中苟道德有亏，行有不正，为社会所訾詈，己虽规行矩步，亦莫能辩，此所以必互相劝勉也。余在德国，每至店肆购买物品，店主殷勤款待，付价接物，互相称谢，此虽小节，然亦交际所必需，常人如此，况堂堂大学生乎？对于师友之敬爱，此余所希望于诸君者三也。

余到校视事仅数日，校事多未详悉，兹所计划者二事：一曰改良讲义。诸君既研究高深学问，自与中学、高等不同，不惟恃教员讲授，尤赖一己潜修。以后所印讲义，只列纲要，细微末节，以及精旨奥义，或讲师口授，或自行参考，以期学有心得，能裨实用。二曰添购书籍。本校图书馆书籍虽多，新出者甚少，苟不广为购办，必不足供学生之参考。刻拟筹集款项，多购新书，将来典籍满架，自可旁稽博采，无虞缺乏矣。今日所与诸君陈说者只此，以后会晤日长，随时再为商榷可也。

原载《东方杂志》第十四卷第四号，1917年4月

治生篇

杨昌济

杨昌济（1871—1920），又名怀中，字华生，湖南长沙人，伦理学家，教育家。

昔者顾亭林之论学也，谓吾人不当徒言允执其中，而置四海困穷于不言。旨哉言乎！今之中国以贫为患矣，集无数之人民而成国，人民富足，则国力充实；人民穷蹙，则国力虚耗。吾今且不为政府言理财之道，而为社会言治生之方。

《大学》有言曰："生财有大道。生之者众，食之者寡，为之者疾，用之者舒，则财恒足矣。"此生计学之精义也。一国之生计有然，一家之生计亦何莫不然。

欲生之者众、食之者寡，则必使一家之人，咸勤厥职。于此有数义焉。第一，则不可使子弟起倚赖父兄之心也。方子弟幼少之时，必与以相当之教育，随其性之所近，各界一业，使专习之，期于长成之后，能自谋生，而无藉于父兄之助。吾观英人遗传财产之制，与中国颇不相同。凡田宅之类，概归长子承袭，而众子不得与焉。吾国之俗，则父遗财产，众子均分。以两制相较，似吾国之制较为公平，然英人之为众子者，以不得父遗财产之故，不欲受其兄之豢养，竞出海外，自图立身之道。英人殖民事业之成功，实由于此。天助自助者，乃英国教育家之格言。人人有独立之精神，斯可铸成独立之国势。还观吾国，一家之中，往往仅有一人经营职业，岁有收入，以维持一家之生活，而安坐而食者，辄数十人、数人，是生之者寡而食之者众也。欲财之足，岂可得哉？汉邓禹有子十三人，读书之外，皆令各习一艺，彼已富贵矣，然犹为其子孙深谋远虑如此。君子爱人以德，细人之爱人也以姑息，不督子弟以各图自立，而使生仰给于人之心，是乃与于不慈之甚者也。仰给其父兄已为不义，若至不能仰给于父兄而不得不仰给于他人，则更为无耻，非仁人之所忍也。

秦商鞅之立法也，家富子壮则出分，家贫子壮则出赘，此使人民各自谋生、人自为战之道也。儒家重亲亲之义，则诋之为杂霸。汉人之语曰："子孝廉，父别居。"以父别居为子罪，此自儒家之论。吾观西人壮而有室，则与父别居，其家族制度，迥与吾国不同。此事当另作一篇论之。余独取其人各自立，实为使国力充实之一道。此一义也。

第二，则为父兄者，亦不可有倚赖子弟之心也。谚云："养儿待老，积谷防饥。"此家人妇子之私情，似亦人情之所宜有。夫衰老之父母，不克自养，不得不有待于子妇之承欢，斯固然矣。余之为此言也，非欲为为子弟者免去其养亲之责，不过欲为为亲者筹其自养之方而已。待养于子，子而贤也，固可无忧；子而不肖也，不免有失所之叹。吾人于少壮有为之时，当勤俭贮蓄为衰老时自养之预备，纵使老而无子，或有子而不肖，亦可以其辛勤储积之资，送老来之日月。吾人之自为计，固当如此。且人人如此存心，则于国家亦大有益。盖老者以其平日之所积，足以自活，使少者无后顾之忧，得专心并力以成其所企之业，其于开展国力，实非小补。故对于子而责其养

我，以父子之关系而论，似可无惭；然子因养我之故，而阻其能力之发展，因以阻国力一小部分之发展，以小己与大群之关系而论，不免有愧。日本人老而传家政于其子，谓之隐居，有未老而隐居者。福泽谕吉氏曾痛言其弊，谓"人生在世一日，对于社会即有一日当尽之义务，未老而隐居，是自弃其天职"，正与余之所见相同。吾国人从前国家观念不甚发达，往往视其子为私有之财产，遂至有上文所举养儿待老之谚。如此，则生子纯以自利，不得为高尚之思想。须知子固为我之子，同时又为国之民。教育吾子，非徒自利，即所以造就国民。此吾人对于国家之义务也。此一义也。

第三，则兄弟不可互相倚赖也。由以上所言，父子之不可互相倚赖，其义甚明。兄弟之不可互相倚赖，亦同此理。予前言英人之为少子者，不得父遗之财产，亦羞受其兄之豢养，此固丈夫之志事也。吾国人重亲亲之谊，兄弟之不能自养者，多由其兄弟之能有余力者资助之；同居共财，往往而有。论其一人之私德，岂不可钦，然自国民生计之全体言之，则实有无穷之弊害。盖一人生之，数人坐而食之，实大悖生计学之原则。兄弟之良善者，以不忍之故，而愿养其同气，其所以自尽者，固为得矣。彼兄弟之坐享其成者，怠惰因循，不求自立，以兄弟之资助为当然，而不知因人而食之为大可耻。受之者即大损其独立自助之精神，施之者亦不免养成倚赖根性之失。偏于厚亦君子之过也。此又一义也。

第四，则女子亦不可怠于治生之天职也。一家之中，男女分业，男子出外以营职，因有收入，女子则管理而运用之。男子虽岁入多额之金钱，若女子不善经理，则家计亦难恒足。西洋各国女子终身不嫁者有之，社会中女子可执之职业亦复不少。吾国近日女子职业学校已有萌芽，女子多有以织袜为生者，裁缝一科遂渐普及，女子多能自制衣服，不须雇人，此皆社会进步之征候也。然普通之人家，多有收入较丰，无需女子服此种工作者，惟操持家政之道，不可不亟为讲明。现今之女子，多有闲坐嬉游漫不以家政为意者，甚可叹也。此又一义也。

由以上所述而引伸之，更有数义，为改良社会者所不可忽者。欲求生之者众、食之者寡，则不可不戒早婚。泰西之人，早婚者极少。男子必有赡养室家之确实收入，女子必有操持家政之能力，始行结婚。结婚之后，与亲别居，自立门面。此种家族制度，虽似奇异，固亦有其生计学上之理由。吾国之人，以奉祀祖先为重，有"不孝有三，无后为大"之说，故恒急于为子授室，以早日抱孙为莫大之幸福。夫男子生而愿为之有室，女子生而愿为之有家，父母之心，人皆有之，但须以子妇永久之幸福为断。今不问其子有赡养妻子之能力与否，而汲汲为之成家。成家之后，其子不能自谋，乃不得不仰赖其亲代负赡养之义务，此家累之重，常人所同叹也。其实即不早婚，亦未必遂有无后之叹，而徒自重其负担，使其子妇生仰给坐食之心，此胡为者？余尝见人少而娶妻，学未成、业未就，而儿女成行，即无赡养之资，复昧教育之道，徒多此不健全之子女，累及亲族而贻患社会，其害有不可胜言者。据生计学家言，世界之人口，以几何级数增加，而供人食用之物品，则以算术级数增加，故世界之中常有人满之患。人浮于事，无业者众，生存竞争日益剧烈，水旱兵戈之惨剧，乃为芟除过多人类之一法，此真人类共同之忧患也。欲减杀此人类之苦痛，在积极的方面，宜讲增殖物品之方；在消极的方面，宜讲制限生育之道。昔希腊之斯巴达，持绝对的国家主义，人民生子者，必经官长之检查，体格不强者，则弃而不育。此残忍无人理，固不可行，人为淘汰，可行于他种生物，而不可行之于人类之间。然吾人虽不能行人为淘汰于即生之后，未尝不可行人类淘汰于未生之前，则所谓戒早婚者，亦不使社会多产生不健全分子之一法也。此一义也。

欲求生之者众、食之者寡，又不可不戒娶妾。信耶教者实行一夫一妻

之制，回教徒则实行一夫多妻之制。吾国之人，有妻有妾，乃一种变形之一夫多妻制也。纳妾之可否，系伦理学上之问题，兹不具论，但自生计学上言之，纳妾亦增加消费之道，是不可不察也。

自余一人言之，实深信一夫一妇之义者。但欲禁止纳妾，此又为立法上之事，造端宏大，未易见诸施行。夫吾国人之主张保存纳妾制者，莫不以"不孝有三，无后为大"为其极强之理由。乃有人儿女即已成行而纳妾者，或其妻虽未生子尚有生子之希望而纳妾者，此又何说乎？吾发此论，必为多数人之所骇怪，然余实见夫并世之人，多有因未能制欲，多纳偏房，即酿家庭之不和，复来生计之困难者，以为诚有思虑之人，断断不宜出此。此与戒早婚之义相同，与社会生计有至大之关系，不可不加深察也。此又一义也。

又有一事，虽不如前二事之重大，然亦有关于生众食寡之义，则不多用仆婢是也。家中多用一人，即多一人之费用。于此有节，则家庭清简，淡中之趣味，有使人穆然意远者。多用仆婢，不外一种骄惰之习。骄使人浮，惰使人窳，非兴家之气象也。余观日本、西洋中上流之社会，其使用仆婢，皆不如吾国人之多。如英国之大学教授与勒任视学官，家中仅用一女仆，司炊爨扫除之事，其余事件，皆主人躬自为之。俄国文豪托尔斯泰，主张"事必躬亲"之义，不惟不用仆婢，并不欲令子弟服劳。奴仆亦国民之一，私人多养一奴仆，即国家少一独立之国民，觇人国者，视其奴仆之多少，即可以知其国力之盈虚。曾国藩以侍郎假归，在其湘乡故宅，不带仆人，一仍其前日寒素书生之旧。豪杰之风度，固非常人之所能及也。总之，家中以不多住闲人为第一要义。仆婢之外，如亲族中之游民，亦不可顾恤情面，听其常久寄食，即非所以惜物力，亦非所以重人格，而此等寄食之人，又与恶影响于家庭之教育，其害有不可胜计者。此又一义也。

以上所言，多发明"食之者寡"之义，至"生之者众"，则尤有可言

1918 年 8 月 19 日，为组织新民会会员和湖南青年赴法国勤工俭学筹备工作，毛泽东同 20 多名准备赴法勤工俭学的青年第一次来到北京。起初，毛泽东暂住在老师杨昌济位于豆腐池胡同 15 号的家中。图为杨昌济故居。

者。吾人欲谋生财，不可不慎选职业，要以能有益于社会者为断。往往有一种职业，自私家言之则为生利，而自社会言之则为分利者，此吾人之所当避也。姑举一例言之，如从前之贩卖鸦片者，岁有收入以肥其家，自其家言之，不能不谓为生利之人；而自社会言之，则此乃分利之尤者。凡不利于社会者，纵令暂时有益于个人，终不能长保其利益。从前贩卖鸦片之人，至今日尽失其生业，此其尤大彰明较著者也。据此大原则，以观察今日中国之社会，又有数义为吾人所不可不知者，请次第说明之。

第一，吾人不可不知仕非为贫之义。官吏者，非谋生之职业也。吾人苟对于国事，确有一种政见，欲得有事权以伸其行道济时之志，则可投身于

政界。服官者，义务也，非权利也。能行其道，则服官为宣力于国家；不能行其道，而尸位素餐，则服官不过为私人谋生之具。夫谋生之道多端，何必服官哉？此义孟子尝言之矣。仕非为贫也，而有时乎为贫。为贫者辞尊居卑，辞富居贫，恶乎宜乎，抱关击柝。今日之中国，承科举时代之积弊，才力稍强、欲望稍多者，群趋于官吏之一途。求过于供则物价上腾，供过于求则物价下落，此生计学上之公例也。今官吏止有此数，而求官者多至不可纪极，是供过于求也。供过于求，则物品必有滞销之时，求官者百而得官者一，私人之损失固甚大矣，而国家之损失尤大。向使以此多数人求官之心思日力，而用之于开发地力，扩充实业，则其所生之利，必有百倍千倍于今日者。吾观今之人徒知谋生之为急，而不知所以谋生之方，乃误认作官为一种职业，运滞销之货而侥幸万一之利，其智不亦甚矣！今者国体虽号称共和，而人民参政之权，则犹在若有若无之间，其所以致此之根原，要在于国民之无能力。举多数之人民，群致力于实业，不恃逢迎结纳为生活，始可以销灭倚赖政府之奴隶根性，始成为确能自立之国民，始能发生真正之舆论，始能举监督政府之天职。征诸历史，欧洲民权之发达，原于都市之勃兴，可以知其故矣。

类于官吏者，又有二种人焉，其一则为当兵者，而其他则为奉职于局所之人。今日鲜有以当兵为职业者，因其可以发明上条之义蕴，故不避繁琐，就之一言。夫当兵亦如服官，乃国民之义务，非可视为私人之权利者也。如德意志、日本各国，采征兵制度者，国民于一定年限，有服兵役之义务，此义务完毕之后，乃退而各自谋生。此亦如吾国古者寓兵于农之义。特在今日征兵各国，则不特农人应服兵役，无论何种之人，皆有为兵之义务而已。中国近世择雇兵之制，当兵者久留行伍之间，视为一种职业，遣散归农之后，则成为无业之游民。吾湘之人，于近数十年间投身于军营者甚众，近者一一遣散，民间及猝添无数失业之人，此亦社会之隐患也。盖从前当兵之人，即不足任对外之战争，则于国家为无用，因此可证职业而不能有益于社会者，终必失其效力。以广东之人与湖南之人比较，广东人则从事于海外贸易，湖南人则多从事于政治、军事。今广东人之海外贸易方骎骎发达，而吾湘人军事上之势力扫地尽矣。此亦生利与分利之辨，吾湘人所宜深长思者也。又以湖南之人较江西之人，亦得有同一之结论。湘人之谚曰："无江西人不成口岸，无湖南人不成衙门。"若以此自矜者，其实窟穴于衙门固非最上之业，且非长久之计也。前清限制旗人不得营农工商之业，惟得为官与兵。经二百余年，满人乃尽失其生活之能力，几乎无以自存。吾湘之人，虽从前多当兵者，然尚有多数之人营各种之生业，其受害较满人为浅，然已不胜其弊矣。今吾湘人暂无当兵之机会，正吾人当通盘筹画，早图变计之时。合全省之人专精并力以图实业之发达，其收效之远大，有不可以数计者。此又指导社会者所不可不知也。

昔咸、同军兴之际，湘人当事者以军费无所出，法刘晏用士人之策，任用书生，办理厘金、督销两局之事，自是而后，衣食于此两局者甚多，此亦一种职业也。然任其事者，人皆能之，不必为特别之技能，不必经长久之学习，是以谋干者多难得而易失。其得之也全凭亲友之荐引，往往奔走营求，经一二年之停辛伫苦，仅乃得之，接事未久，或主者易人，又不免于撤换。此诚依人作计不得已之下策也。余恒劝亲友宜勤求一门专精之学问艺业，不可恃两局为生涯。我有学问艺业足以自立，但有人求我之事，而不必有我求人之事，岂不甚快。此亦选择职业者所不可不知之义也。近日人心浮动，有舍本逐末之趋势，乡人多弃其本业而争趋城市，余甚悯之。居乡务本业者，虽勤劳而寡获，然安而可久。入城市谋事者，虽间能多获，然飘泊无常，且易染恶习，或至丧其人格而不可恢复。余每见亲族欲弃乡里本业而远

适谋事者，必劝阻之。余亦绝不肯为乡人荐引，以徒利目前或贻终身之损害也。此又选择职业者所不可不知也。

因论厘金、督销两局之事，又触发余之感慨。夫任此两局之事，乃人人之所能，故争之者多，难于长保其地位，斯固然矣。然两局之中，真能办事者亦颇难得，若久于其任，熟习公事，能保信用，则亦为当道者之所倚仗，而非新进者之所能与争。盖官场用人，亦未尝不重资格、重信用，真能办事之人，断不至于有失业之忧也。考两局肇设之时，原仿刘晏用士人之意，以士人能自爱，多廉洁也。行之即久，初意浸失，银钱经手，易有侵渔，因而失其信用者比比矣。信用即失，不可回复，此后乃永绝其谋事之机会。吾国之人思虑浅而眼光短，良为可哀。夫所侵渔者不过少数，而失其终身谋生之机会，所得小而所丧大。营目前之利而贻永久之害，可悲可痛，孰甚于此。且此非徒个人之失策，亦国家之大忧也。余在英国时，某英人问余："中国商人，皆重信用，何以中国官吏，从上至下，皆不免侵渔之陋习？"余实颜汗，无以为辞。生于中国社会之中者，渐染积习，视为固然，流俗滔滔，恬不为怪。若夫东西各国，政法修明，乃罕闻此事。自非然者，何由富强？人民之廉贪与国家之兴衰有绝大之关系。若谓此风遂不可挽，则是中国竟无可为。曾涤生家书有曰："近来带兵者，皆不免稍肥私橐，余不能禁人之苟取，但求自己不苟取。"苦哉此心，令人肃然起敬。所望有志之士，贞介自持，不染污俗，以廉耻相尚，以清俭为高。造端甚微，收效必巨。此则区区之愚所馨香而祷祝者也。此一义也。

夫失其信用，固治生之大戒，而忘分冒进，亦非永保职业之道也。近数年来，以社会经极大改革之故，人民大长其嚣竞，得业失业，易如反掌；拔帜立帜，曾不转瞬。安常守故，则嫌其枯寂。攀高竞进，则唯患不速。一有蹉跌，乃顿失其所据矣。即失业而悔之，欲求故地，不可复得。此等事乃余之所常见，往往旁观叹息而莫能相喻者也。余观英、德之社会，莫不尚老成而贵资格。少壮有为之人，初入社会任事之时，多居辅助之地位，听高年之指导；及其更事即多，乃随流平进，终至高位。人无侥幸之心，而社会之组织，异常巩固。英伦银行，世界金融之中心也，其势力之伟大，甚为可惊。及询其主持行务之人，以何法而取得其资格，乃皆由历试而来。现在主持行务之人，恒以储蓄后进、慎选替人为其重大之责任。以如此伟大之事业，乃归于自治团体之所经营，英人自治能力之强，于此可见，而其立法之精神，亦实有可师者。治生者固当力保其现有之职业，不可希高慕远，求进太速，反失其固有之地位也。此又一义也。

以上所言，均发明生众食寡之义，今将于"为之者疾"之义有所敷陈。以程功之敏速而言，吾国较之西洋各国，迥不相及。铁路尚未开通，则交通迟滞；机器尚未广用，则制造缓漫；此皆大悖于为之者疾之义者也，然此犹属社会生计之范围。今请就吾国现在之情状，个人能力之所及者，箴其阙失，而谋其变通，当亦读者诸君之所乐闻也。

欲求"为之者疾"，则首重惜时。荷兰人之谚曰："时者金也。"人之生利，必需劳力，未有安坐而能获者。以劳力施于事物，又必需一定之时间，始能收其所期之效。故计功者不可无劳力与时间之二要素。劳力大而时间短与劳力小而时间久者，其效相等，此力学之所明示也。吾人治事，恒患力微，全赖积多数之时间以完成远大之事业。大禹惜寸阴，陶侃惜分阴，此历史上之美谈，以之处今日之时势，尤为对证之药。美国大富豪摩尔根氏，最惜时间，会客交谈，人不过五分钟，虽接见大统领，亦不违此定例。即日本人诸户清六氏之佚事，亦大有足称者。诸户氏白手成家，致富钜万，生平爱惜光阴。有来言事者，立门中与之谈，事毕即退，并不延之入坐。食时常备饭二碗，更迭食之，以省添饭之时间。家中常备人力车，以便有事时即刻外

出。盖商业利在乘机，一有违误，则损失不可胜计，故东西各国成功之人，莫不以急起直追，一日千里，为趋事赴功之秘诀。吾国之人全不知时间之可贵，因循玩愒，万事皆堕坏于冥昧之中，甚非开国进取之气象也。凡事有可于今日为之者，即宜今日为之，断不可留待明日，有因一日之迟而误事机者矣。且明日又有明日当为之事，今以今日当为之事留待明日，是先夺去明日一分之日力，而明日当为之事必有不能即办者矣。如此逐日积压，事愈多而心愈纷，如欠债然，将终身无有肃清之一日。常人动叹事忙，而不知由其平日之不勤有以致之。若案无留牍，判决如流，则虽处军务倥偬之中，仍能好整以暇。昔者周公思兼三王以施四事，其有不合者，仰而思之，夜以继日，幸而得之，坐以待旦。其急于礼见贤士也，一饭三吐哺，一沐三握发，此真精勤孟晋，一向无前，三千年之下犹使人闻风兴起，宜其多才多艺，而能制定有周一代之礼乐也。嗟我兄弟，邦人诸友，毋再因循，因循则事愈不可为矣。此一义也。

惜时则不可不省无谓之应酬。夫人类者，乐群之动物也，岁时过从，礼俗相交，正人生之乐事，所谓社会之亲和力也，此安可无之？独不可太滥耳，太滥则废时失事，即非所以成己，亦非所以成物。周末文胜，孔子作《春秋》，变周之文，从殷之质。吾观泰西之俗，颇有尚质之意，交际率真，不尚伪善。中国近今之习俗，则颇有文胜之弊。形式虽具，真意沦亡，如拜谒回候，请酒复席，多有出于勉强，并非事势之所必须。人之精力，大率销磨于此中，而事之废弃者多矣。昔谭复生在长沙，曾创延年会，欲联合多人，将无谓之应酬，一概省去，彼此相谅，无复猜疑。其所以名为延年会者，谓人生年寿之长短，与其作事之多寡为正比例。作事多者，虽夭亦寿；作事寡者，虽寿亦夭。省去无谓之应酬，则人人可多办事，人人可以延年矣。遭遇厄会，志不获施，然此义实可悬之日月而不刊。民国成立以后，文

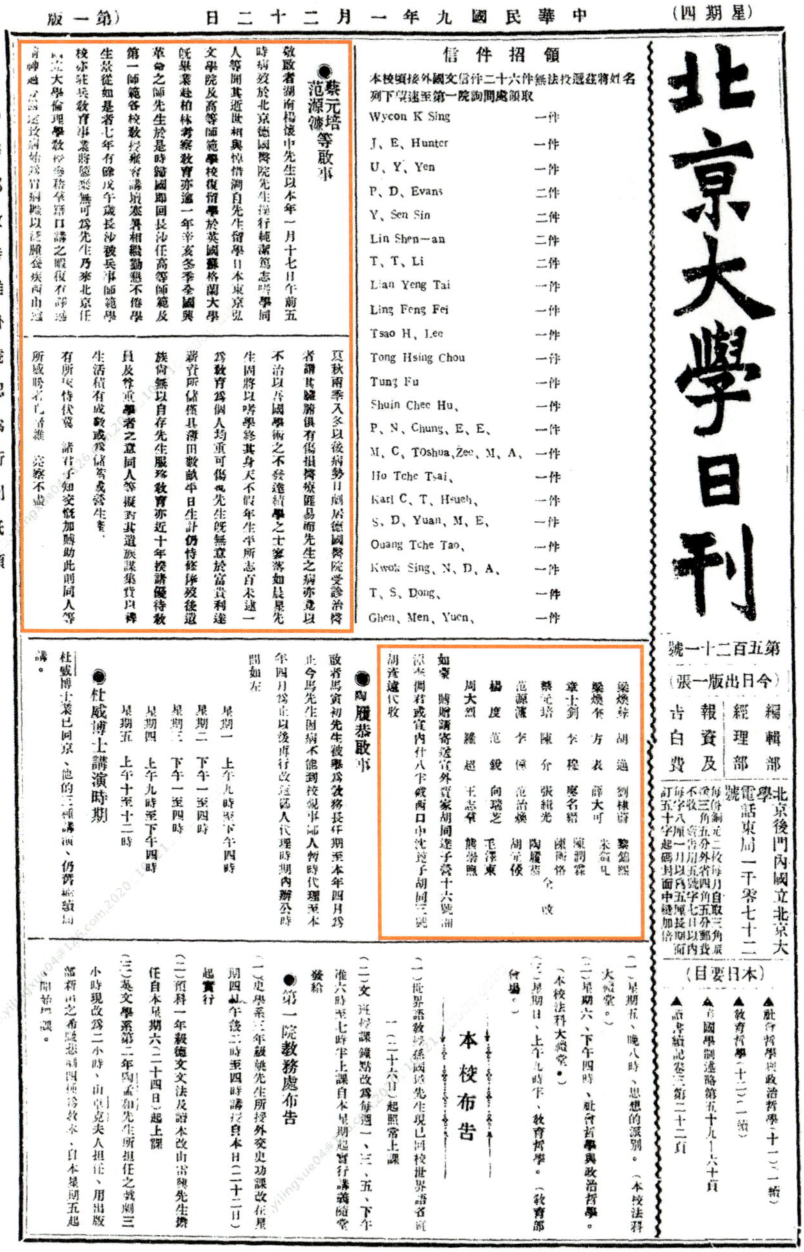

北京大學日刊

（第一版） 中華民國九年一月二十二日 （星期四）

第五百二十一號

信件招領

本校�) 接外國文信件二十六件無法投遞茲將姓名列下希望速至第一院詢問處領取可也

Wycon K Sing	一件
J, E, Hunter	一件
U, Y, Yen	一件
P, D, Evans	二件
Y, Sen Sin	一件
Lin Shen-an	二件
T, T, Li	二件
Lian Yeng Tai	一件
Ling Feng Fei	一件
Tsao H, Lee	一件
Tong Hsing Chou	一件
Tung Fu	一件
Shuin Chee Hu	一件
P, N, Chung, E, E,	一件
M, C, TÔshua, Zee, M, A,	一件
Ho Tche Tsai,	一件
Karl C, T, Hsueh	一件
S, D, Yuan, M, E,	一件
Quang Tche Tao,	一件
Kwok Sing, N, D, A,	一件
T, S, Dong,	一件
Chen, Men, Yuen,	一件

●蔡元培范源濂等啟事

●陶履恭啟事

●杜威博士講演時期

●第一院教務處布告

本校布告

●蔡元培范源濂等啟事

敬啟者湖南楊懷中先生以本年一月十七日午前五時病歿於北京德國醫院先生諱昌濟字華生……

●陶履恭啟事

敬者馬寅初先生被舉為教務長任期至本年四月為止今馬先生回國未能到校……

●杜威博士講演時期

杜威博士業已回京德的三種講演仍舊繼續如講……

星期一 上午九時至午前十二時

星期二 下午一至四時

星期三 下午一至四時

星期四 上午九時至午前十二時

星期五 上午十時至十二時

●第一院教務處布告

本校布告

一二〇日起照常上課

1920年1月17日，杨昌济在北京病逝。22日，毛泽东与蔡元培、范源濂、章士钊、杨度、黎锦熙等联名，在《北京大学日刊》发出《启事》，公布杨昌济病逝的消息，介绍他的生平。

法稍宽，人民益厌薄伪善，然社会中之交际仍有当省而不省者，盖缘办事之心未诚，故觉朋从之情难却。若真做事人，则职务在身，责无旁贷，自不暇八面周全，虽应酬稍疏，人亦必能相谅矣。今姑举一事以为例。文酒宴游，此士夫之胜事，各国风俗，亦大抵相同。愚游英国之时，亦曾与其中流人家之宴会，每食四簋，较常餐不过稍丰。即结婚之筵席，亦与常同，初无过为盛设之事，其盛设者亦不过六簋、八簋止矣。款客而不伤于费，达情而不侈于欲，此可久之道也。中国酒席，则看馔太多，往往略尝，即便撤去，食品过多而不为用，宁非暴殄？余妄倡一论，谓今后酒席，当以八簋为限，又宜同时而进，不可过事迁延，务减短会食之时间，庶无废事失时之患。此亦穷变通久之一道也。比较西洋人与吾国人之会食，抑犹有可论者。中国人会食之时间太长，往往宴毕即散。酒阑人散，兴味索然，似专以饮食为事者。西洋人会食之后，必留连时许，游戏歌唱，以相娱乐，宾主尽欢，始从容散去。此无关治生之旨，不过以示吾国宴会，尚多可以改良之余地而已。余近赴友人之席，主客闲谈，对于此事皆颇有改良之希望，然相顾不发，敝俗何自而更新？此则区区私怀，所望于率先社会之勇者也。吾乡有李生者，求学日本，专心课业，同国人相访，读书如故，即不对话，亦不送迎，勤苦卓立，良可嘉尚。吾国游民太众，进见无时，非稍从简略，不复可以读书治事。吕新吾有言："余尝自喜行三种方便：不面谒人，省其疲于应接；不轻寄书，省其困于裁答；不乞求人看顾，省其难于区处。"吾愿闲居无事之人，无轻于造访，使他人有勤修正业之余日，盖亦一种之方便也。此一义也。

中国人之习俗，大悖乎"为之者疾"之义者，又在于不守时间。时间之可贵，前即言之矣，然我惜时而人不守时，则亦常受人之牵掣，而不能无浪掷光阴之患。西人最重守时，如与人约某时往晤，必如期前往，不差分秒。有违误者，则主人他出，不复坐候，将虚此一往返，而不能达其面晤之目的。且如此行为，甚为西人之所贱视，视之与不守约束、发虚伪之语者同科。又如赴人酒席，亦必如时，不可迟亦不可早，早则主家尚未准备，颇不相宜，迟则主家迳自开席，不复相待。社会中人皆视守时为天经地义，有犯之者，众不之齿，监督严重，良不可及。中国之人全无守时之观念，凡有约会，任意迟延，每次必使如期而至者，坐候一二小时，实为苦事。事之坐废者，不知凡几。此真吾国最大之积弊，不可不急行改良者也。此事在常居国内者，往往视为固然，不求改变；其曾游海外者，习于西俗之秩序整然，归国之后，深觉此事之苦痛，而无可如何。余每遇有约会，必如期而往，宁往而久待，不肯随俗苟且，尤而效之。区区之愚，或为旁观者所悯笑，不知流俗滔滔，骤不可挽。必有痛言其弊之人，始有变革之机；又必有实行改革之人，始有观摩之效。所愿同志君子，勇猛开先，一变至道，其有益于风俗人心，非浅鲜也。此一义也。

至于"用之者舒"，则可言者尤不止一事。今请先言储蓄之义。人生在世，寿长者七八十年，然二十岁以前，为受教育之时期，不惟不能有所收入，而且多需支出。二十以后，始为任职就业之时，人之能生利也。其尤有望者，仅此数十年间耳。迨其衰老，则精力不继，不复可以任劳，不得不舍弃生业，坐耗居诸。故人当少壮有为之时，不可不储蓄余资，以为老年之豫备。且教育子女之费，嫁娶丧葬之需，皆不可不豫储之于平日。不独此也，人之治生，全赖心力与体力，若偶有病患，即收入顿微，又况失业闲居，乃社会中恒见之事，若其毫无贮蓄，岂不窘迫万端？此西洋学校教授修身，所为汲汲于养成勤俭贮蓄之思想也。大凡立身居家之道，先在知理财之方，使贮蓄有素，资用常余，则置身社会之中，常有超然独立进退裕如之象。若漫无思虑，浪掷资财，及至手中拮据，或至丧其廉耻，可羞可痛，孰甚于斯。吾观西人保险之业，异常发达，如人寿保险，尤足征人民思虑之

深，平时岁入数镑，取之不难，迫至寿命已终，寡妻弱子，坐享巨资，无虑失所。此牺牲现在之利益以为将来，智虑浅短之人民，不知出此。此余所以对照彼我慨然兴叹者也。考英人优待教员，亦有养老年金之设，其法使任教员者年纳若干，储为公积，老而退职，乃有所凭。近岁英国国会制定国家保险之法，凡为仆役者岁贮工赀若干，由主人扣存，主人、国家各益少许，集成巨款，用作基金，俾仆役衰老之年，得所赡养，法良意美，此乃国家社会主义之先驱也。英之立法家为人民谋贮蓄如此，吾国知此义者尚少，立为政策，以图进行，不知当俟诸何日？吾愿国人善自为谋，竞讲贮蓄，将来家给人足，百废具兴，强国利群，何施不可。吾观并世之人，全不知储蓄之义，每岁所入，挥霍无余，或且过之，毫不省记，一有疾病，或遇闲居，则借贷无门，困苦万状。余尝旁观太息，谓以若所为，困苦之来，无可幸脱，乃曾不知畏避，甘以身受其牵缠，虑浅智昏，良可嗟叹。近日生活程度，逐日加高，然以今日之收入，较之昔时，有增加十倍者。假如往年收入仅有百金，今则可获千金，若使维持旧状，无使生活程度骤然增高，纵使物价上腾，仍当有余可蓄。何以收入愈多，余存无几，岂非但顾今日，不虑明朝。此诚弱国之病源，羸群之败兆也。语云："由俭入奢易，由奢返俭难。"须知收入虽多，不可长恃，奢侈成习，补救维艰。总之，无论所获多少，决不可一举而空之，所存虽属细微，积久可成大数，保家之道，莫切如此。此一义也。

举债者治生之大戒，非万不得已，断不可轻于一试。举债必须认息，年年还息，积久乃倍其本额，其为损耗不可胜言。夫举债以经营生业，偿息之外，尚有所赢，是固可为之事；若举债以供消费，则毫无生产，徒耗息钱，剜肉医疮，莫此为甚。至不能每年还息，则息又成本，展转增益，亏累愈深，破产之祸，将不可救。昔袁君载有言："凡人之敢于举债者，必谓他日宽余，可以偿矣，不知今日无宽余，他日何为而有宽余？譬如百里之路，分为两日行，则两日皆办。若欲以今日之路使明日并行，虽劳苦而不可至。”至理名言，吾辈所当深玩也。英人斯迈尔斯氏所著《自助论》，乃有益身心之书，余特钞其论借贷之害者一节，以证余说。其言曰：“人一负债，则其品行必不真实。盖借债之人，无以为偿，往往为延期限而捏造言辞，伪托事故，故借债进一步，欺伪亦进一步。借债欺伪，互相追随，岂不悲哉。”画家海昙向人借金，归金之日，叹曰：“古谚云，借债是借忧也，今日吾亲尝之矣。”可知借债不仅有关于生计，并有关于品行。日本福泽谕吉氏，亦宁卖田产，决不借债。能者所见，大抵略同。人能以借债为戒，自不至于浪费。又人来借债，亦不可滥与，使彼负债而不能偿。是坏其品行也，非以爱之，实以害之，诚知借债之害者之所不忍出也。此一义也。

中国之恶俗，大足以增加消费者，其唯赌博乎？赌博者，一种之游戏也。游戏之冲动，乃人人之所有，独其以财物为孤注，乃大有害于治生。近日斗牌之习，流衍全国，不染此习之人，寥寥可数，所谓巨人长德、旷世人豪者多不免此。虽已悬为禁令，然耻尚失所，禁绝为难，甚非兴国之气象也。上流之人，因博而负，则临财之际，不免苟且；下流之人，因博而负，则饥寒迫身，流为盗贼。余尝谓吾国之宜戒斗牌，一如吾国之宜禁鸦片。此事自一人言之，不过消遣时日，本非绝对之罪恶，然合社会全体计之，则妨时废事，使人丧其生业，乃社会之大忧也。上流之人，一举一动，悉关风教。人谓明哲尚有此举，吾辈何不可为？即如吸食鸦片，若在富人，不须谋生，有资可购，与人无忤，与世无争，自其一人言之，似可无需禁戒，然事关全国，未便参差。斗牌之习，理亦同此。若谓于我无伤，不妨任意，揆之公德，岂曰无亏？此则区区之愚，敢为海内人士正告者也。此一义也。

以上所述，皆箴砭时俗之言，所怀区区，未尽百一。近人之言曰，现

在英、德竞争，其最后之胜负，决于国民之生产力，而实决于国民之道德力。道德颓败，生产力多因之衰微。国际竞争，何以存立，前途茫茫，不禁掷笔而三叹也。

原载《新青年》第二卷第四号，1916年12月1日

文学革命论

陈独秀

今日庄严灿烂之欧洲，何自而来乎？曰：革命之赐也。欧语所谓革命者，为革故更新之义。与中土所谓朝代鼎革，绝不相类。故自文艺复兴以来，政治界有革命，宗教界亦有革命，伦理道德亦有革命，文学艺术亦莫不有革命，莫不因革命而新兴而进化。近代欧洲文明史，宜可谓之革命史。故曰：今日庄严灿烂之欧洲，乃革命之赐也。

吾苟偷庸懦之国民，畏革命如蛇蝎，故政治界虽经三次革命，而黑暗未尝稍减。其原因之小部分，则为三次革命，皆虎头蛇尾，未能充分以鲜血洗净旧污。其大部分，则为盘踞吾人精神界根深蒂固之伦

陈独秀认为旧道德与旧文学"相依为命"。1917年2月，他在《新青年》第2卷第6号上发表《文学革命论》，提出"三大主义"，呼吁进行文学革命，推动新文化运动。

理道德、文学艺术诸端，莫不黑幕层张，垢污深积，并此虎头蛇尾之革命而未有焉。此单独政治革命所以于吾之社会，不生若何变化，不收若何效果也。推其总因，乃在吾人疾视革命，不知其为开发文明之利器故。

孔教问题，方喧呶于国中。此伦理道德革命之先声也。文学革命之气运，酝酿已非一日。其首举义旗之急先锋，则为吾友胡适。余甘冒全国学究之敌，高张"文学革命军"大旗，以为吾友之声援。旗上大书特书吾革命军三大主义，曰推倒雕琢的阿谀的贵族文学，建设平易的抒情的国民文学；曰推倒陈腐的铺张的古典文学，建设新鲜的立诚的写实文学；曰推倒迂晦的艰涩的山林文学，建设明了的通俗的社会文学。

陈独秀在北京大学进行了扩充文科、废除必修等一系列改革。图为 1917 年北大文科中国哲学门第一届毕业班合影（前排穿西装者为陈独秀）。

国风多里巷猥辞，楚辞盛用土语方物，非不斐然可观。承其流者两汉赋家，颂声大作，雕琢阿谀，词多而意寡，此贵族之文、古典之文之始作俑也。魏晋以下之五言，抒情写事，一变前代板滞堆砌之风。在当时可谓为文学一大革命，即文学一大进化。然希托高古，言简意晦，社会现象，非所取材，是犹贵族之风，未足以语通俗的国民文学也。齐梁以来，风尚对偶，演至有唐，遂成律体。无韵之文，亦尚对偶。尚书周易以来，即是如此。〔古人行文，不但风尚对偶，且多韵语。故骈文家颇主张骈体为中国文章正宗之说。（亡友王无生即主张此说之一人）不知古书传抄不易，韵与对偶，以利传诵而已。后之作者，乌可泥此？〕

东晋而后，即细事陈启，亦尚骈丽。演至有唐，遂成骈体。诗之有律，文之有骈，皆发源于南北朝，大成于唐代。更进而为排律，为四六。此等雕琢的、阿谀的、铺张的、空泛的贵族古典文学，极其长技，不过如涂脂抹粉之泥塑美人。以视八股试帖之价值，未必能高几何，可谓为文学之末运矣！韩柳崛起，一洗前人纤巧堆垛之习，风会所趋，乃南北朝贵族古典文学，变而为宋元国民通俗文学之过渡时代。韩柳元白应运而出，为之中枢。俗论谓昌黎文章起八代之衰，虽非确论，然变八代之法，开宋元之先，自是文界豪杰之士。吾人今日所不满于昌黎者二事，一曰文犹师古。虽非典文，然不脱贵族气派。寻其内容，远不若唐代诸小说家之丰富，其结果乃造成一新贵族文学。二曰误于"文以载道"之谬见。文学本非为载道而设，而自昌黎以讫曾国藩所谓载道之文，不过抄袭孔孟以来极肤浅、极空泛之门面语而已。余尝谓唐宋八家文之所谓"文以载道"，直与八股家之所谓"代圣贤立言"，同一鼻孔出气。以此二事推之，昌黎之变古，乃时代使然。于文学史上，其自身并无十分特色可观也。元明剧本，明清小说，乃近代文学之粲然可观者。惜为妖魔所厄，未及出胎，竟尔流产。以至今日中国之

1917年10月，刘半农在给钱玄同的信中称与钱玄同、陈独秀、胡适是文学革命的"台柱"。这封信为1918年3月在《新青年》出演的"双簧戏"拉开了序幕。

文学，萎琐陈腐，远不能与欧洲比肩。此妖魔为何？即明之前后七子，及八家文派之归方刘姚是也。此十八妖魔辈，尊古蔑今，咬文嚼字，称霸文坛。反使盖代文豪若马东篱，若施耐庵，若曹雪芹诸人之姓名，几不为国人所识。若夫七子之诗，刻意模古，直谓之抄袭可也。归方刘姚之文，或希荣慕誉，或无病而呻，满纸之乎者也矣焉哉。每有长篇大作，摇头摆尾，说来说去，不知道说些什么。此等文学，作者既非创造才，胸中又无物，其伎俩惟在仿古欺人，直无一字有存在之价值。虽著作等身，与其时之社会文明进化无丝毫关系。

今日吾国文学，悉承前代之敝。所谓桐城派者，八家与八股之混合体也。所谓骈体文者，思绮堂与随园之四六也。所谓西江派者，山谷之偶像也。求夫目无古人，赤裸裸的抒情写世，所谓代表时代之文豪者，不独全国无其人，而且举世无此想。文学之文，既不足观。应用之文，益复怪诞。碑铭墓志，极量称扬，读者决不见信，作者必照例为之。寻常启事，首尾恒有种种谀词。居丧者即华居美食，而哀启必欺人曰"苫块昏迷"。赠医生以匾额，不曰"术迈岐黄"，即曰"着手成春"。穷乡僻壤极小之豆腐店，其春联恒作"生意兴隆通四海，财源茂盛达三江"。此等国民应用之文学之丑陋，皆阿谀的、虚伪的、铺张的贵族古典文学阶之厉耳。

际兹文学革新之时代，凡属贵族文学、古典文学、山林文学，均在排斥之列。以何理由而排斥此三种文学耶？曰：贵族文学，藻饰依他，失独立自尊之气象也；古典文学，铺张堆砌，失抒情写实之旨也；山林文学，深晦艰涩，自以为名山著述，于其群之大多数无所裨益也。其形体则陈陈相因，有肉无骨，有形无神，乃装饰品而非实用品。其内容则目光不越帝王权贵、神仙鬼怪，及其个人之穷通利达。所谓宇宙，所谓人生，所谓社会，举非其构思所及。此三种文学公同之缺点也。此种文学，盖与吾阿谀夸张、虚伪迂阔之国民性，互为因果。今欲革新政治，势不得不革新盘踞于运用此政治者精神界之文学，使吾人不张目以观世界社会文学之趋势及时代之精神，日夜埋头故纸堆中，所目注心营者，不越帝王权贵、鬼怪神仙与夫个人之穷通利达，以此而求革新文学、革新政治，是缚手足而敌孟贲也。

欧洲文化，受赐于政治科学者固多，受赐于文学者亦不少。予爱卢梭、巴士特之法兰西，予尤爱雨果、左拉之法兰西，予爱康德、黑格尔之德意志，予尤爱歌德、霍普特曼之德意志。予爱培根、达尔文之英吉利，予尤爱狄更斯、王尔德之英吉利。吾国文学界豪杰之士，有自负为中国之雨果、左拉、歌德、霍普特曼、狄更斯、王尔德者乎？有不顾迂儒之毁誉，明目张胆以与十八妖魔宣战者乎？予愿拖四十二生的大炮，为之前驱。

原载《新青年》第二卷第六号，1917年2月1日

自然的伦理观与孔子

李大钊

　　余既绝对排斥以孔道规定于宪法之主张，乃更进而略述自然的伦理观，以判孔子于中国今日之社会，其价值果何若者。

　　吾人生于今日之知识世界，唯一自然之真理外，举不足劳吾人之信念，故吾人之伦理观，即基源于此唯一自然之真理也。历稽中国、印度，乃至欧洲之自古传来之种种教宗哲派，要皆以宇宙有一具绝对理性、绝对意思之不可思议的、神秘的大主宰。曰天，曰神，曰上帝，曰绝对，曰实在，曰宇宙本源，曰宇宙本体，曰太极，曰真如，名称虽殊，要皆指此大主宰而言也。由吾人观之，其中虽不无一二叶于学理的解释，而其或本宗教之权威，或立理想之人格，信为伦理之渊源而超乎自然之上，厥说盖非生于今日世界之吾人所足取也。

　　吾人以为宇宙乃无始无终自然的存在。由宇宙自然之真实本体所生之一切现象，乃循此自然法而自然的、因果的、机械的以渐次发生渐次进化。道德者，宇宙现象之一也。故其发生进化亦必应其自然进化之社会。而自然变迁，断非神秘主宰之惠与物，亦非古昔圣哲之遗留品也。

　　余谓孔子为数千年前之残骸枯骨，闻者骇然，虽然无骇也。孔子于其生存时代之社会，确足为其社会之中枢，确足为其时代之圣哲，其说亦确足以代表其社会其时代之道德。使孔子而生于今日，或更创一新学说以适应今之社会，亦未可知。而自然的势力之演进，断非吾人推崇孔子之诚心所能抗，使今日返而为孔子之时代之社会也。而孔子又一死而不可使之复生于今日，以应乎今日之社会而变易其说也。则孔子之于今日之吾人，非残骸枯骨而何也？

余谓孔子为历代帝王专制之护符，闻者骇然，虽然无骇也。孔子生于专制之社会，专制之时代，自不能不就当时之政治制度而立说，故其说确足以代表专制社会之道德，亦确足为专制君主所利用资以为护符也。历代君

1917 年 2 月，李大钊发表《自然的伦理观与孔子》等文章，对复古思潮进行抨击。图为李大钊（前排中坐者）与宪法公言社同仁合影。

主，莫不尊之祀之，奉为先师，崇为至圣。而孔子云者，遂非复个人之名称，而为保护君主政治之偶象矣。使孔子而生于今日，或且倡民权自由之大义，亦未可知。而无如其人已为残骸枯骨，其学说之精神，已不适于今日之时代精神何也！故余之掊击孔子，非掊击孔子之本身，乃掊击孔子为历代君主所雕塑之偶象的权威也；非掊击孔子，乃掊击专制政治之灵魂也。

盖尝论之，道德者利便于一社会生存之习惯风俗也。古今之社会不同，古今之道德自异。而道德之进化发展，亦泰半由于自然淘汰，几分由于人为淘汰。孔子之道，施于今日之社会为不适于生存，任诸自然之淘汰，其势力迟早必归于消灭。吾人为谋新生活之便利，新道德之进展，企于自然进化之程，少加以人为之力，冀其迅速蜕演，虽冒毁圣非法之名，亦所不恤矣。

原载《甲寅》日刊，1917年2月4日

体育之研究

毛泽东

国力苶弱，武风不振，民族之体质日趋轻细，此甚可忧之现象也。提倡之者不得其本，久而无效，长是不改，弱且加甚。

夫命中致远，外部之事，结果之事也；体力充实，内部之事，原因之事也。体不坚实，则见兵而畏之，何有于命中，何有于致远？坚实在于锻炼，锻炼在于自觉。

今之提倡者非不设种种之方法，然而无效者，外力不足以动其心，不知何为体育之真义。体育果有如何之价值，效果云何，着手何处，皆茫乎如在雾中，其无效亦宜。欲图体育之有效，非动其主观，促其对于体育之自觉不可。苟自觉矣，则体育之条目可不言而自知，命中致远之效亦当不求

1918 年、1919 年，青年毛泽东两次来到新文化运动的中心和五四运动的策源地——北京，在此寻求革命真理，由激进民主主义者逐渐转变为马克思主义者。图为青年毛泽东。

而自至矣。

不佞深感体育之要，伤提倡者之不得其当，知海内同志同此病而相怜者必多，不自惭赧，贡其愚见，以资商榷。所言并非皆已实行，尚多空言理想之处，不敢为欺。倘辱不遗，赐之教诲，所虚心百拜者也。

第一，释体育

自有生民以来，智识有愚暗，无不知自卫其生者。是故西山之薇，饥极必食，井上之李，不容不咽，巢木以为居，皮兽以为衣，盖发乎天能，不知所以然也，然而未精也。有圣人者出，于是乎有礼，饮食起居皆有节度。故"子之燕居，申申如也，天天如也"；"食饐而餲，鱼馁而肉败，不食"；"射于矍相之圃，盖观者如墙堵焉"。

人体之组成与群动无不同，而群动不能及人之寿，所以制其生者无节度也。人则以节度制其生，愈降于后而愈明，于是乎有体育。体育者，养生之道也。东西之所明者不一：庄子效法于庖丁，仲尼取资于射御；现今文明诸国，德为最盛，其斗剑之风播于全国；日本则有武士道，近且因吾国之绪余，造成柔术，觥觥乎可观已。

而考其内容，皆先精究生理，详于官体之构造，脉络之运行，何方发达为早，何部较有偏缺，其体育即准此为程序，抑其过而救其所不及。故其结论，在使身体平均发达。由此言之，体育者，人类自养其生之道，使身体平均发达，而有规则次序之可言者也。

第二，体育在吾人之位置

体育一道，配德育与智育，而德智皆寄于体，无体是无德智也。

顾知之者或寡矣，或以为重在智识，或曰道德也。夫知识则诚可贵矣，人之所以异于动物者此耳。顾徒知识之何载乎？道德亦诚可贵矣，所以立群道平人己者此耳。顾徒道德之何寓乎？体者，为知识之载而为道德之寓者也，其载知识也如车，其寓道德也如舍。体者，载知识之车而寓道德之舍也。

儿童及年入小学，小学之时，宜专注重于身体之发育，而知识之增进、道德之养成次之；宜以养护为主，而以教授训练为辅。今盖多不知之，故儿童缘读书而得疾病或至夭殇者有之矣。

中学及中学以上宜三育并重，今人则多偏于智。中学之年，身体之发育尚未完成，乃今培之者少而倾之者多，发育不将有中止之势乎？吾国学制，课程密如牛毛，虽成年之人，顽强之身，犹莫能举，况未成年者乎？况弱者乎？观其意，教者若特设此繁重之课以困学生，蹂躏其身而残贼其生，有不受者则罚之。

智力过人者，则令加读某种某种之书，甘言以餂之，厚赏以诱之。嗟乎，此所谓贼夫人之子欤！学者亦若恶此生之永年，必欲摧折之，以身为殉而不悔。何其梦梦如是也！人独患无身耳，他复何患？求所以善其身者，他事亦随之矣。善其身无过于体育。

体育于吾人实占第一之位置，体强壮而后学问道德之进修勇而收效远。于吾人研究之中，宜视为重要之部。"学有本末，事有终始，知所先后，则近道矣"，此之谓也。

第三，前此体育之弊及吾人自处之道

三育并重，然昔之为学者详德智而略于体。及其弊也，偻身俯首，纤纤素手，登山则气迫，涉水则足痉。故有颜子而短命，有贾生而早夭，王勃、卢照邻，或幼伤，或坐废。此皆有甚高之德与智也，一旦身不存，德

智则从之而瘵矣。惟北方之强，任金革死而不厌；燕赵多悲歌慷慨之士；烈士武臣，多出凉州。清之初世，颜习斋、李刚主文而兼武。习斋远跋千里之外，学击剑之术于塞北，与勇士角而胜焉。故其言曰："文武缺一岂道乎？"顾炎武，南人也，好居于北，不喜乘船而喜乘马。此数古人者，皆可师者也。

学校既起，采各国之成法，风习稍稍改矣。然办学之人犹未脱陈旧一流，囿于所习，不能骤变，或少注意及之，亦惟是外面铺张，不揣其本而齐其末。故愚观现今之体育，率多有形式而无实质。非不有体操课程也，非不有体操教员也，然而受体操之益者少，非徒无益，又有害焉。

教者发令，学者强应，身顺而心违，精神受无量之痛苦，精神苦而身亦苦矣，盖一体操之终，未有不貌瘁神伤者也。饮食不求洁，无机之物，微生之菌入于体中，化为疾病；室内光线不足，则目力受害不小；桌椅长短不合，削趾适屦，则躯干受亏；其余类此者尚多，不能尽也。

然则为吾侪学者之计如之何？学校之设备，教师之教训，乃外的客观的也，吾人盖尚有内的主观的。夫内断于心，百体从令，祸福无不自己求之者，我欲仁斯仁至，况于体育乎。苟自之不振，虽使外的客观的尽善尽美，亦犹之乎不能受益也。故讲体育必自自动始。

第四，体育之效

人者，动物也，则动尚矣。人者，有理性的动物也，则动必有道。然何贵乎此动邪？何贵乎此有道之动邪？动以营生也，此浅言之也；动以卫国也，此大言之也，皆非本义。动也者，盖养乎吾生，乐乎吾心而已。

朱子主敬，陆子主静。静，静也；敬，非动也，亦静而已。老子曰"无动为大"，释氏务求寂静，静坐之法，为朱陆之徒者咸尊之。近有因是子者，言静坐法，自诩其法之神，而鄙运动者之自损其体。是或一道，然予未敢效之也。愚拙之见，天地盖惟有动而已。

动之属于人类而有规则之可言者，曰体育。前既言之，体育之效则强筋骨也。愚昔尝闻，人之官骸肌络及时而定，不复再可改易，大抵二十五岁以后即一成无变，今乃知其不然。人之身盖日日变易者：新陈代谢之作用不绝行于各部组织之间，目不明可以明，耳不聪可以聪，虽六七十之人犹有改易官骸之效，事盖有必至者。又闻弱者难以转而为强，今亦知其非是。盖生而强者滥用其强，不戒于种种嗜欲，以渐戕贼其身，自谓天生好身手，得此已足，尚待锻炼？故至强者或终转为至弱。至于弱者，则恒自闵其身之不全，而惧其生之不永，兢业自持：于消极方面则深戒嗜欲，不敢使有损失；于积极方面则勤自锻炼，增益其所不能。久之遂变而为强矣。

1917 年，毛泽东署名"二十八画生"发表在《新青年》第 3 卷第 2 号的文章《体育之研究》。

故生而强者不必自喜也，生而弱者不必自悲也。吾生而弱乎，或者天之诱我以至于强，未可知也。东西著称之体育家，若美之罗斯福，德之孙棠，日本之嘉纳，皆以至弱之身，而得至强之效。

又尝闻之：精神身体不能并完，用思想之人每歉于体，而体魄蛮健者多缺于思。其说亦谬。此盖指薄志弱行之人，非所以概乎君子也。孔子七十二而死，未闻其身体不健；释迦往来传道，死年亦高；邪苏不幸以冤死；至于摩诃末，左持经典，右执利剑，征压一世，此皆古之所谓圣人，而最大之思想家也。

今之伍秩庸先生七十有余岁矣，自谓可至百余岁，彼亦用思想之人也；王湘绮死年七十余，而康健矍铄。为是说者其何以解邪？总之，勤体育则强筋骨，强筋骨则体质可变，弱可转强，身心可以并完。此盖非天命而全乎人力也。

非第强筋骨也，又足以增知识。近人有言曰：文明其精神，野蛮其体魄。此言是也。欲文明其精神，先自野蛮其体魄；苟野蛮其体魄矣，则文明之精神随之。夫知识之事，认识世间之事物而判断其理也，于此有须于体者焉。

直观则赖乎耳目，思索则赖乎脑筋，耳目脑筋之谓体，体全而知识之事以全，故可谓间接从体育以得知识。今世百科之学，无论学校独修，总须力能胜任。力能胜任者，体之强者也；不能胜任者，其弱者也。强弱分，而所任之区域以殊矣。

非第增知识也，又足以调感情。感情之于人，其力极大。古人以理性制之，故曰"主人翁常惺惺否"，又曰"以理制心"。然理性出于心，心存乎体。常观罢弱之人往往为感情所役，而无力以自拔；五官不全及肢体有缺者，多因于一偏之情，而理性不足以救之。故身体健全，感情斯正，可谓不易之理。

以例言之：吾人遇某种不快之事，受其刺激，心神震荡，难于制止，苟加以严急之运动，立可汰去陈旧之观念，而复使脑筋清明，效盖可立而待也。

非第调感情也，又足以强意志。体育之大效盖尤在此矣。夫体育之主旨，武勇也。武勇之目，若猛烈，若不畏，若敢为，若耐久，旨意志之事。取例明之，如冷水浴足以练习猛烈与不畏，又足以练习敢为。

凡各种之运动持续不改，皆有练习耐久之益，若长距离之赛跑，于耐久之练习尤著。夫力拔山气盖世，猛烈而已；不斩楼兰誓不还，不畏而已；化家为国，敢为而已；八年于外，三过其门而不入，耐久而已。要皆可于日常体育之小基之。意志也者，固人生事业之先驱也。

肢体纤小者举止轻浮，肤理缓弛者心意柔钝，身体之影响于心理也如是。体育之效，至于强筋骨，因而增知识，因而调感情，因而强意志。筋骨者，吾人之身；知识、感情、意志者，吾人之心。身心皆适，是谓俱泰。故夫体育非他，养乎吾生、乐乎吾心而已。

第五，不好运动之原因

运动为体育之最要者。今之学者多不好运动，其原因盖有四焉：一则无自觉心也。一事之见于行为也，必先动其喜为此事之情，尤必先有对于此事明白周详知其所以然之智。明白周详知所以然者，即自觉心也。

人多不知运动对于自己有如何之关系，或知其大略，亦未至于亲切严密之度，无以发其智，因无以动其情。夫能研究各种科学孜孜不倦者，以其关系于己者切也，今日不为，他日将无以谋生，而运动则无此自觉。此其咎由于自己不能深省者半，而教师不知所以开之亦占其半也。一则积习难

返也。

我国历来重文，羞齿短后，动有"好汉不当兵"之语。虽知运动当行之理与各国运动致强之效，然旧观念之力尚强，其于新观念之运动盖犹在迎拒参半之列，故不好运动，亦无怪其然。一则提倡不力也。

此又有两种：其一，今之所称教育家多不谙体育。自己不知体育，徒耳其名，亦从而体育之，所以出之也不诚，所以行之也无术，遂减学者研究之心。夫荡子而言自立，沉湎而言节饮，固无人信之矣。

其次，教体操者多无学识，语言鄙俚，闻者塞耳，所知惟此一技，又未必精，日日相见者，惟此机械之动作而已。夫徒有形式而无精意以贯注之者，其事不可一日存，而今之体操实如是。一则学者以运动为可羞也。以愚所考察，此实为不运动之大原因矣。

夫衣裳褴褴、行止于于、瞻视舒徐而夷犹者，美好之态，而社会之所尚也。忽尔张臂露足，伸肢屈体，此何为者邪？宁非大可怪者邪？故有深知身体不可不运动，且甚思实行，竟不能实行者；有群行群止能运动，单独行动则不能者；有燕居私室能运动，稠人广众则不能者。一言蔽之，害羞之一念为之耳。

四者皆不好运动之原因。第一与第四属于主观，改之在己；第二与第三属于客观，改之在人。君子求己，在人者听之可矣。

第六，运动之方法贵少

愚自伤体弱，因欲研究卫生之术。顾古人言者亦不少矣，近今学校有体操，坊间有书册，冥心务泛，终难得益。盖此事不重言谈，重在实行，苟能实行，得一道半法已足。曾文正行临睡洗脚、食后千步之法，得益不少。

有老者年八十犹康健，问之，曰："吾惟不饱食耳。"今之体操，诸法樊陈，更仆尽之，宁止数十百种？巢林止于一枝，饮河止于满腹，吾人惟此身耳，惟此官骸藏络耳，虽百其法，不外欲使血脉流通。夫法之致其效者一，一法之效然，百法之效亦然，则余之九十九法可废也。

目不两视而明，耳不两听而聪，筋骨之锻炼而百其方法，是扰之也，欲其有效，未见其能有效矣。夫应诸方之用，与锻一己之身者不同。浪桥所以适于航海，持竿所以适于逾高，游戏宜乎小学，兵式宜乎中学以上，此应诸方之用者也。运动筋骸使血脉流通，此锻一己之身者也。

应诸方之用者其法宜多，锻一己之身者其法宜少。近之学者多误此意，故其失有二：一则好运动者以多为善，几欲一人之身，百般俱备，其至无一益身者；一则不好运动者见人之技艺多，吾所知者少，则绝弃之而不为。

其宜多者不必善，务广而荒，又何贵乎？少者不必不善，虽一手一足之屈伸，苟以为常，亦有益焉。明乎此，而后体育始有进步可言矣。

第七，运动应注意之项

凡事皆宜有恒，运动亦然。有两人于此，其于运动也，一人时作时辍，一人到底不懈，则效不效必有分矣。

运动而有恒，第一能生兴味。凡静者不能自动，必有所以动之者，动之无过于兴味。凡科学皆宜引起多方之兴味，而于运动尤然。人静处则甚逸，发动则甚劳，人恒好逸而恶劳，使无物焉以促之，则不足以移其势而变其好恶之心。

而此兴味之起，由于日日运动不辍。最好于才起临睡行两次运动，裸体最善，次则薄衣，多衣甚碍事。日以为常，使此运动之观念相连而不绝，今日之运动承乎昨日之运动，而又引起明日之运动。每次不必久，三十分钟

图为新文化运动期间，北京大学学生进行操练。

已足。如此自生一种之兴味焉。第二能生快乐。运动既久，成效大著，发生自己价值之念。以之为学则胜任愉快，以之修德则日起有功，心中无限快乐，亦缘有恒而得也。快乐与兴味有辨：兴味者运动之始，快乐者运动之终；兴味生于进行，快乐生于结果。二者自异。

有恒矣，而不用心，亦难有效。走马观花，虽日日观，犹无观也。心在鸿鹄，虽与俱学，勿若之矣。故运动有注全力之道焉。运动之时，心在运动，闲思杂虑，一切屏去，运心于血脉如何流通，筋肉如何张弛，关节如何反复，呼吸如何出入，而运作按节，屈伸进退，皆一一踏实。朱子论主一无适，谓吃饭则想着吃饭，穿衣则想着穿衣。注全力于运动之时者，亦若是则已耳。

文明柔顺，君子之容，虽然，非所以语于运动也。运动宜蛮拙。骑突枪鸣，十荡十决，喑呜颓山岳，叱咤变风云，力拔项王之山，勇贯由基之札，其道盖存乎蛮拙，而无与于纤巧之事。运动之进取宜蛮，蛮则气力雄，筋骨劲。运动之方法宜拙，拙则资守实，练习易。二者在初行运动之人为尤要。

运动所宜注意者三：有恒，一也；注全力，二也；蛮拙，三也。他所当注意者尚多，举其要者如此。

第八，运动一得之商榷

愚既粗涉各种运动，以其皆系外铄而无当于一己之心得，乃提挈各种运动之长，自成一种运动，得此运动之益颇为不少。

凡分六段：手部也，足部也，躯干部也，头部也，打击运动也，调和运动也。段之中有节，凡二十有七节。以其为六段，因名之曰"六段运动"。兹述于后，世之君子，幸教正焉。

一、手部运动，坐势。

1. 握拳向前屈伸，左右参，三次（左右参者，左动右息，右动左息，相参互也）。

2. 握拳屈肘前侧后半圆形运动，左右参，三次。

3. 握拳向前面下方屈伸，右左并，三次（左右并者，并动不相参互）。

4. 手仰向外拿，左右参，三次。

5. 手覆向外拿，左右参，三次。

6. 伸指屈肘前刺，左右参，三次。

二、足部运动，坐势。

1. 手握拳左右垂。足就原位一前屈，一后斜伸，左右参，三次。

2. 手握拳前平。足一侧伸，一前屈。伸者可易位，屈者惟趾立，臀跟

相接，左右参，三次。

3. 手握拳左右垂。足一支一揭，左右参，三次。

4. 手握拳左右垂。足一支一前踢，左右参，三次。

5. 手握拳左右垂。足一前屈，一后伸。屈者在原位，伸者易位，两足略在直线上，左右参，三次。

6. 手释拳。全身一起一蹲，蹲时臀跟略接，三次。

三、躯干部运动，立势。

1. 身向前后屈，三次（手握拳，下同）。

2. 手一上伸，一下垂。绷张左右胸肋，左右各一次。

3. 手一侧垂，一前斜垂。绷张左右背肋，左右各一次。

4. 足丁字势。手左右横荡，扭掖腰胁，左右各一次。

四、头部运动，坐势。

1. 头前后屈，三次。

2. 头左右转，三次。

3. 用手按摩额部、颊部、鼻部、唇部、喉部、耳部、后颈部。

4. 自由运动。头大体位置不动，用意使皮肤及下颚运动，五次。

五、打击运动，不定势。（打击运动者，以拳遍击身体各处，使血液奔注，筋肉坚实，为此运动之主）

1. 手部。右手击左手，左手击右手。

（1）前膊。上面、下面、左面、右面。

（2）后膊。上面、下面、左面、右面。

2. 肩部。

3. 胸部。

4. 胁部。

5. 背部。

6. 腹部。

7. 臀部。

8. 腿部。上腿、下腿。

六、调和运动，不定势。

1. 跳舞，十余次。

2. 深呼吸，三次。

原载《新青年》第三卷第二号，1917年4月1日

北京大学征集全国近世歌谣简章

一、本大学拟于相当期限内刊印左列二书：

（一）《中国近世歌谣汇编》。

（二）《中国近世歌谣选萃》。

二、其材料之征集，用左列二法：

（一）本校职教员学生，各就闻见所及，自行搜集。

（二）嘱托各省官厅，转嘱各县学校或教育团体，代为搜集。

三、规定时期，自宋以及于当代。

四、入选之歌谣，当具左列各项资格之一：

（一）有关一地方、一社会，或一时代之人情、风俗、政教沿革者。

（二）寓意深远，有类格言者。

（三）征夫、野老、游女、怨妇之辞，不涉淫亵，而自然成趣者。

（四）童谣、谶语，似解非解，而有天然之神韵者。

五、歌谣之长短无定限。

六、歌谣之来历，如左（下）所限：

（一）不知作者姓名，而自然通行于一社会，或一时代中者。

（二）虽为个人著述，然确已通行于一社会，或一时代中者。

七、寄稿人应行注意之事项：

（一）字迹贵清楚，如用洋纸，只写一面。

（二）方言、成语，当加以解释。

（三）歌辞文俗，一仍其真，不可加以润饰。俗字、俗语，亦不可政为官话。

（四）一地通行之俗字，为字画所不载者，当附注字音，能用罗马字，或 Phonetics 尤佳。

（五）有其音无其字者，当在其原处地位画一空格，如□。而以罗马字或 Phonetics 附注其音，并详注字义，以便考证。

（六）歌谣通行于某社会、某时代，当注明之。

北京大學徵集全國近世歌謠簡章

1. 本大學擬於相當期限內刊印左列二書：
   一 中國近世歌謠彙編
   二 中國近世歌謠選粹

2. 其材料之徵集用左列二法：
   一 本校職教員學生各就聞見所及自行搜集
   二 囑託各省官廳轉囑各縣學校或教育團體代爲搜集

3. 規定時期自宋以及於當代

4. 入選之歌謠當具左列各項資格之一：
   一 有關一地方一社會或一時代之人情風俗政教沿革者
   二 寓意深遠有類格言者
   三 征夫野老游女怨婦之辭不涉淫褻而自然成趣者
   四 盡歌謠嘲諺語似解非解而有天然之神韻者

5. 歌謠之長短無定限

6. 歌謠之來歷，如左所限
   一 不知作者姓名而自然通行於一社會，或一時代中者

北京大學徵集全國近世歌謠簡章

1918 年 3 月，《新青年》第 4 卷第 3 号刊登《北京大学征集全国近世歌谣简章》一文。

（七）歌谣中有关于历史、地理，或地方风物之辞句，当注明其所以。

（八）歌谣之有音节者，当附注音谱。（用中国工尺、日本简谱，或西洋五线谱均可）

（九）寄稿者当书明籍贯、姓氏，以便刊入书中。

（十）寄稿者当书明详细住址，将来书成之后，依所寄稿件多少，赠以《汇编》或《选萃》一部。

（十一）稿件寄交（北京东安门内北京大学法科刘复收），封面应写明（某省、某县歌谣），以便分类保存，且免与私人函件相混。

（十二）稿件过多者，应粘订成册，挂号付寄。

八、此项征集，由左（下）列五人分任其事：

沈尹默、刘复、周作人、沈兼士、钱玄同。

九、来稿之合用与否，寄稿人当子本校以自由审定之权。

十、定于民国八年六月三十日为征集截止期，九年十二月三十一日为编辑告竣期。十年本校二十五周年纪念日，为《汇编》《选萃》两书出版期。

原载《新青年》第四卷第三号，1918年3月18日

狂人日记

鲁迅

序

　　某君昆仲，今隐其名，皆余昔日在中学校时良友；分隔多年，消息渐阙。日前偶闻其一大病；适归故乡，迂道往访，则仅晤一人，言病者其弟也。劳君远道来视，然已早愈，赴某地候补矣。因大笑，出示日记二册，谓可见当日病状，不妨献诸旧友。持归阅一过，知所患盖"迫害狂"之类。语颇错杂无伦次，又多荒唐之言；亦不著月日，惟墨色字体不一，知非一时所书。间亦有略具联络者，今撮录一篇，以供医家研究。记中语误，一字不易；惟人名虽皆村人，不为世间所知，无关大体，亦悉易去。至于书名，则本人愈后所题，不复改也。七年四月二日识。

鲁迅（1881—1936），原名周樟寿，后改名周树人，字豫山，后改字豫才，浙江绍兴人。著名文学家、思想家、革命家、教育家，新文化运动的重要参与者，中国现代文学的奠基人之一。

一

今天晚上，很好的月光。

我不见他，已是三十多年；今天见了，精神分外爽快。才知道以前的三十多年，全是发昏；然而须十分小心。不然，那赵家的狗，何以看我两眼呢？

我怕得有理。

二

今天全没月光，我知道不妙。早上小心出门，赵贵翁的眼色便怪：似乎怕我，似乎想害我。还有七八个人，交头接耳地议论我，又怕我看见。一路上的人，都是如此。其中最凶的一个人，张着嘴，对我笑了一笑；我便从头直冷到脚跟，晓得他们布置，都已妥当了。

我可不怕，仍旧走我的路。前面一伙小孩子，也在那里议论我；眼色也同赵贵翁一样，脸色也都铁青。我想我同小孩子有什么仇，他也这样。忍不住大声说："你告诉我！"他们可就跑了。

我想：我同赵贵翁有什么仇，同路上的人又有什么仇；只有廿年以前，把古久先生的陈年流水簿子，踹了一脚，古久先生很不高兴。赵贵翁虽然不认识他，一定也听到风声，代抱不平；约定路上的人，同我作冤对。但是小孩子呢？那时候，他们还没有出世，何以今天也睁着怪眼睛，似乎怕我，似乎想害我。这真教我怕，教我纳罕而且伤心。

我明白了。这是他们娘老子教的！

三

晚上总是睡不着。凡事须得研究，才会明白。

他们——也有给知县打枷过的，也有给绅士掌过嘴的，也有衙役占了他妻子的，也有老子娘被债主逼死的；他们那时候的脸色，全没有昨天这么怕，也没这么凶。

最奇怪的是昨天街上的那个女人，打他儿子，嘴里说道："老子呀！我要咬你几口才出气！"他眼睛却看着我。我出了一惊，遮掩不住；那青面獠牙的一伙人，便都哄笑起来。陈老五赶上前，硬把我拖回家中了。

拖我回家，家里的人都装作不认识我；他们的眼色，也全同别人一样。进了书房，便反扣上门，宛然是关了一只鸡鸭。这一件事，越教我猜不出底细。

前几天，狼子村的佃户来告荒，对我大哥说，他们村里的一个大恶人，给大家打死了；几个人便挖出他的心肝来，用油煎炒了吃，可以壮壮胆子。我插了一句嘴，佃户和大哥便都看我几眼。今天才晓得他们的眼光，全同外面的那伙人一模一样。

想起来，我从顶上直冷到脚跟。

他们会吃人，就未必不会吃我。

你看那女人"咬你几口"的话，和一伙青面獠牙人的笑，和前天佃户的话，明明是暗号。我看出他话中全是毒，笑中全是刀。他们的牙齿，全是白厉厉地排着，这就是吃人的家伙。

照我自己想，虽然不是恶人，自从踹了古家的簿子，可就难说了。他们似乎别有心思，我全猜不出。况且他们一翻脸，便说人是恶人。我还记得大哥教我做论，无论怎样好人，翻他几句，他便打上几个圈；原谅坏人几句，他便说"翻天妙手，与众不同"。我哪里猜得到他们的心思，究竟怎样，况且是要吃的时候。

凡事总须研究，才会明白。古来时常吃人，我也还记得，可是不甚清

楚。我翻开历史一查，这历史没有年代，歪歪斜斜的每页上都写着"仁义道德"几个字。我横竖睡不着，仔细看了半夜，才从字缝里看出字来，满本都写着两个字是"吃人"！

书上写着这许多字，佃户说了这许多话，却都笑吟吟地睁着怪眼睛看我。

我也是人，他们想要吃我了！

1918年5月，鲁迅首次以该笔名在《新青年》第4卷第5号上发表了中国第一部现代白话文小说《狂人日记》，揭露封建礼教"吃人"的本质，成为把文学革命的形式和内容相结合的典范，在中国近现代文学史上有着重要的地位和影响。

四

早上，我静坐了一会儿。陈老五送进饭来，一碗菜，一碗蒸鱼；这鱼的眼睛，白而且硬，张着嘴，同那一伙想吃人的人一样。吃了几筷，滑溜溜的不知是鱼是人，便把他兜肚连肠的吐出。

我说："老五，对大哥说，我闷得慌，想到园里走走。"老五不答应，走了；停一会，可就来开了门。

我也不动，研究他们如何摆布我，知道他们一定不肯放松。果然！我大哥引了一个老头子，慢慢走来；他满眼凶光，怕我看出，只是低头向着地，从眼镜横边暗暗看我。大哥说："今天你仿佛很好。"我说："是的。"大哥说："今天请何先生来，给你诊一诊。"我说："可以！"其实我岂不知道这老头子是刽子手扮的！无非借了看脉这名目，揣一揣肥瘠，因这功劳，也分一片肉吃。我也不怕，虽然不吃人，胆子却比他们还壮。伸出两个拳头，看他如何下手。老头子坐着，闭了眼睛，摸了好一会，呆了好一会；便张开他鬼眼睛说："不要乱想。静静的养几天，就好了。"

不要乱想，静静地养！养肥了，他们是自然可以多吃；我有什么好处，怎么会"好了"？他们这群人，又想吃人，又是鬼鬼祟祟，想法子遮掩，不敢直接下手，真要令我笑死。我忍不住，便放声大笑起来，十分快活。自己晓得这笑声里面，有的是义勇和正气。老头子和大哥，都失了色，被我这勇气正气镇压住了。

但是我有勇气，他们便越想吃我，沾光一点这勇气。老头子跨出门，走不多远，便低声对大哥说道："赶紧吃罢！"大哥点点头。原来也有你！这一件大发见，虽似意外，也在意中：合伙吃我的人，便是我的哥哥！

吃人的是我哥哥！

我是吃人的人的兄弟！

我自己被人吃了，可仍然是吃人的人的兄弟！

五

这几天是退一步想：假使那老头子不是刽子手扮的，真是医生，也仍然是吃人的人。他们的祖师李时珍做的"本草什么"上，明明写着人肉可以煎吃；他还能说自己不吃人么？

至于我家大哥，也毫不冤枉他。他对我讲书的时候，亲口说过可以"易子而食"；又一回偶然议论起一个不好的人，他便说不但该杀，还当"食肉寝皮"。我那时年纪还小，心跳了好半天。前天狼子村佃户来说吃心肝的

事，他也毫不奇怪，不住地点头。可见心思是同从前一样狠。既然可以"易子而食"，便什么都易得，什么人都吃得。我从前单听他讲道理，也糊涂过去；现在晓得他讲道理的时候，不但唇边还抹着人油，而且心里满装着吃人的意思。

六

黑漆漆的，不知是日是夜。赵家的狗又叫起来了。

狮子似的凶心，兔子的怯弱，狐狸的狡猾，……

七

我晓得他们的方法，直接杀了，是不肯的，而且也不敢，怕有祸祟。所以他们大家连络，布满了罗网，逼我自戕。试看前几天街上男女的样子，和这几天我大哥的作为，便足可悟出八九分了。最好是解下腰带，挂在梁上，自己紧紧勒死；他们没有杀人的罪名，又偿了心愿，自然都欢天喜地地发出一种呜呜咽咽的笑声。否则惊吓忧愁死了，虽则略瘦，也还可以首肯几下。

他们是只会吃死肉的！——什么上说，有一种东西，叫"海乙那"的，眼光和样子都很难看，时常吃死肉，连极大的骨头，都细细嚼烂，咽下肚子去，想起来也教人害怕。"海乙那"是狼的亲眷，狼是狗的本家。前天赵家的狗，看我几眼，可见它也同谋，早已接洽。老头子眼看着地，岂能瞒得我过。

最可怜的是我的大哥，他也是人，何以毫不害怕，而且合伙吃我呢？还是历来惯了，不以为非呢？是丧了良心，明知故犯呢？

我诅咒吃人的人，先从他起头；要劝转吃人的人，也先从他下手。

八

其实这种道理，到了现在，他们也该早已懂得……

忽然来了一个人；年纪不过二十左右，相貌是不很看得清楚，满面笑容，对了我点头，他的笑也不像真笑。我便问他："吃人的事，对么？"他仍然笑着说："不是荒年，怎么会吃人。"我立刻就晓得，他也是一伙，喜欢吃人的，便自勇气百倍，偏要问他。

"对么？"

"这等事问他什么。你真会……说笑话。……今天天气很好。"

天气是好，月色也很亮了。可是我要问你："对么？"

新文化运动中的鲁迅写作《狂人日记》时的寓所——
北京南半截胡同 4 号的绍兴会馆。

他不以为然了。含含胡胡的答道：“不……”

“不对？他们何以竟吃？！”

“没有的事……”

“没有的事？狼子村现吃；还有书上都写着，通红斩新！”

他便变了脸，铁一般青。睁着眼说：“有许有的，这是从来如此……”

“从来如此，便对么？”

“我不同你讲这些道理；总之你不该说，你说便是你错！”

我直跳起来，张开眼，这人便不见了。全身出了一大片汗。他的年纪，比我大哥小得远，居然也是一伙；这一定是他娘老子先教的。还怕已经教给他儿子了；所以连小孩子，也都恶狠狠地看我。

九

自己想吃人，又怕被别人吃了，都用着疑心极深的眼光，面面相觑……

去了这心思，放心做事走路吃饭睡觉，何等舒服。这只是一条门槛，一个关头。他们可是父子兄弟夫妇朋友师生仇敌和各不相识的人，都结成一伙，互相劝勉，互相牵掣，死也不肯跨过这一步。

十

大清早，去寻我大哥。他立在堂门外看天，我便走到他背后，拦住门，格外沉静，格外和气地对他说，

“大哥，我有话告诉你。”

“你说就是，”他赶紧回过脸来，点点头。

“我只有几句话，可是说不出来。大哥，大约当初野蛮的人，都吃过一

点人。后来因为心思不同，有的不吃人了，一味要好，便变了人，变了真的人。有的却还吃——也同虫子一样，有的变了鱼鸟猴子，一直变到人。有的不要好，至今还是虫子。这吃人的人比不吃人的人，何等惭愧。怕比虫子的惭愧猴子，还差得很远很远。

"易牙蒸了他儿子，给桀纣吃，还是一直从前的事。谁晓得从盘古开辟天地以后，一直吃到易牙的儿子；从易牙的儿子，一直吃到徐锡林；从徐锡林，又一直吃到狼子村捉住的人。去年城里杀了犯人，还有一个生痨病的人，用馒头蘸血舐。

"他们要吃我，你一个人，原也无法可想；然而又何必入伙。吃人的人，什么事做不出；他们会吃我，也会吃你，一伙里面，也会自吃。但只要转一步，只要立刻改了，也就人人太平。虽然从来如此，我们今天也可以格外要好，说是不能！大哥，我相信你能说，前天佃户要减租，你说过不能。"

当初，他还只是冷笑，随后眼光便凶狠起来，一到说破他们的隐情，那就满脸都变成青色了。大门外立着一伙人，赵贵翁和他的狗，也在里面，都探头探脑地挨进来。有的是看不出面貌，似乎用布蒙着；有的是仍旧青面獠牙，抿着嘴笑。我认识他们是一伙，都是吃人的人。可是也晓得他们心思很不一样，一种是以为从来如此，应该吃的；一种是知道不该吃，可是仍然要吃，又怕别人说破他，所以听了我的话，越发气愤不过，可是抿着嘴冷笑。

这时候，大哥也忽然显出凶相，高声喝道："都出去！疯子有什么好看！"

这时候，我又懂得一件他们的巧妙了。他们岂但不肯改，而且早已布置；预备下一个疯子的名目罩上我。将来吃了，不但太平无事，怕还会有人见情。佃户说的大家吃了一个恶人，正是这方法。这是他们的老谱！

陈老五也气愤愤地直走进来。如何按得住我的口，我偏要对这伙人说：
"你们可以改了，从真心改起！要晓得将来容不得吃人的人，活在世上。

"你们要不改，自己也会吃尽。即使生得多，也会给真的人除灭了，同猎人打完狼子一样！——同虫子一样！"

那一伙人，都被陈老五赶走了。大哥也不知哪里去了。陈老五劝我回屋子里去。屋里面全是黑沉沉的。横梁和椽子都在头上发抖；抖了一会，便大起来，堆在我身上。

万分沉重，动弹不得；他的意思是要我死。我晓得他的沉重是假的，便挣扎出来，出了一身汗。可是偏要说：

"你们立刻改了，从真心改起！你们要晓得将来是容不得吃人的人……"

十一

太阳也不出，门也不开，日日是两顿饭。

我捏起筷子，便想起我大哥；晓得妹子死掉的缘故，也全在他。那时我妹子才五岁，可爱可怜的样子，还在眼前。母亲哭个不住，他却劝母亲不要哭，大约因为自己吃了，哭起来不免有点过意不去。如果还能过意不去……

妹子是被大哥吃了，母亲知道没有，我可不得而知。

母亲想也知道；不过哭的时候，却并没说明，大约也以为应当的了。记得我四五岁时，坐在堂前乘凉，大哥说爷娘生病，做儿子的须割下一片肉来，煮熟了请他吃，才算好人；母亲也没说不行。一片吃得，整个的自然也吃得。但是那天的哭法，现在想起来，实在还教人伤心，这真是奇极的事！

十二

不能想了。

四千年来时时吃人的地方，今天才明白，我也在其中混了多年；大哥正管着家务，妹子恰恰死了，他未必不和在饭菜里，暗暗给我们吃。

我未必无意之中，不吃了我妹子的几片肉，现在也轮到我自己……有了四千年吃人履历的我，当初虽然不知道，现在明白，难见真的人！

十三

没有吃过人的孩子，或者还有？

救救孩子……

原载《新青年》第四卷第五号，1918年5月15日

本志罪案之答辩书

陈独秀

本志经过三年，发行已满三十册；所说的都是极平常的话，社会上却大惊小怪，八面非难，那旧人物是不用说了，就是呱呱叫的青年学生，也把《新青年》看作一种邪说、怪物，离经叛道的异端，非圣无法的叛逆。本志同人，实在是惭愧得很；对于吾国革新的希望，不禁抱了无限悲观。

社会上非难本志的人，约分两种：一是爱护本志的，一是反对本志的。第一种人对于本志的主张，原有几分赞成；惟看见本志上偶然指斥那世界公认的废物，便不必细说理由，措词又未装出绅士的腔调，恐怕本志因此在社会上减了信用。象这种反对，本志同人是应该感谢他们的好意。

这第二种人对于本志的主张，是根本上立在反对的地位了。他们所非难本志的，无非是破坏孔教，破坏礼法，破坏国粹，破坏贞节，破坏旧伦理（忠、孝、节、义）。破坏旧艺术（中国戏），破坏旧宗教（鬼神），破坏旧文学，破坏旧政治（特权人治），这几条罪案。

这几条罪案，本社同人当然直认不讳。但是追本溯源，本志同人本来无罪，只因为拥护那德莫克拉西（Democracy）和赛因斯（Science）两位先生，才犯了这几条滔天的大罪。要拥护那德先生，便不得不反对孔教、礼法、贞节、旧伦理、旧政治。要拥护那赛先生，便不得不反对旧艺术、旧宗

本誌罪案之答辯書

陳獨秀

本誌經過三年，發行已滿三十冊；所說的都是極平常的話，社會上卻大驚小怪八面非難那舊人物是不用說了，就是咭咭叫的青年學生也把新青年看作一種邪說怪物離經叛道的異端非聖無法的叛逆本誌同人實在是慚愧得很，對於吾國革新的希望，不禁抱了無限悲觀。

社會上非難本誌的人，約分二種：一是愛護本誌的，一是反對本誌的。這第一種人對於本誌的主張，有幾分贊成惟看見本誌上偶然指斥那世界公認的廢物，便不必細說理由措詞又未裝出紳士的腔調恐怕本誌因此在社會上減了信用像這種反對本誌同人是應該感謝他們的好意。

這第二種人對於本誌的主張，是根本上立在反對的地位了。他們所非難本誌的，無非是破壞孔教，破壞禮法，破壞國粹破壞貞節，破壞舊倫理（忠孝節）破壞舊藝術（中國戲）破壞舊宗教（鬼神）破壞舊文學，破壞舊政治（特權人治）這幾條罪案。

這幾條罪案本社同人當然直認不諱但是追本溯源，本誌同人本來無罪只因為擁護那德莫克拉西（Democracy）和賽因斯（Science）兩位先生才犯了這幾條滔天的大罪要擁護那德先生便不得不反對孔教禮法貞節舊倫理舊政治要擁護那賽先生便不得不反對舊藝術舊宗教要擁護德先生又要擁護賽先生便不得不反對國粹和舊文學大家平心細想本誌除了擁護德賽兩先生之**外還**

本誌罪案•答辯書

陈独秀在《新青年》第6卷第1号上发表《本志罪案之答辩书》一文，旗帜鲜明地维护"德（民主）、赛（科学）两先生"。

教。要拥护德先生又要拥护赛先生，便不得不反对国粹和旧文学。大家平心细想，本志除了拥护德、赛两先生之外，还有别项罪案没有呢？若是没有，请你们不用专门非难本志，要有气力、有胆量来反对德、赛两先生，才算是好汉，才算是根本的办法。

社会上最反对的，是钱玄同先生废汉文的主张。钱先生是中国文字音韵学的专家，岂不知道语言文字自然进化的道理（我以为只有这一个理由可以反对钱先生。）对他只因为自古以来汉文的书籍，几乎每本、每页、每行，都带着反对德、赛两先生的臭味；又碰着许多老少汉学大家，开口一个国粹，闭口一个古说，不晋声明汉学是德、赛两先生天造地设的对头；他愤极了才发出这种激切的议论，象钱先生这种"用石条压驼背"的医法，本志同人多半是不大赞成的；但是社会上有一班人，因此怒骂他，讥笑他，却不肯发表意见和他辩驳，这又是什么道理呢？难道你们能断定汉文是永远没有废去的日子吗？

西洋人因为拥护德、赛两先生，闹了多少事，流了多少血，德、赛两先生才渐渐从黑暗中把他们救出，引到光明世界。我们现在认定，只有这两位先生可以救治中国政治上、道德上、学术上、思想上一切的黑暗。若因为拥护这两位先生，一切政府的压迫，社会的攻击笑骂，就是断头流血，都不推辞。

此时正是我们中国用德先生的意思废了君主第八年的开始，所以我要写出本志得罪社会的原由，布告天下。

原载《新青年》第六卷第一号，1919年1月

战后之妇人问题

李大钊

现代民主主义的精神，就是令凡在一个共同生活组织中的人，无论他是什么种族、什么属性、什么阶级、什么地域，都能在政治上、社会上、经济上、教育上得一个均等的机会，去发展他们的个性，享有他们的权利。妇人参政的运动，也是本着这种精神起的。因为妇人与男子虽然属性不同，而在社会上也同男子一样，有他们的地位，在生活上有他们的要求，在法律上有他们的权利，他们岂能久甘在男子的脚下受践踏呢？妇人参政的运动，在这次大战之前，久已有他们奋斗的历史。美国有许多州，已经实行了。可是当时有很多人反对

1917 年 12 月，李大钊担任北京大学图书馆主任，大量引进关于马克思主义、社会主义及俄国十月革命的著作，并利用图书馆的有利条件，学习、研究和宣传马克思主义。图为担任图书馆主任时的李大钊。

这种运动，他们大都说，女子的判断力薄弱，很容易动感情，不宜为政治

家。也有对于女子的能力怀疑的。我们东方人对于这个问题的观念，更是奇怪，不是说"礼教大防"、"男女授受不亲"，就是说女子应该做男子的"内助"，专管"阃以内"的事。到了战争起来的时候，那些男子一个一个的都上了战场，女子才得了机会去作出一个榜样来，让那些男子看看，到底女子有没有能力。于是当警察的也有，作各种劳动的也有，在赤十字救护队中活动的也有，在军队中作后方勤动的也有，做了种种的成绩，都可以杜从前轻视女子的口实。所以在战事未了的时候，美、英、德诸国已经都有认许妇人参政权的表示。俄国Bolsheviki（布尔什维克，编者注）政府里边有一个救济部总长，名叫郭冷苔，就是一位女子，这就是妇人参政的一个新纪元。

妇人参政的运动，到了今日，总算是告一段落。这过去半世纪的悬案，总算有了解决的希望。但在战时有一段事，还引起了许多人怀疑。就是美国对德宣战的时候，孟塔拿州有位女议员，名叫兰金，是美国最初的女议员，一时世间对他，很有不满意的批评。因为决议宣战案的时候，第一次唤他，他并不答，第二次仍是无语，第三次问他，他才哭着，颤声答了一个"NO"字。后来有一位新闻记者去访问他，他说："惩膺德国的横暴，他也认为必要，但不赞成战争。"于是有人说，妇人决一件事，往往不靠理性，单靠感情，所以让他们去做政治家，很不相宜。但是我们对于这种话，实在是有些疑问。那些政治家的理性，都是背着人类感情的么？那些背着人类感情的理性，都是好的么？都是对的么？这个不忍的感情，都是错的么？都是坏的么？这几点，我们都应该拿出纯真的心想一想，然后再下断语的。就美国而论，妇人中有很多比获享选举权的男子们还有独立的判断与知识的。美国西部各州，有很多实行妇人参政著有成效的地方。数年前，考劳拉豆州有夫妇二人，各有各的投票权，他们所欲选的人，却正是反对党，结果，其妻所选举的人归于失败，选举后家庭的感情，并不以是生何影响。这个例，不可以证明妇人也有独立的判断力，妇人参政也不致与社会及家庭以恶影响么？就说关于社会一般的文教制度、法律习惯，妇人的判断知识实视男子为贫弱，而关于妇人切身的问题，与其父兄夫友全不相干的问题，令他们自己也有发表意见的机会，难道不比由男子一手代办，把妇人当作一阶级排出政治以外妥当的多么？又有人说，妇人的大多数，对于政治并不发生兴趣。这也不可一概而论。像美国的考劳拉豆和优达二州，各阶级的妇女对于选举投票，均很踊跃，很可以证明他们承认妇人选举权是正当的。又像最近英国的总选举，那些妇人行使选举权踊跃的样子，令人惊愕。一个社会生活上有了必须的要求，就应该立一种制度，适应他的情况，才是正当的道理。

预想这回战后，欧、美妇人社会发生许多难解决的问题。

第一，就是妇女过庶问题

据人口统计，从前欧、美男女的比例，就是女多男少。经这回战争，壮丁男子在战场上死的很多，已嫁的女子添了许多新寡，未嫁的女子也天天想着结婚难，妇女过庶的倾向愈益显著。这时的社会，必起许多悲惨的现象，生活一天难似一天，结婚也不容易，离婚却更增多，卖淫、堕胎、私生子，一天多似一天。妇女一个阶级有了这样悲惨的现象，社会全体必也受莫大的影响。

第二，就是女工对男工的问题

欧战既起，作工的男子都上了战场，一时非用女工填他们的缺，各工厂就得停工。英国政府拿战后必恢复旧状作条件，违背战时劳动组合的规定，许工厂得以女工代男工用。其他各国，也大都如此。欧洲妇女界骤得了工作的机会，如同开辟了新领士一样。那些资本家也很愿意雇用这工价低廉

的女工。到了战后，从前赴战场的男子都还乡土，看见他们作工的地盘都被价廉的女工们占领，自然要同这些女工们起一场争斗。那些女工因为生活难的结果，也断断不肯把已经取得的新领土拱手让还男子。那些资本家也不愿辞退这价廉的女工。从前妇女劳动最大的缺点，就是不熟练，经这次战争中的训练，与职工教育的发达，这种缺点已经消灭。既没有不熟练的缺点，又有工价低廉的便宜，资本家正可以利用女工操纵男工。为防止男工女工间的竞争与资本阶级的操纵，必须谋一个对于同一工作给与同额报酬的方法。可是这个方法，很不容易定规。因为妇人劳动的团体结合不坚，他的势力也很微弱，不能独立抗资本家，要求得与男子同额的报酬，恐怕做不到。解决这个问题，有的希望政府定出一个公定工银法来，有的主张设法奖励男女劳动组合的一致提携。总而言之，男女工人间有了争执，必为资本家所乘，结局都是不利。男女工人间有了结合，定能于阶级战争添一层力量。将来出于那条道路，虽难预定，若从俄、德革命的潮流滔滔滚滚的及于全欧的大势看起来，英、法的动摇也是迟早间的问题。男女工人大约不至长相争执，他们或者可以互相提携，于阶级战争加一层力量。

第三，就是劳动阶级的母亲问题

战时丁男骤去出征，剩下家中的老弱没人照管，甚为可怜。因此有的国家就规定一种办法，对于出征兵士的家族，发一项扶助费，这个费额，不是拿那为家长的男子出征前的工银作标准的，乃是按那家族人数的多寡发给他们。从前因为收入不足，且不确定，天天在苦痛的生活中鬼混的劳动阶级的母亲们，这才有了确实生活的保障。他们在这战争期间，算是享了一点子的幸福。一旦战争停止，这种幸福也就跟着消灭，又要回复他们那暂时忘下的苦痛生活。他们怎样抛弃这暂时的幸福，去迎受那日日不要的生活，实在是一个问题。这次战争，丧失壮丁不少，为补充战后的人口计，对于母性的保护，应该特别注意。像那育儿扶助费，及种种母性保护的方法，也是不能不研究的。还有一样，开战后英国所设的儿童保护所约有二百处，收容的儿童约六万人，这种机关，战后必愈见发达，因为有些作工同时而为母亲的妇人，若去作工，就不能照管小孩，这种机关，实在是必要的。儿童的养育，由家庭移到社会的共同育儿机关，这也是社会进化的一个新现象。

这些问题，若是单靠着女权运动去解决他们，固然也不能说全没有一点效果。但是女权运动，仍是带着阶级的性质。英国的妇人自从得了选举权，那妇人参政联合又把以后英国妇人应该要求的事项罗列出来，大约不过是：

（一）妇人得为议员；

（二）派妇人到国际战后经济会议；

（三）使同外人结婚的英国妇人也得享有英国国籍；

（四）妇人得为审判官及陪审官；

（五）妇人得为律师；

（六）妇人得为政府高级官吏；

（七）妇人得为警察官；

（八）使女教师与男教师同等；

（九）以官费养育寡妇和他们的子女；

（十）父权及母权的均衡；

（十一）男女道德标准的一致。

这几项都是与中产阶级的妇人最有直接紧要关系的问题，与那些靡有财产、没受教育的劳动阶级的妇人全不相干。那中产阶级的妇人们是想在绅士阀的社会内部有和男子同等的权力。无产阶级的妇人们天高地阔，只有一

身，他们除要求改善生活以外，别无希望。一个是想管治他人，一个是想把自己的生活由穷苦中释放出来，两种阶级的利害，根本不同；两种阶级的要求，全然相异，所以女权运动和劳动运动纯是两事。假定有一无产阶级的妇人，因为卖淫被拘于法庭，只是捉他的是女警官，讯他的是女审判官，为他辩护的是女律师，这妇人问题就算解决了么？这卖淫的女子受女官吏的拘讯，和受男官吏的拘讯，有什么两样的地方么？就是科刑的轻重有点不同，也是枝叶的问题。根本的问题，不问直接间接，还是因为有一个强制妇人不得不卖淫的社会组织在那里存在。在那种组织的机关的一部安放一两个

新文化运动中，随着妇女解放呼声日益高涨，女子逐渐获得与男子同等受教育的权利，尤其是获得了享受高层次教育的权利。图为 1920 年 2 月北京大学首开女禁，招收王兰、奚浈、查晓园（右起）等 3 人入校旁听，开公立大学男女同校的先河。

妇人，怎能算是妇人的利益呢？中产阶级妇人的利害，不能说是妇人全体的利害；中产阶级妇人的权力伸张，不能说是妇人全体的解放。我以为妇人问题彻底解决的方法，一方面要合妇人全体的力量，去打破那男子专断的社会制度；一方面还要合世界无产阶级妇人的力量，去打破那有产阶级（包有男女）专断的社会制度。

我们中国的女界，对于这世界的妇人问题，有点兴趣没有，我可不敢武断，但是我很盼望我们中国不要长有这"半身不遂"的社会；我很盼望不要因为世界上有我们中国，就让这新世纪的世界文明仍然是"半身不遂"的文明。

原载《新青年》第六卷第二号，1919年2月15日

什么是科学方法？

王星拱

王星拱（1888—1949），字抚五，安徽怀宁人。著名教育家、化学家、哲学家。

自孔德提倡实证主义，穆勒实行逻辑革命以来，科学方法之重要，渐渐为公众所承认了。科学方法是什么呢？换一个名字说，就是实质的逻辑。这实质的逻辑，就是制造知识的正当方法。

知识缘何而来，本是一个屡经辩论的问题。讨论这个问题的，大约可以分为两派。第一派说：知识是由经验得来的，是后天的；第二派说：知识是由理性得来的，是先天的。这两派所用的逻辑不同：第一派的逻辑是归纳，第二派的逻辑是演绎。我们且先看这两派的意见如何，再看科学家的意见和这两派有什么不同的地方。

第一派的人说：宇宙之间，每件东西，有每件东西的特点，决没有两个相同的东西。宇宙的全体，就是无数不同的团体集合起来的，并没有什么类，什么定律，可以管理他们。一万个人，有一万个不同的面孔；一万个人，有一万个不同的性质。谁也不能反对谁，因为各有各的道理，各有各的主观，没有两个人真正可以互相了解。所以我们彼此相待遇，应该要持互相容纳的态度，不能强迫人家同自己一样。而且依进化论讲起来，宇宙一层一层的接续不断，往前进行，每层所发见的，都是新的，决不会和已经过去的那一层相同。况且宇宙之进行，既是接续不断的，那已经无层之可分了，不过我们智慧的习惯，把他分成层数，以期便于了解，便于研究罢了。这样看来，宇宙之行为，是没有秩序的，所以我们不能预测将来，即最近的将来，也是不能预测的。这是从异的方面着想，自然有充分的理由。然而宇宙间每个东西，把他分析起来，有无限的性质或表德，可以做我们的参考点。选择这些参考点之若干保存起来，就是概念；把这些参考点记录下来，就是界说。无论如何相同的两个东西，他俩的参考点，决不能完全都是同的；然而无论如何不同的两个东西，他俩的参考点，决不能完全都是不同的。如果我们所经验的东西，每个都是完全不同的，那就无从构造科学了。但是我们这儿实在是有个科学呀！个体的事实，当然不能抹煞。然而类和定律，是弃其异点、取其同点构造起来的，是个最经济的方法。不过类和定律，只能做推测的指导，没有能够强纳事实入其范围的道理。科学是能预测的，但是我们不能预先断定：这个预测准到什么地步罢了。这是科学家和这一派不同的地方。

第二派的人说：宇宙间各件东西，都是有系统相贯串的，宇宙的全体，是一个和一；倘若宇宙的全体不是和一，则宇宙之各部分，不能互相影响、互相反应了。然而宇宙之各部分，是能互相影响、互相反应的。换一句话说，宇宙是有秩序的、是有系统。我们只须得了这个秩序系统，就可以推论未知、预测将来，和"割牛得其纹理"一般。这就是因果律的道理。宇宙之间，有一定的因，就有一定的果，万众森罗，形形色色，都有迭相接续的因果关系。所以宇宙之进行，是有定的，是可以为我们所预测的。然而我们有

时不能预测将来，又是什么道理呢？这是因为我们所凭藉的张本不能完备的缘故。若是有一个超人，能够观察无限，记忆无限，思想无限，他一定可以广知四海，远知万世，丝毫都不差错的。

科学最注重因果律——科学之成立，全靠因果律做脊椎，所以科学家承认宇宙是有定的。但是我们观察，是用我们自己的器官，不是用超人的器官（天眼通、天耳通）；我们推论，是用我们的智慧，不是用超人的智慧。所以我们推论所得的结果，不过是或然的。这样讲法，和意志自由论并不冲突。意志自由论家恐怕：如果因果律是普遍的真实，则我们的意志，将有"为外境的因所强逼，去愿意我们所不愿意的"的时候，岂不是人类的大苦恼吗？殊不知因果律不过表明一种关系，因不能强逼果，和果不能强迫因一般，不过有个时间的先后罢了。我们的意志，究竟倾向何方，谁能说不受历史和环境的影响？只须我们智慧发达，能够把外界的情境分析得明明白白，让我们自由地权衡轻重，自由地选择途径，就不至于有愿意我们所不愿意的苦恼了。总而言之，宇宙虽是有定的，然而我们预测将来，不能完全是必然的，必得要有试验来证明他。这是科学家和这一派不同的地方。

科学家和这两派既有不同的地方，所以科学所用的制造知识的方法，也不是纯粹的归纳法，也不是纯粹演绎法，他所用的是科学方法。科学方法有什么特点呢？概括起来说，他有五个特点：

一、张本之确切

知识最初的起源，都由于器官的感触，但是在这些感触的时候，有一个智慧的我在里边认识他。这些感触所得的结果，叫做器官的张本。要造好房子须用好砖瓦、好材木，要造真实的知识，也必须用真实的张本。我们好多不真实的知识，如神异的知识、玄想的知识，都是由于没有真实的感触张本。科学中的观察，是极其小心的，用各种方法去防备错误、去减少错误，所以科学中的张本是真实的。而且科学中所用的各种仪器，不但可以得真实的张本，而且可以观察得到我们裸体的器官观察所不能到的地方。自望远镜发明，天空里不知添了几多星辰；自显微镜发明，世界上不知添了几多小的东西啊！

二、事实之分析

当我们研究问题的时候，各方面的情境，呈具于我们面前的，淆杂混乱，梦如乱丝。我们必须把他分析到最小的部分，因为从最小的部分里边，易于看得出他的性质。而且如次分析之后，纵有错误，也易于寻觅出来。譬如电学家研究磁力，把他分成力线；力学家研究速率，把他分成微分。宇宙本是个毫无间断的联续，但是我们有认识的需要，所以我们必定把他分析出来。分析是智慧、理性的能事，科学中智慧发达最强，所以科学是擅长于分析的。必定如此分析，我们才能除却神秘的态度，而得个明白的态度。

三、事实之选择

当我们比较繁复的事实而综合，或搜集过去的经验而构造假造的时候，这些事实经验，是无限的，若要从这些事实经验之中，取其有同点的综合起来，成一个定律或理论，不能完全凭借智慧、理性去决定，是要凭借我们的直觉去选择。即如科学家做试验去寻因果的关系，也只能首先凭借直觉去构造几个选择的假定，然后作试验去证明他。但是，既是凭借直觉，就不是方法所能范围的了。不过这个直觉可以培养得来的。我们无论遇着什么问题，都让我们自身有比较事实、创造假定的机会，那就可以增加这个直觉能力了。这就是自动教育之原理。

四、推论之合法

经院学派遗传下来的逻辑，都是研究推论如何合法，科学方法还能比他好吗？然而科学方法和那普通逻辑有大不同的地方。科学方法和普通逻辑，都注重界说之清晰，都注重概念之确定。但是，普通逻辑把这个概念当作具体的，把所推论的对象和所用以推论的概念，看做同一的东西。科学方法却不然，他把这个概念当作抽象的：凡我们所推论的对象，并不是界说里纯净的假定（把概念用言辞记录下来，就是界说），不过是这个概念的影子，也许有大同小异的地方。例如"人是要死的"，是人的略说；"要死"的观念，是人的概念。我们用这个概念推论某甲，某甲的"人"和界说里的"人"，并不是同一的东西。所以推论所得的结果，如果能满足一个界说，都是一个新真实。

五、试验之证实

科学的知识，不是纯粹经验的记录所能了事的，所以必定有事实之选择和方法之推论。选择是一种简约的方法，简约必有牺牲之连带。由简约得来的，并不是真实之本身，如何靠得住是真实呢？而不推论的时候，所推论的东西和所用以推论的概念，并且是同一的。那么，这推论所得的结果，又如何靠得住是真实呢？所以最后的判断，还靠试

新文化运动时期，阐述科学思想和普及科学知识的书籍和刊物大量出版。这些书刊在当时科学教育还很薄弱的中国，起到了很好的科学传播和启蒙作用。图为《科学画报》（第一卷第一期）封面。

验之证实。如果没有试验一层，这个知识制造法，并没有完事，没有告成的资格。试问制造半途中止，如何能有良美的出产品呢？这样看来，知而不行，并不能算做真知。这就是实验派"以实行为思想之一部"之理由。

原载《新青年》第七卷第五号，1920年4月1日

小雨点

陈衡哲

陈衡哲（1890—1976），笔名莎菲，祖籍湖南衡山，1914年考取清华留美学额后赴美，1920年被聘为北京大学教授，为北京大学历史上第一位女教授。

小雨点的家，在一个紫山上面的云里。有一天，他在同着他的哥哥姊姊，在屋子里游玩，忽然外面来了一阵风，把他卷屋外去了。

小雨点着了急，伸直了喉咙叫道："风伯伯，快点放了我呀！"

风伯伯一些也不睬，只管吹着他，向地下卷去。小雨点吓得闭了眼，连气也不敢出。后来他觉得风伯伯去了，才慢慢的把眼睛睁开，向四周看了一看。啊呀！他怎得会垂在一个红胸鸟的翅翮上呢？那个红胸鸟此时正扑着它的翅膀，好像要飞上天去的光景。小雨点觉着了，拍着手叫道："好了，好了！他就要把我带回我的家去了。"

谁知道那个红胸鸟把他的翅翮扑得太厉害了，竟把小雨点掀了下来。

小雨点看见自己跌在一个草叶上面，他便爬了起来，两只手掩了眼睛，呜呜咽咽的哭起来了。他在哭着，忽听见有一个声音叫着他说道："小雨点，小雨点，不要哭了，到我这里来吧。"

小雨点依着那声音的来处看去，只见有一个泥沼在那里叫他去哩。他心里喜欢，便从那个草叶上面一交滚了下来，向着那泥沼跑去。他跑到了那里，把那泥沼看了一看，不觉掀着鼻子说道："好齷齪呵！"

泥沼把手放在他的手上说道："听呀！"

此时小雨点忽听见有流水的声自远渐渐的近了来。泥沼便对小雨点说："这是涧水哥哥，他到河伯伯那里去，现在凑巧走过这里。我们何不也同他一块去呢？"

于是小雨点跟了泥沼去会见了涧水哥哥，一同到河伯伯那里去。

小雨点见了河伯伯，觉得自己很小，便问他道："河伯伯，我为什么这样小？"

河伯伯笑着答道："好孩子，这不打紧，我小的时候也和你一样。"

小雨点又说道："大河伯伯，你现在到哪里去？"

泥沼和涧水哥哥也同声说道："不错，不错！大河伯伯，你现在到哪里去？"

河伯伯道："我到海公公那里去，就永远住在他那里了。"

小雨点和泥沼和涧水哥哥都同声说道："好伯伯，你能告诉我们，海公公是怎么一个样子吗？"

河伯伯道："海公公吗？他是再要慈爱没有的了。他见了什么东西都要请他去住在他的家里的。"

小雨点道："他也请像我一样的小雨点吗？"

河伯伯道："只要你愿意，他一定请你的。你可知道他小的时候，也是一个小雨点吗？"

他们四个一路上有谈有笑，倒也很快活。隔了两天，居然到了海公公的宫里去。只见海公公掀着雪白的胡子，笑着迎了出来。他见了小雨点，十分喜欢，问了他好多的话。小雨点心里也觉得快活，那天竟没有想到家里。可是到了后来，又想回去了。他便拉着海公公的胡子说："海公公，你肯送我回家去吗？"

海公公说："好孩子，你若要回去，也没有什么不可以。但你需要耐心些才是。"

海公公的房子是一个又大又深的宫。小雨点在他的底下住了两天。到了第三天，他正一人哭着，想回家去，忽听见海公公在屋面上叫着他。小雨点跟着那声音，升了上去。只见白云紫山，可不是他的家吗？他见了喜得手舞脚蹈的说道："看呀，看呀！海公公，那不是我的家吗？"

海公公摩着他的头说道："好孩子，我是留不住你的了，只好让你回去罢。"

小雨点也很不忍心离开这样慈爱的海公公。不过他要回家的心太厉害了，所以竟含了眼泪，辞了海公公，向着天上升去。"

说也稀奇，此刻小雨点只觉得他的身子一刻大似一刻。不一会，他已升得很高，他心里喜欢，说道："今晚我一定可以到家了，好不快活呵！"

到了下午，他升到了一个高山的顶上，觉得有些疲倦。他向下一看，只见有一朵小小的青莲花睡在一堆泥土的旁边。他便对着自己说："我今天升得也够了，不如休息一刻再说罢。"

说了这个，他便向着那青莲花进行。忽然他身子又缩小了起来。他着了慌，再睁眼仔细一看：呀！他不在那朵花瓣上，又在哪里呢？他此时不觉又哭起来了。

他正哭着，忽听见那青莲花叫着他的名字说道："小雨点，不要哭了，请你快来救救我的命罢。"

小雨点听了很稀奇，不由得止了哭，把那青莲花细细的看了一看。只见他干枯苍白，怪可怜的。青莲花此时又接着说道："我差不多要死了，请你救救我的命罢。"

小雨点听了，心里很不忍，便答道："极愿，极愿！但是我可不知道应该怎样的救你。"

青莲花道："听着呵！我因为欠了水，所以差不多要死。你若愿意救我的命，你需让我把你吸到我的血管里去。"

小雨点吓了一跳，说道："啊呀！那我自己又到哪里去了呢？"

青莲花道："小雨点，不要害怕，你将来终究要回家去的，不过现在冒一冒险罢了。你愿意吗？"

小雨点听了，心里安了些。把青莲花看了一看，不由得又疼又爱。他想了一想，便壮着胆说道："青莲花，我为了你的缘故，现在特愿冒这个险了。"

青莲花十分感激，果真的把小雨点吸到了她的血管里去，不到一会，她那干枯苍白的皮肤，忽然变得美丽丰满。她在风中颤着，向四处瞧望，忽见有个小女儿，走过她的身旁。她便把她身上的香味，送到那女孩的鼻子里，说道："女孩子，看我好不美丽；为什么不把我戴在你的发上呢？"

那女孩子果真把她折了，戴在她自己的发上。

但是到了晚上，那女孩子忽然又不喜欢这个青莲花了。她便把她从发里取了下来，丢在他爹爹的园里。

青莲花知道这次真要死了。她又想到了温柔的小雨点，心里很痛苦，由不得叫道："小雨点，小雨点。"

小雨点本来没有死，不过睡着罢了。此刻听了青莲花的声音，便醒了

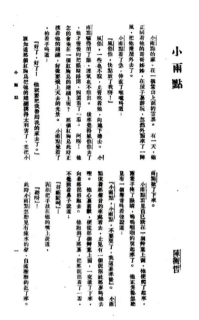

刊登陈衡哲《小雨点》的新青年第 8 卷第 1 号。

过来，说道："我在什么地方呢？"

青莲花答道："你在我的血管里。"

小雨点听到这里，才慢慢的把往事记了起来。他叹着气说道："青莲花，你自己又在哪里？"

青莲花便把她的经历，一一的告诉了小雨点。她又说道："小雨点，现在我可真的要死了。"

小雨点着了急，说道："青莲花，青莲花！快快的不要死，我愿意再让你把我吸到血管里去。"

青莲花叹了一口气，说道："傻孩子，现在是没用的了，况且你已经在我的血管里，我又怎样能再吸你呢？但是，小雨点，你不必失望，因为我明年春间仍要复活的，你若想念我，应该重来看看我呵！再会了。"

小雨点哭着叫道："青莲花，青莲花，快快不要死呀！"

但是青莲花已经不听见他了。小雨点一面哭着，一面看去，好不稀奇：他哪里在什么青莲花的血管里，他不是明明在一个死池旁边的草上吗？他把死池看了一看，央着说道："泥沼哥哥……"

死池恶狠狠的说道："我不是泥沼，我是死池。"

小雨点便道："死池哥哥，你能把我送到海公公家里去吗？"

死池哼着鼻子，说道："我从来没有听见过这个地方。"

小雨点听了，知道没望了，不由得又哭了起来。他哭得好不伤心，死池听了，也有些不忍，便问道："你要到海公公家去做什么？"

小雨点答道："我要他送我回家去。"

死池皱着眉毛，想了一想，说道："你可知道，你不必到海公公家也可以回家去的吗？"

小雨点听了，快活得跳了起来，说道："死池哥哥，你的话真的吗？你肯告诉我，又怎样的回去吗？"

死池道："你且等着，待太阳公公来了，便知道了。"

小雨点不敢再问，只得睡在草上，静待了一夜。明朝太阳公公来了，果然得把小雨点送回了家去。小雨点见了他的哥哥姐姐，自然喜欢的说不出话来。他又把它在地上的经历，一一的告诉了他们。后来他还约了他们，要在明年春间，同到地上去看那复活的青莲花哩。

原载《新青年》第八卷第一号，1920年9月1日

2

五四运动篇（13篇）

外交警报敬告国民

林长民

林长民（1876 年—1925 年 11 月 24 日），福建闽侯（今福州）人，清末民初政治家、外交家、教育家、书法家，著有《铁路统一问题》《敬告日本人》。

昨得梁任公先生巴黎来电，略谓：青岛问题，因日使力争结果，英法颇为所动，闻将直接交于日本云云。

呜呼！此非我举国之人所奔走呼号，求恢复国权，主张应请德国直接交还我国，日本无承继德国掠夺所得之权利者耶。我政府我专使非代表我举国人民之意见，以定议于内折冲于外者耶。今果至此，则胶州亡矣！山东亡矣！国不国矣！此恶耗，前两日仆即闻之。今得任公电，乃证实矣。闻前次四国会议时，本已决定德人在远东所得权利，交由五国商量处置，惟须得关系国之同意。我国所要求者，再由五国交还我国而已，不知因何一变其形势也。更闻日本力争之理由无他，但执一九一五年之二十一款及一九一八年之胶济换文及诸铁路草约为口实。呜呼！二十一款出于胁迫，胶济换文以该路所属确定为前提，不得遽为应属日本之据。济顺、高徐草约，

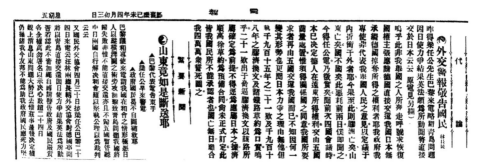

1919年5月2日，北京《晨报》刊登了《外交警报敬告国民》一文，报道了巴黎和会上中国外交失败的消息。

为预备合同，尚未正式订定。此皆我国民所不能承认者也。国亡无日，愿合我四万万众誓死图之。

原载《晨报》，1919年5月2日

北京学生界宣言

许德珩

许德珩（1890—1990），原名许础，字楚生，江西德化（今九江）人。著名爱国人士、政治活动家、教育家、学者，九三学社创始人和杰出领导者。

呜呼国民！我最亲、最爱、最敬佩、最有血性之同胞！我等忍冤受辱，忍痛被垢于日本人之密约危条，以及朝夕企祷之山东问题、青岛归还问题，今已由五国共管，降而为中日直接交涉之提议矣。噩耗传来，天黯无色。夫和议正开，我等所希冀所庆祝者，岂不曰世界上有正义、有人道、有公理。归还青岛，取消中日密约、军事协定，以及其他不平等之条约，公理也，即正义也。背公理而逞强权，将我之土地，由五国共管，俦我于战败国，如德奥之列，非公理、非正义也。今又显然背弃山东问题，由我与日本直接交涉。夫日本虎狼也，既能以一纸空文，窃掠我二十一条之美利，则我与之交涉，简言之，是断送耳，是亡青岛耳，是亡山东耳。夫山东北扼燕晋，南控鄂宁，当京汉津浦两路之冲，实南北之咽喉关键。山东亡，是中国亡矣。我同胞处此大地，有此山河，岂能目睹此强暴之欺凌我，压迫我，奴隶我，牛马我，而不作万死一生之呼救乎？法之于亚鲁撒、劳连两州也，曰："不得之，毋宁死。"意之于亚得利亚海峡之小地也，曰："不得之，毋宁死。"朝鲜之谋独立也，曰："不得之，毋宁死。"夫至于国家存亡，土地割裂，问题吃紧之时，而其民犹不能下一大决心，作最后之愤救者，则是二十世纪之贱种。无可语于人类者矣。我同胞有不忍于奴隶牛马之痛苦，亟欲奔救之者乎？则开国民大会，露天演说，通电坚持，为今日之要著。至有甘心卖国，肆意通奸者，则最后之对付，手枪炸弹是赖矣。危机一发，幸共图之！

1919年5月3日

北京全体学界通告

罗家伦

现在日本在万国和会要求并吞青岛，管理山东一切权利，就要成功了！他们的外交大胜利了，我们的外交大失败了！山东大势一去，就是破坏中国的领土！中国的领土破坏中国就亡了！所以我们学界今天排队到各公使馆去要求各国出来维持公理，务望全国工商各界一律起来设法开国民大会，外争主权，内除国贼，中国存亡，就在此一举了！今与全国同胞立两个信条道：

中国的土地可以征服而不可以断送！

中国的人民可以杀戮而不可以低头！

国亡了！同胞起来呀！

1919年5月4日

北京全體學界通告

現在日本在滿國和會要求併吞青島管理山東一切權利就要成功了他們的外交大勝利了我們的外交大失敗了山東大勢一去就是破壞中國的領土中國的領土破壞中國就亡了所以我們學界今天排隊到各公使館去要求各國出來維持公理務望全國工商各界一律起來設法開國民大會外爭主權內除國賊中國存亡就在此一舉了今與全國同胞立兩個信條道

中國的土地可以征服而不可以斷送

中國的人民可以殺戮而不可以低頭

國亡了同胞起來呀

罗家伦起草的《北京全体学界通告》宣传单

秘密外交与强盗世界

李大钊

五四运动兴起后，时任北京大学图书馆主任的李大钊密切关注和引导运动的发展。他一方面积极营救学生，另一方面从思想理论上向学生们指出运动的远大目标。图为五四时期的李大钊。

凡是世界上的土地，只要是世界上知道人的道理的人在那里过人的生活，我们决不把他认作私有物，拒绝他人。但是强盗政府们要根据着秘密外交拿人类正当生活的地方，当作他们私相授受的礼物，或送给那一个强盗国家、强盗政府，作扩张他那强盗势力的根据。无论是山东，是山北，是世界上的什么地方，我们都不承认，都要抗拒的。我们反对欧洲分赃会议所规定对于山东的办法，并不是本着狭隘的爱国心，乃是反抗侵略主义，反抗强盗世界的强盗行为。

这回欧战完了，我们可曾做梦，说什么人道、平和得了胜利，以后的世界或者不是强盗世界了，或者有点人的世界的采色了。谁知道这些名辞，都只是强盗政府的假招牌。我们且看巴黎会议所议决的事，那一件有一丝一毫人道、正义、平和、光明的影子！那一件不是拿着弱小民族的自由、权利，作几大强盗国家的牺牲！

威尔逊这位书生，天天在那里对那些强盗说"正义""人道"的话，组织"国际联盟"哪，希望"永久平和"哪，这真是对牛弹琴。只落得那些强盗们对他瞪眼，他自己也是对他们呕气，希望他的人灰心。

威尔逊君！你不是反对秘密外交吗？为什么他们解决山东问题，还是根据某年月日的伦敦密约，还是根据某年月日的某某军阀间的秘密协定？须知这些东西都是将来扰乱世界平和的种子。像这样的平和会议，那有丝毫价值！人家为保障一国的强盗权利，还有退出和会的决心勇气，你为保障世界平和，贯彻自己的主张，竟没有退出和会的决心勇气。你自己的主张计画如今全是大炮空声，全是昙花幻梦了。我实为你惭愧！我实为你悲伤！

常向我们说和我们有同种同文的情谊的日本人啊！你们把这块山东土地拼命拿在手中究竟于你们民族的生活上有什么好处？添什么幸福？依我看来，也不过多养活几个丑业妇、无赖汉、吗啡客，在人类社会上多造些罪恶、作些冤孽，给日本民族多留些耻辱的痕迹罢了。这话并不是我太刻薄，试一翻日本人的移民史，那一处不是这几色人先到？除去这几色人还有什么人？——那背包卖药的还是第一等的——在这等地方的商人、绅士、官吏、军人，也都渐渐丢失了他们的人性，只增长他那残暴、狡诈、嫉妒、贪淫的性质。结果更要巩固国内军阀、财阀的势力，来压制一般人民，永远不能翻身。这又何苦呢！

我们历来对外的信条，总是"以夷制夷"；对内的信条，总是"依重特殊势力"。这都是根本的大错。不知道有几多耻辱、哀痛、失败、伤心的陈迹，在这两句话里包藏。而从他一方面，又把民族的弱点、惰性、狡诈、卑鄙，都从这两句话里暴露出来。这回青岛问题，发生在群"夷"相争，一"夷"得手的时候，当时我们若是不甘屈辱，和他反抗，就作了比利时，也

不过一时受些苦痛、有些牺牲。到了今日，或者能得点正义人道的援助。那时既低声下气，今日却希望旁人援手，要知这种没骨头没志气的人民，就是正义人道昌明的时代，不能自助的人，也不能受人的帮助。况在强盗世界的里面，更应该受点罪孽。我们还在这里天天做梦，希望他人帮助。这种丧失

1919年5月18日,《每周评论》第22号刊载的李大钊撰写的《秘密外交与强盗世界》一文，深刻揭露帝国主义的侵略本质，进一步指出中国人民的斗争目标。

自立性的耻辱，比丧失土地山河的耻辱更要沉痛万倍！

　　大家都骂曹、章、陆这一班人为卖国贼，恨他们入骨髓，都说政府送掉山东，是我们莫大的耻辱，这抱侵略主义的日本人，是我们莫大的仇敌。我却以为世界上的事，不是那样简单的。这作恶的人，不仅是曹、章、陆一班人，现在的世界仍然是强盗世界啊！日本人要我们的山东，政府答应送给他，都还不算我们顶大的耻辱，我们还是没有自立性，没有自决的胆子，仍然希望共同管理，在那"以夷制夷"四个大字下讨一种偷安苟且的生活，这真是民族的莫大耻辱啊！日本所以还能拿他那侵略主义在世界上横行的原故。全因为现在的世界，还是强盗世界。那么不止夺取山东的是我们的仇敌，这强盗世界中的一切强盗团体，秘密外交这一类的一切强盗行为，都是我们的仇敌啊！我们若是没有民族自决、世界改造的精神把这强盗世界推翻，单是打死几个人，开几个公民大会，也还是没有效果。我们的三大信誓是：

　　改造强盗世界，

　　不认秘密外交，

　　实行民族自决。

原载《每周评论》第二十二号，1919年5月18日

为山东问题敬告各方面

陈独秀

一、敬告协约国国民

呵！现在还是强盗世界！现在还是公理不敌强权时代！可怜为公理破产的比利时，所得权利尚不及亲德的日本，还有什么公理可说？横竖是强权世界，我们中国人也不必拿公理的话头来责备协约国了。但是拿破仑时代的世界大战争了后，仍是强权得势，所以造成第二次大战争。这次威廉时代的世界大战了后，仍是强权得势，恐怕又要造成第三次大战争。要想免第三次大战争的痛苦，非改造人类的思想从根本上取消这蔑弃公理的强权不可。什么"国际竞争"，什么"对外发展"，什么"强国主义"，什么"强力即正义"，都是造成世界大战的根本原因。有因必有果，将来受这痛苦的，却不单是我们中国人，希望诸协约国国民都要有点觉悟，别做第二德意志。

二、敬告中国国民

"对外发展主义"，固然是中国人现在做不到的，而且我们也不赞成这不合公理的思想。但是"民族自卫主义"（就是在国土以内不受他民族侵害的主义）我们是绝对赞成的。若因民族自卫，就是起了黑暗无人道的战争，我们都不反对。现在日本侵害了我们的东三省，不算事，又要侵害我们的山东，这是我们国民全体的存亡问题，应该发挥民族自卫的精神，无论是学界、政客、商人、劳工、农夫、警察、当兵的、做官的、议员、乞丐、新闻记者，都出来反对日本及亲日派才是。万万不能把山东问题当做山东一省人的存亡问题，万万不能单让学生和政客奔走呼号，别的国民都站在第三者地位袖手旁观，更绝对的万万不能批评学生和政客的不是。像这种全体国民的存亡大问题，可怜只有一部分爱国的学生和政客出来热心奔走呼号，别的国民都站在旁边不问，已经是放弃责任不成话说了。若还不要脸帮着日本人说学生不该干涉政治不该暴动，又说是政客利用煽动，

1919 年五四运动爆发后，陈独秀从 5 月 4 日至 6 月 8 日，先后在《每周评论》上发表了 7 篇文章和 33 篇随感录，表达自己对爱国运动的看法。

（全体国民哪个不应该出来煽动？煽动国民爱国自卫，有什么错处？）这真不是吃人饭的人说的话，这真是下等无血动物，像这种下作无耻的国民，真不应当让他住在中国国土上呼吸空气。

三、敬告日本国民

若说中国没有开发的私源很多，因为缺少资本和经验，工商业又不容易振兴，一方面日本因地小人多，有对外发展的必要。在人类共同生活的大义说起来，日本人若真心实行中日亲善主义，不占据中国土地，不侵害中国主权，不垄断中国的交通机关和矿山破坏中国民族生存的基础，至于相当的工商业的和平发展，我们不但不反对，并且觉得有相互的利益。在日本民族

▲為山東問題敬告各方面

▲秘密外交與強盜世界

(星期日)　中華民國八年五月十八日　(第二版)

1919 年 5 月 18 日，陈独秀在《每周评论》第 22 号上发表的《为山东问题敬告各方面》。

发展上说起来，若定要实行军阀派的侵略野心，未必就能够将中国人斩尽杀绝，徒然弄得两民族感情日恶，一方面工商业上受绝大的影响，一方面势力范围日渐扩张，旅居中国的日人日渐加多，虚荣上经济上虽有利益，而旅居中国的日人种种不法行为，不但大召中国人的恶感，并且影响于日本国民品行，不能不算是极大的损失。所以我要奉劝日本国民，若求日本民族在中国真实的稳健的发展，应当用和平的工商主义，不应当用强迫的侵略主义。若说商业发展要有政治的强力保护，那么此时基督教在中国，何以比从前各国用强力保护干涉的时代还要发达呢？若说日本倘不侵略，就难免让欧美人捷足先得，我看这种话头，正是逼迫中国人仇恨日本接近欧美的原因。

四、敬告外交当局

我们国民是何等昏惰，政府是何等糊涂，外交失败也不好专责备那一方面。单说这山东问题，我们提出巴黎和会，对德直接索回青岛或是各国暂时公管的希望，十有八九是一场春梦了。我们现在要提醒外交当局的，就是万不得已到了中日直接交涉地步，我们要抱定宗旨：若是日本肯把青岛和胶济路完全交还中国，并不要求他项权利，单是要求赔偿攻打青岛的兵费，我们还可以允许。若只是名义上的交还，除了承认他继承德国已得权利以外，不能再添上丝毫别的矿山铁道等经济上的利益。至于济顺高徐两条铁路，是从山东问题又向北扩张到直隶问题向南扩张到江苏问题，更是断断不能承认的。政府若是听从亲日卖国派的诡计，凭空断送重大权利，酿成直隶山东江苏三省的问题，这种卖国大罪，国民是万万不能再恕的了！

原载《每周评论》第二十二号，1919年5月18日

研究室与监狱

陈独秀

世界文明发源地有二：一是科学研究室，一是监狱。我们青年要立志出了研究室就入监狱，出了监狱就入研究室，这才是人生最高尚优美的生活。从这两处发生的文明才是真文明，才是有生命、有价值的文明。

原载《每周评论》第二十五号，1919年6月8日

第四版　中華民國八年六月八日　（星期日）

▲研究室與監獄　世界文明發源地有二：一是科學研究室、一是監獄。我們青年要立志出了研究室就入監獄、出了監獄就入研究室、這才是人生最高尚優美的生活。從這兩處發生的文明、才是真文明、才是有生命有價值的文明。（隻眼）

1919年6月8日，陈独秀在《每周评论》第25号发表的《研究室与监狱》一文，指出"我们青年要立志出了研究室就入监狱，出了监狱就入研究室，这才是人生最高尚优美的生活"。

北京市民宣言

陈独秀

中国民族乃酷爱和平之民族。今虽备受内外不可忍受之压迫，仍本斯旨，对于政府提出最后最低之要求，如左：

（1）对日外交，不抛弃山东省经济上之权利，并取消民国四年七年两次密约。

（2）免徐树铮、曹汝霖、陆宗舆、章宗祥、段芝贵、王怀庆六人官职，并驱逐出京。

（3）取消步军统领及警备司令两机关。

（4）北京保安队改由市民组织。

（5）市民须有绝对集会言论自由权。

我市民仍希望和平方法达此目的。倘政府不顾和平，不完全听从市民之希望，我等学生、商人、劳工、军人等，惟有直接行动，以图根本之改造。特此宣告，敬求内外士女谅解斯旨。

（各处接到此宣言，希即复印传布。）

MANIFESTO OF THE CITIZENS OF PEKING

We，the people of China，have always been a peace-loving people. It is as peace-loving citizens that we，in the face of intolerable oppression both from within

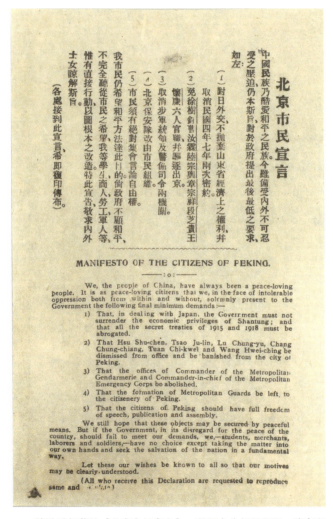

陈独秀起草的《北京市民宣言》，英译文为胡适翻译。该宣言发出"惟有直接行动，以图根本之改造"的号召，为民众运动指明了新的斗争目标。

and without, solemnly present to the Government the following final minimum demands : ——

1) That, in dealing with Japan, the Government must not surrender the economic privileges of Shantung ; and that all the secret treaties of 1915 and 1918 must be abrogated.

2) That Hsu Shu—chen, Tsao Ju—lin, Lu Chung—yu, Chang Chung—chiang, Tuan Chi—kwei and Wang Hwei—ching be dismissed from office and be banished from the city of Peking.

3) That the offices of Commander of the Metropolitan Gendarmerie and Commander—in—chief of the Metropolitan Emergency Corps be abolished.

4) That the formation of Metropolitan Guards be left to the citizenery of Peking.

5) That the citizens of Peking should have full freedom of speech, publication and assembly.

We still hope that these objects may be secured by peaceful means. But if the Government, in its disregard for the peace of the country, should fail to meet our demands, we, ——students, merchants, laborers and soldiers, ——have no choice except taking the matter into our own hands and seek the salvation of the nation in a fundamental way.

Let these our wishes be known to all so that our motives may be clearly understood.

(All who receive this Declaration are requested to reproduce same and □□)

陈独秀起草　胡适译

陈独秀之被捕及营救

毛泽东

前北京大学文科学长陈独秀，于六月十一日，在北京新世界被捕。被捕的原同，据警厅方面的布告，系因这日晚上，有人在新世界散布市民宣言的传单，被密探拘去。到警厅诘问，方知是陈氏。今录中美通信社所述什么北京市民宣言的传单于下——

一、取消欧战期内一切中日秘约。

二、免除徐树铮曹汝霖章宗祥陆宗舆段芝贵王怀庆职，并即逐驱出京。

三、取消步军统领衙门，及警备总司令。

四、北京保安队，由商民组织。

五、促进南北和议。

六、人民有绝对的言论出版集会的自由权。

以上六条，乃人民对于政府最低之要求，仍希望以和平方法达此目的。倘政府不俯顺民意，则北京市民，惟有直接行动，图根本之改造。

上文是北京市民宣言传单，我们看了，也没有什么大不了处。政府将陈氏捉了，各报所载，很受虐待。北京学生全体有一个公函呈到警厅。请求释放。下面是公函的原文——

警察总监钧鉴：敬启者，近闻军警逮捕北京大学前文科学长陈独秀，

拟加重究，学生等期期以为不可，特举出二要点于下，（一）陈先生夙负学界重望，其言论思想，皆见称于国内外。倘此次以嫌疑遽加之罪，恐激动全国学界再起波澜。当此学潮紧急之时，殊非息事宁人之计。（二）陈先生向以提倡新文学现代思想见忌于一般守旧者，此次忽被逮捕，诚恐国内外人士，疑军警当局，有意罗织，以为摧残近代思想之步。现今各种问题，已极复杂，岂可再生枝节，以滋纠纷？基此二种理由，学生等特陈请贵厅，将陈独秀早予保释。

北京学生又有致上海各报各学校各界一电——

陈独秀氏为提倡近代思想最力之人，实学界重镇。忽于真日被捕，住宅亦被抄查。群情无任惶骇。除设法援救外，并希国人注意。

上海工业协会也有请求释放陈氏的电。有"以北京学潮，迁怒陈氏一人，大乱之机，将从此始"的话。政府尚未昏聩到全不知外间大势，可料不久就会放出。若说硬要兴一文字狱，与举世披靡的近代思潮，拼一死战，吾恐政府也没有这么大胆子。章行严与陈君为多年旧交，陈在大学任文科学长时，章亦在大学任图书馆长及研究所逻辑教授。于陈君被捕，即有一电给京

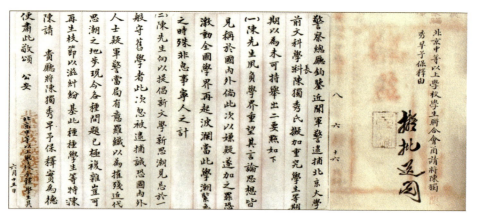

北京中等以上学校学生联合会请早予保释陈独秀致京师警察厅的函。

里的王克敏，要他转达警厅，立予释放。大要说——

……陈君向以讲学为务，平生不含政治党派的臭味，此次虽因文字失当，亦何至遽兴大狱，视若囚犯，至断绝家常往来。且值学潮甫息之秋，讵可忽兴文网，重激众怒。甚为诸公所不取。……

章氏又致代总理龚心湛一函。说得更加激切——

仙舟先生执事，久违矩教，结念为劳。兹有恳者，前北京大学文科学长陈君独秀，闻因牵涉传单之嫌，致被逮捕，迄今未释。其事实如何，远道未能详悉。惟念陈君平日，专以讲学为务。虽其提倡新思潮想，著书立论，或不无过甚之词，然范围实仅及于文字方面，决不含有政治臭味，则固皎然可征。方今国家多事，且值学潮甫息之后，遽可蹈腹诽之诛，师监谤之策，而愈激动人之心理耶。窃为诸公所不取。故就历史论，执政因文字小故而专与文人为难，致兴文字之狱。幸而胜之，是为不武，不胜，人心瓦解，政纽摧崩，虽有善者，莫之能挽。试观古今中外，每当文网最甚之秋，正其国运衰歇之候。以明末为殷鉴，可为寒心。今日谣诼繁兴，清流危惧，乃迭有此罪及文人之举，是真国家不祥之象，天下大乱之基也。杜渐防微，用敢望诸当事。且陈君英姿挺秀，学贯中西。皖省地绾南北，每产材武之士，如斯学者，诚叹难能。执事平视同乡诸贤，谅有同感。远而一国，近而一省，育一人才，至为不易。又焉忍遽而残之耶？特专函奉达，请即饬警厅速将陈君释放。钊与陈君总角旧交，同岑大学。于其人品行谊，知之甚深。敢保无他，愿为左证。……章士钊拜启，六月二十二日。

我们对于陈君，认他为思想界的明星。陈君所说的话，头脑稍为清楚的听得，莫不人人各如其意中所欲出。现在的中国，可谓危险极了。不是兵力不强财用不足的危险，也不是内乱相寻四分五裂的危险。危险在全国人民思想界空虚腐败到十二分。中国的四万万人，差不多有三万万九千万是迷信

1919 年 7 月 14 日，毛泽东在《湘江评论》创刊号上发表的《陈独秀之被捕及营救》。

家，迷信神鬼，迷信物象，迷信运命，迷信强权。全然不认有个人，不认有自己，不认有真理。这是科学思想不发达的结果。中国名为共和，实则专制，愈弄愈糟，甲仆乙代，这是群众心里没有民主的影子，不晓得民主究竟是什么的结果。陈君平日所标揭的，就是这两样。他曾说，我们所以得罪于社会，无非是为着"赛因斯"（科学）和"克莫克拉西"（民主）。陈君为这两件东西得罪了社会，社会居然就把逮捕和禁锢报给他。也可算是罪罚相敌了。凡思想是没有畛域的。去年十二月德国的广义派社会党首领鲁森堡被民主派政府杀了，上月中旬，德国仇敌的意大利一个都林地方的人民，举行了一个大示威以纪念他。瑞士的苏里克，也有个同样的示威给他做纪念。仇敌尚且如此，况在非仇敌。异国尚且如此，况在本国。陈君之被逮，决不能损及陈君的毫末。并且是留着大大的一个纪念于新思潮，使他越发光辉远大。政府决没有胆子将陈君处死，就是死了，也不能损及陈君至坚至高精神的毫末。陈君原自说过，出试验室，即入监狱。出监狱，即入试验室。又说，死是不怕的。陈君可以实验其言了。我祝陈君万岁！我祝陈君至坚至高的精神万岁！

原载《湘江评论》创刊号，1919年7月14日

欢迎独秀出狱

李大钊

一

你今出狱了,

我们很欢喜;

他们的强权和威力,

终竟战不胜真理。

什么监狱什么死,

都不能屈服了你;

因为你拥护真理,

所以真理拥护你。

二

你今出狱了,

我们很欢喜!

相别才有几十日,

这里有了许多更易。

从前我们的"只眼"忽然丧失,

我们的报便缺了光明，减了价值；

如今"只眼"的光明复启，

却不见了你和我们手创的报纸！

可是你不必感慨，不必叹惜，

我们现在有了很多的化身，同时奋起。

好像花草的种子，

被风吹散在遍地。

三

你今出狱了，

我们很欢喜！

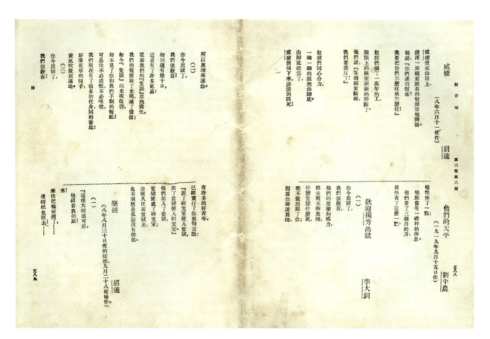

1919 年 11 月 1 日，李大钊在《新青年》第 6 卷第 6 号发表的《欢迎独秀出狱》。

　　有许多的好青年，

　　已经实行了你那句言语：

　　"出了研究室便入监狱，

　　出了监狱便入研究室。"

　　他们都入了监狱，

　　监狱便成了研究室；

　　你便久住在监狱里，

　　也不须愁着孤寂没有伴侣。

原载《新青年》第六卷第六号，1919年11月1日

五四运动的精神是什么？
——在中国公学第二次演讲会上的演词

陈独秀

如若有人问五四运动的精神是什么？大概的答词必然是爱国救国。我以为五四运动的发生，是受了日本和本国政府的两种压迫而成的，自然不能说不是爱国运动。但是我们的爱国运动，远史不必说，即以近代而论，前清末年，也曾发生过爱国运动，而且上海有爱国学社和爱国女学校。十年前就有标榜爱国主义的运动。何以社会上对于"五四运动"无论是赞美、反对或不满足，都有一种新的和前者爱国运动不同的感想呢？他们所以感想不同的缘故，是五四运动的精神，的确比前者爱国运动有不同的地方。这不同的地方，就是五四运动特有的精神，这种精神就是（一）直接行动；（二）牺牲的精神。直接行动就是人民对于社会国家的黑暗，由人民直接行动，加以制裁，不诉诸法律，不利用特殊势力，不依赖代表。因为法律是强权的护符，特殊势力是民权的仇敌，代议员是欺骗者，决不能代表公众的意见。清末革命的时候，人人都以为从此安宁了，不料袁世凯秉政结果，反而不好。袁世凯死的时候，人人又以为从此可以安宁了，不料现在的段祺瑞、徐世昌执政，国事更加不好。这个时候，中国人因为对于各方面的失望，大有坐以待毙的现象。自从德国大败，俄国革命以后，世界上的人思想多一变。于是，

中国人也受了两个教训：一是无论南北，凡军阀都不应当存在；一是人民有直接行动的希望。五四运动遂应运而生。一般工商界所以信仰学生，所以对于五四运动有新的和前次爱国运动不同的感想，就是因为学生运动是直接行动，不是依赖特殊势力和代议员的卑劣运动呵。中国人最大的病根，是人人都想用很小的努力牺牲，得很大的效果。这病不改，中国永远没有希望。社会上对于五四运动，与以前的爱国运动的感想不同，也是因为有无牺牲的精神的缘故。然而我以为五四

1919 年 6 月 5 日，上海商界宣布罢市。图为上海宝山路商人罢市时挂出的标语。

运动的结果，还不甚好。为什么呢？因为牺牲小而结果大，不是一种好现象。在青年的精神上说起来，必定要牺牲大而结果小，才是好现象。此时学生牺牲的精神，若是不如去年，而希望的结果，却还要比去年的大，那更不是好的现象了。以上这两种精神，就是五四运动重要的精神。我希望诸君努力发挥这两种精神，不但特殊势力和代议员不是好东西，就是工商界也不可依赖。不但工商界不可依赖，就是学界之中，都不可依赖。最后只有自己可靠，只好依赖自己。

原载《时事新报》，1920年4月22日

中国学生界的"May Day"

李大钊

五月四日这一天，是中国学生界的 May Day（五一国际劳动节，编者注）。因为在那一天中国学生界用一种直接行动反抗强权世界，与劳动界的五月一日有同一的意味；所以要把他当做一个纪念日。

我盼望中国学生界，把这种精神光大起来，依人类自由的精神扑灭一切强权；使正义人道，一天比一天的昌明于全世界；不要把他看狭小了，把他仅仅看做一个狭义的爱国运动的纪念日。我更盼望从今以后，每年在这一天举行纪念的时候，都加上些新意义。谨祝中国学生界的进步无量！

1921年5月4日，李大钊在《晨报》上发表的《中国学生界的"May Day"》。

原载《晨报》，1921年5月4日

"五四"运动给国人对外的印象

朱务善

朱务善（1896—1971），湖南省津市人。1919年入北京大学学习。在李大钊指导下，与邓中夏、罗章龙等组织革命团体，创办进步刊物。

我国地大物博，立国最早，自书称所谓禹贡以来，迄今数千年一般人都是夜郎自大视我独尊，所谓"夷狄戎蛮之风，不足效也"，其实不过是汉族在亚洲版图上成了一个所向无敌的帝国主义罢了。我国人囿于此种见地——自大，习与性成的不可破灭：即如现在多数知识阶级，没有不反对惨无人道的帝国主义赞成民族自决，可是谈到蒙古问题，他们却毅然决然要俄国撤回赤军填以中国军队管辖全蒙，这就是中国人习于自大不顾理论所以形成了矛盾的主张而不自觉，由此便足以证明中国人在历史上向来不知有敌国外患的压迫。

宋自徽钦以后，金人三分天下有其二，少数的知识阶级，才知夷狄的工夫；元人入主中华，为时尚浅，不久为明太祖扑灭，国人安于物返故主，又数百年；迨满清入关，除使一般人留下三尺拖尾表示其为满族天下外，一切都仍中国旧制，那时把顾王一党人掉开不算，社会多数群众谁也没有感觉异族为主的不便，盖以经济生活，非常幼稚，更名易氏的朝代变迁，实不能予社会群众以深长的直接痛苦，而旧日老大自居的观念，仍未涤除。

到十八世纪工业革命以后，机器渐次发达，交通也"势使然也"的日益推广，野人群处的美洲也找出来了，何况开化数千年的中华国，既未能跳出地球以外，当然就禁不了那般黄发绿眼儿所造汽船火车的来到。他们这一来，道是非同小可，他们的军队——资本家与军械——资本，比金兀术铁木耳多尔衮的丘八箭载，要厉害万倍！他们杀人不用刀，然而被其蹂躏残戮的，却是上自至尊下至黔首少有逃避得了。中国自甲午战败八国联军进攻以后，差堪嘉许的反帝国主义之所谓拳匪运动，惜无知识无组织以中断，结果遂使纸老虎——中国——抓破了脸谁也看透了它，好似驴蒙虎皮遇虎则弃皮以遁人不怕她她反怕了人！自此以后，中国人屈伏于虎啸之下，不敢做声。益以群狐——欧美资本帝国主义——在后，日思所以攫取中国利益，而日本以"大块肥肉在我口边，岂容他人染指"故其进行狠猛挟迫益凶。当大战开始，继以袁世凯又要称帝，日本认此为侵略中国之绝好机会，所以用尽种种方法演出巴黎和会时之要挟签字与二十一条之哀的美敦书的亡国行为。中国此时人民，始略领日本帝国主义之滋味，早思所以拼命反抗，加之当局又倒行逆施甘为李完用而不惜，所以民情激昂，北京学生首先发难而全国景从，不多时卖国贼下台而日本亡我国家的阴谋不能得志以逞。此役发难之日，就是今天，赵家楼火光冲天曹汝霖仓皇出走，也就是今天。同学们，今天是我国民族反抗帝国主义的第一声，好比工人阶级进攻资产阶级的"五一"节一样，相较当有同等价值，望国人——尤其是青年学生不要忘了此日的精神与意义！

自甲午年间至一九一九年"五四"运动止，中国国民可算是从害怕帝

北洋军阀加剧了对人民的政治压迫和经济掠夺，黑暗统治激起了社会各阶层群众的不满和反抗。图为北京人民的反抗斗争遭到军警的镇压。

国主义移到怨恨帝国主义而反抗之的时候了，这自然是中国人的觉悟，但是"五四"运动而后，给国人所反对的帝国主义只是日本而忘却了甚于日本的欧美列强的帝国主义，这种印象刻入于人心最深，所以凡是我们提倡抵制日货甚至于主张对日宣战，社会一般人总是摩拳擦掌深表同情，虽有时奸商私售日货，他们也自觉有亏良心；倘使谈到英美助长我国内乱与临城案件之无理要求，或是谈到法国在中俄交涉时干涉中国内政与要求金佛郎案以为二五附加税批准之交换条件，或是谈到外交团密议组织三大舰队巡游中国内地各省为可畏进而谈到中国人民一切痛苦都是英美法意国际帝国主义侵略我们的结果……等一类的话，他们却又麻醉好似与谈三坟五典不知其所以然了，甚且以为英美素日与我们亲善，侵略云乎哉！同胞们，"五四"运动所反对的对象，是帝国主义不只是日本，假使日本有诚意与中国亲善：把与从前欧美帝国主义协以谋我的待遇如治外法权庚子赔款以及一切不平等条约等一概取消，那么我们也不仇视日本，我们所仇视的，只是侵略我们压迫我们的一切帝国主义国家，我们所反抗的，是该一切国家的一切侵略行为。准是以言，我们对于日本，当然要反抗，同时对于以经济势力逼迫我们能置我们于死地而已则尚不觉察的最阴谋之英美法帝国主义，当半点不能放松，竭力反抗。我们知道：欧美自资本主义发达以后，国内往往因生产过剩工人失业演出社会恐慌，故不能不向外发展，谋求殖民地以为其商品销场并供给其原料的所在，因此资本主义国家都不遗余力地扩充军队战艇以为攫取殖民地的利器，欧洲大战，并不是为了甚么公理强权这类鬼话，乃德英及其关系国经济势力冲突的结果，于斯证明帝国主义为资本主义演进的产物，她们为自己利

刊载有朱务善撰《 "五四"运动给国人对外的印象》一文的《晨报副刊》。

害关系，常常联合一致，共制弱小以分其利，德俄帝政时代，同是与英法美日勾结不解吸吮人血的，德俄政变则它们又反口噬之，其行为直与狼无异！我们从这一点考察，我们知道世界的资本帝国主义显系联合成一阶级以为治人者，经济落后或立国精神与之水火的弱小民族也形成一阶级以为被治者。我国人多地广，物产丰富，但科学未明，经济落后，正是合国际帝国主义者竞争的口味，况舶来品货精价贱，易于销售，中国已成为英美日本商品出售所，中国手工业工人不能与他们竞争，其经济基础自然崩坏，社会上早已呈不安状态，况她们时常暗助军阀为恶以延中国内乱，帝国主义者的勾当真多真毒啊！故在逻辑上说，中国当是世界被压迫阶级之一份子，英美法日同是压迫中国联合战线的治人阶级了，况且在资本主义存在的国际上观察，各国间只有利害关系，决没有正义人道的存在，从巴黎和会的威尔逊华盛顿会议的哈丁所做的结果来看，便可了然，那里甚么日本侵略美国亲善呢？同是一丘之貉罢了！我们在今年纪念"五四"，我们当引导社会群众反抗日本更要引导社会群众反抗英美法国！

　　最后我们要明白资本主义的侵略，系世界的国际的，我们不能以为中国资本主义不发达而不谈资本主义的弊害，我们更不能以为中国资本主义未发达而忽略了资本主义所造出的一切帝国主义的侵略！

原载《晨报副刊》，1924年5月4日

五四运动的意义与价值

张太雷

中国民族运动的第一期是义和团式的原始的排外运动。到了义和团失败后，中国的民族运动的第二期开始了，就是留学外国的中国学生与华侨欲推翻中国的坏政府而建设欧美式政治制度以谋中国的自强；辛亥革命就是这自强运动的总结。迨至五四运动开始，中国民族运动入了它的第三期。中国的民族运动自从五四运动才渐渐变成近代的民族运动——有组织的群众的反帝国主义与军阀的运动。

五四运动所以称为近代的民族运动，亦因为它是世界大战的结果，与世界革命潮流在中国的波纹。五四运动的动因是：（一）由于大战时帝国主义在中国的经济侵略放松，因为中国的工业，特别是轻工业（棉纱，面粉等业）得有相当的发展，亦就发展了中国的资产阶级，它是

张太雷（1898—1927），原名张曾让，江苏省武进县人。1920 年参加北京的共产党早期组织。1921 年 1 月任共产国际远东书记处中国科书记。同年 6 月出席在莫斯科召开的共产国际第三次代表大会。

最先要求外国对于中国帝国主义的经济解放；（二）由于中国破产的小资产阶级的学生感受的压迫及大战后世界革命潮流的激荡而发生革命的要求。因为日本的轻工业的出品在中国市场上最与中国的新兴工业相竞争，又因为日本对于中国的暴力威迫最易惹起反感，所以五四运动是一个完全反对日本帝国主义的运动。

五四运动是纯粹排日的性质而不是反对一般的帝国主义，所以反被英美帝国主义利用以进行他们与日本在中国势力的竞争。这是因为那时没有国民革命的党去领导这运动，所以不能充分利用帝国主义间的冲突发展民族运动，而反被某个帝国主义所利用。

五四运动像一盘散沙样的，不久就消灭了，其原因有二：第一，五四运动的主要成份是没有独立经济地位的学生，中国资产阶级因为太幼稚与软弱，没有维持这运动的力量，而中国劳动群众在那时参加的又甚少。第二，五四运动没有组织，没有组织的意思就是没有政党领袖，一个群众运动没有有主义的政党领袖，它既不能走入正轨，亦更不能继续发展。

但是无论五四运动如何失败，五四运动实开中国革命的新纪元。自从五四运动以后，有革命觉悟及了解世界革命意义的青年，要纠正五四运动的错误，逐渐集合在革命党的旗子之下，在劳动阶级中间尽宣传与组织之力，以求中国民族革命的胜利，且更进而求世界革命的成功。

原载《中国青年》第七十七、七十八期合刊，1925年5月2日

3

真理传播篇（13篇）

法俄革命之比较观

李大钊

　　俄国革命最近之形势，政权全归急进社会党之手，将从来之政治组织、社会组织根本推翻。一时泯梦之象，颇足致觇国者之悲观。吾邦人士，亦多窃窃焉为之抱杞忧者。余尝考之，一世纪新文明之创造，新生命之诞生，其机运每肇基于艰难恐怖之中，征之历史，往往而是。方其艰难缔造之初，流俗惊焉，视此根本之颠覆，乃为非常之祸变，抑知人群演进之途辙，其最大之成功，固皆在最大牺牲、最大痛若之后。俄国今日之革命，诚与昔者法兰西革命同为影响于未来世纪文明之绝大变动。在法兰西当日之象，何尝不起世人之恐怖、惊骇而为之深抱悲观。尔后法人之自由幸福，即奠基于此役。岂惟法人，十九世纪全世界之文明，如政治或社会之组织等，罔不胚胎于法兰西革命血潮之中。二十世纪初叶以后之文明，必将起绝大之变动，其萌芽即苗发于今日俄国革命血潮之中，一如十八世纪末叶之法兰西亦未可知。今之为俄国革命抱悲观者，得毋与在法国革命之当日为法国抱悲观者相类欤。

　　或者谓法人当日之奔走呼号，所索者"自由"，俄人今日之涣汗绝叫，所索者"面包"。是法人当日之要求，在精神在理性之解放，俄人今日之要求，在物质在贪欲之满足。俄人革命之动机视法人为鄙，则俄人革命之结果，必视法人为恶。且在法国当日，有法兰西爱国的精神，足以维持法兰西

法俄革命之比較觀　李大釗

俄國革命最近之形勢政權全歸急進社會黨之手將從來之政治組織社會組織根本推翻一時泯棼

之象頗足致戒國者之悲觀吾邦人士亦多竊竊爲之抱杞憂者余嘗致之一世紀新文明之創造新

生命之誕生其機運每肇基於艱難恐怖之中徵之歷史往往而是方其艱難締造之初流俗驚爲視此

根本之顚覆乃爲非常之禍變抑知人羣演進之途轍其最大之成功固皆在最大犧牲最大痛苦之後

俄國今日之革命誠與昔者法蘭西革命同爲影響於未來世紀文明之絕大變動在法蘭西當日之象

何嘗不起世人之恐怖驚駭而爲之深抱悲觀爾後法人之自由幸福卽奠基於此役豈惟法人十九世

紀全世界之文明如政治或社會之組織等固不胚胎於法蘭西革命血潮之中一如十八世紀末葉之

文明必將絕大之變動其萌芽卽萌發於今日俄國革命血潮之中二十世紀初葉以後之法蘭西亦

未可知今之爲俄國革命抱悲觀者得毋與今日俄國革命血潮爲法國革命血潮相類歟

或者謂法人當日之奔走呼號所索者「自由」俄人今日之渙汗絕叫所索者「麵包」是法人當日之要

求在精神在理性之解放俄人今日之要求在物質在貪欲之滿足俄人革命之動機視法人爲鄙則俄

人革命之結果必將起絕大之變動而在法國當日有法蘭西愛國的精神足以維持法蘭西之治化辦

之故法人雖冒萬險以革命而當年法人之革命而兼含社會的革命之意味者也俄羅斯之革

來俄人能否恢復秩序重建組織如當年法人之所爲殊爲一大疑問不知法蘭西之革命是十八世紀

末期之革命是立於國家主義上之革命是政治上之革命是社會的革命而並著世界的革命之采色者

命是二十世紀初期之革命是立於社會主義上之革命是社會的革命而並著世界的革命之采色者

論叢

一

1918 年 7 月 1 日，李大钊在《言治》季刊发表《法俄革命之比较观》，论述1917 年俄国十月革命与 1789 年法国资产阶级革命的本质区别，指出俄国十月革命预示着社会主义时代的到来，是"世界的新文明之曙光"。

之人心。而今日之俄国无之，故法人虽冒万险以革命，卒能处御强敌内安宗国，确立民主之基业，昌大自由之治化，将来俄人能否恢复秩序，重建组织，如当年法人之所为，殊为一大疑问。不知法兰西之革命是十八世纪末期之革命，是立于国家主义上之革命，是政治的革命而兼含社会的革命之意味者也。俄罗斯之革命是二十世纪初期之革命，是立于社会主义上之革命，是社会的革命而并著世界的革命之采色者也。时代之精神不同，革命之性质自异，故迥非可同日而语者。法人当日，固有法兰西爱国的精神，足以维持其全国之人心；俄人今日，又何尝无俄罗斯人道的精神，内足以唤起其全国之自觉，外足以适应世界之潮流，倘无是者，则赤旗飘飘举国一致之革命不起。且其人道主义之精神，入人之深，世无伦比。数十年来，文豪辈出，各以其人道的社会的文学，与其专擅之宗教政治制度相搏战。迄今西伯利亚荒寒之域，累累者固皆为人道主义牺牲者之坟墓也。此而不谓之俄罗斯人之精神殆不可得。不过法人当日之精神，为爱国的精神，俄人之今日精神，为爱人的精神。前者根于国家主义，后者倾于世界主义；前者恒为战争之泉源，后者足为和平之曙光，此其所异者耳。

由文明史观之，一国文明，有其畅盛之期，即有其衰歇之运。欧洲之国，若法若英，其文明均已臻于熟烂之期，越此而上之进步，已无此实力足以赴之。德之文明，今方如日中天，具支配世界之势力，言其运命，亦可谓已臻极盛，过此以往，则当入盛极而衰之运矣。俄罗斯虽与之数国者同为位于欧陆之国家，而以与上述之各国相较，则俄国文明之进步，殊为最迟，其迟约有三世纪之久。溯诸历史，其原因乃在蒙古铁骑之西侵，俄国受其蹂躏者三百余载，其渐即长育之文明，遂而中斩于斯时，因复反于蛮僿之境而毫无进步。职是之故，欧洲文艺复兴期前后之思想，独不与俄国以影响，俄国对于欧洲文明之关系遂全成孤立之势。正惟其孤立也，所以较欧洲各国之文明之进步为迟；亦正惟其文明进步较迟也，所以尚存向上发展之余力。

由地理之位置言之，俄国位于欧亚接壤之交，故其文明之要素，实兼欧亚之特质而并有之。林士论东西文明之关系，有曰："……俄罗斯之精神，将表现于东西二文明之间，为二者之媒介而活动。果俄罗斯于同化中国之广域而能成功，则东洋主义，将有所受赐于一种强健之政治组织，而助之以显其德性于世界。二力间确实之接触，尚在未来，此种接触，必蓄一空前之结果，皆甚明显也。"林氏之为此言，实在一九〇〇年顷。虽迩来沧桑变易，中国政治组织之变迁，转在俄国革命之前，所言未必一一符中，而俄罗斯之精神，实具有调和东西文明之资格，殆不为诬。原来亚洲人富有宗教的天才，欧洲人富有政治的天才。世界一切之宗教，除多路伊德教外，罔不起源于亚洲，故在亚洲实无政治之可言，有之皆基于宗教之精神而为专制主义之神权政治也。若彼欧洲及其支派之美洲，乃为近世国家及政治之渊源，现今施行自由政治之国，莫不宗为式范，流风遐被，且延及千亚洲矣。考俄国国民，有三大理想焉："神"也，"独裁君主"也，"民"也，三者于其国民之精神，殆有同等之势力。所以然者，即由于俄人既受东洋文明之宗教的感化，复受西洋文明之政治的激动，"人道""自由"之思想，得以深中乎人心。故其文明，其生活，半为东洋的，半为西洋的，盖犹未奏调和融会之功也。今俄人因革命之风云，冲决"神"与"独裁君主"之势力范围，而以人道、自由为基础，将统制一切之权力，全收于民众之手。世界中将来能创造一兼东西文明特质，欧亚民族天才之世界的新文明者，盖舍俄罗斯人莫属。

历史者，普遍心理表现之纪录也。故有权威之历史，足以震荡亿兆人之心，而惟能写出亿兆人之心之历史，始有震荡亿兆人心之权威。盖人间之生活，莫不于此永远实在之大机轴中息息相关。一人之未来，与人间全体之未来相照应，一事之朕兆，与世界全局之朕兆有关联。法兰西之革命，非独法兰西人心变动之表征，实十九世纪全世界人类普遍心理变动之表征。俄罗斯之革命，非独俄罗斯人心变动之显兆，实二十世纪全世界人类普遍心理变动之显兆。桐叶落而天下惊秋，听鹃声而知气运，历史中常有无数惊秋之桐叶、知运之鹃声唤醒读者之心。此非历史家故为惊人之笔遂足以耸世听闻，为历史材料之事件本身实足以报此消息也。吾人对于俄罗斯今日之事变，惟有翘首以迎其世界的新文明之曙光，倾耳以迎其建于自由、人道上之新俄罗斯之消息，而求所以适应此世界的新潮流，勿徒以其目前一时之乱象遂遽为之抱悲观也。

原载《言治》季刊第三号，1918年7月1日

庶民的胜利

李大钊

我们这几天庆祝战胜，实在是热闹的狠。可是战胜的，究竟是那一个？我们庆祝，究竟是为那个庆祝？我老老实实讲一句话，这回战胜的，不是联合国的武力，是世界人类的新精神。不是那一国的军阀或资本家的政府，是全世界的庶民。我们庆祝，不是为那一国或那一国的一部分人庆祝，是为全世界的庶民庆祝。不是为打败德国人庆祝，是为打败世界的军国主义庆祝。

李大钊在中央公园发表《庶民的胜利》演说。

十月革命中，数万名旅俄华工投入保卫苏维埃政权的战斗，并按人数规模组建"中国支队""中国连""中国营""中国团"等。其中，任辅臣动员组织建立的"中国团"，因作战英勇被授予"红鹰团"称号。图为由中国工人组成的"红鹰团"。

这回大战，有两个结果：一个是政治的，一个是社会的。

政治的结果，是"大……主义"失败，民主主义战胜。我们记得这回战争的起因，全在"大……主义"的冲突。当时我们所听见的，有什么"大日尔曼主义"咧，"大斯拉夫主义"咧，"大塞尔维主义"咧，"大……主义"咧。我们东方，也有"大亚细亚主义""大日本主义"等等名词出现。我们中国也有"大北方主义""大西南主义"等等名词出现。"大北方主义""大西南主义"的范围以内，又都有"大……主义"等等名词出现。这样推演下去，人之欲大，谁不如我？于是两大的中间有了冲突，于是一大与众小的中间有了冲突，所以境内境外战争迭起，连年不休。

"大……主义"就是专制的隐语，就是仗着自己的强力蹂躏他人欺压他人的主义。有了这种主义，人类社会就不安宁了。大家为抵抗这种强暴势力的横行，乃靠着互助的精神，提倡一种平等自由的道理。这等道理，表现在政治上，叫作民主主义，恰恰与"大……主义"相反。欧洲的战争，是"大……主义"与民主主义的战争。我们国内的战争，也是"大……主义"与民主主义的战争。结果都是民主主义战胜，"大……主义"失败。民主主义战胜，就是庶民的胜利。社会的结果，是资本主义失败，劳工主义战胜。原来这回战争的真因，乃在资本主义的发展。国家的界限以内，不能涵容他的生产力，所以资本家的政府想靠着大战，把国家界限打破，拿自己的国家做中心，建一世界的大帝国，成一个经济组织，为自己国内资本家一阶级谋利益。俄、德等国的劳工社会，首先看破他们的野心，不惜在大战的时候，起了社会革命，防遏这资本家政府的战争。联合国的劳工社会，也都要求和平，渐有和他们的异国的同胞取同一行动的趋势。这亘古未有的大战，就是这样告终。这新纪元的世界改造，就是这样开始。资本主义就是这样失败，劳工主义就是这样战胜。世间资本家占最少数，从事劳工的人占最多数。因为资本家的资产，不是靠着家族制度的继袭，就是靠着资本主义经济组织的垄断，才能据有。这劳工的能力，是人人都有的，劳工的事情，是人人都可以作的，所以劳工主义的战胜，也是庶民的胜利。

民主主义、劳工主义既然占了胜利，今后世界的人人都成了庶民，也就都成了工人。我们对于这等世界的新潮流，应该有几个觉悟：第一，须知一个新命的诞生，必经一番苦痛，必冒许多危险。有了母亲诞孕的劳苦痛楚，才能有儿子的生命。这新纪元的创造，也是一样的艰难。这等艰难，是进化途中所必须经过的，不要恐怕，不要逃避的。第二，须知这种潮流，是只能迎，不可拒的。我们应该准备怎么能适应这个潮流，不可抵抗这个潮流。人类的历史，是共同心理表现的纪录。一个人心的变动，是全世界人心变动的征几。一个事件的发生，是世界风云发生的先兆。一七八九年的法国革命，是十九世纪中各国革命的先声。一九一七年的俄国革命，是廿世纪中世界革命的先声。第三，须知此次平和会议中，断不许持"大……主义"的阴谋政治家在那里发言，断不许有带"大……主义"臭味或伏"大……主义"根蒂的条件成立。即或有之，那种人的提议和那种条件，断归无效。这场会议，恐怕必须有主张公道破除国界的人士占列席的多数，才开得成。第四，须知今后的世界，变成劳工的世界。我们应该用此潮流为使一切人人变成工人的机会，不该用此潮流为使一切人人变成强盗的机会。凡是不做工吃干饭的人，都是强盗。强盗和强盗夺不正的资产，也是一种的强盗，没有什么差异。我们中国人贪惰性成，不是强盗，便是乞丐，总是希图自己不作工，抢人家的饭吃，讨人家的饭吃。到了世界成一大工厂，有工大家作、有饭大家吃的时候，如何能有我们这样贪惰的民族立足之地呢？照此说来，我们要想在世界上当一个庶民，应该在世界上当一个工人。诸位呀！快去工作呵！

原载《新青年》第五卷第五号，1919年1月

BOLSHEVISM的胜利

李大钊

"胜利了！胜利了！联军胜利了！降服了！降服了！德国降服了！"家家门上插的国旗，人人口里喊的万岁，似乎都有这几句话在那颜色上音调里隐隐约约的透出来。联合国的士女，都在街上跑来跑去的庆祝战胜。联合国的军人，都在市内大吹大擂的高唱凯歌。忽而有打碎德人商店窗子上玻璃的声音，忽而有拆毁"克林德碑"砖瓦的声音，和那些祝贺欢欣的声音遥相应对。在留我国的联合国人那一种高兴，自不消说。我们这些和世界变局没有很大关系似的国民，也得强颜取媚：拿人家的欢笑当自己的欢笑，把人家的光荣做自己的光荣。学界举行提灯，政界举行祝

十月革命后，以李大钊为代表的先进分子开始在中国传播马克思主义。李大钊是中国第一个接受和传播马克思主义并主张向俄国十月革命学习的先进分子。图为1918年的李大钊。

典。参战年余未出一兵的将军，也去阅兵，威风凛凛的耀武。著《欧洲战役史论》主张德国必胜后来又主张对德宣战的政客，也来登报，替自己作政治

活动的广告：一面归咎于人，一面自己掠功。像我们这种世界上的小百姓，也只得跟着人家凑一凑热闹，祝一祝胜利，喊一喊万岁。这就是几日来北京城内庆祝联军战胜的光景。

但是我辈立在世界人类中一员的地位，仔细想想：这回胜利，究竟是谁的胜利？这回降服，究竟是那个降服？这回功业，究竟是谁的功业？我们庆祝，究竟是为谁庆祝？想到这些问题，不但我们不出兵的将军、不要脸的政客，耀武夸功，没有一点趣味，就是联合国人论这次战争终结是联合国的武力把德国武力打倒的，发狂祝贺，也是全没意义。不但他们的庆祝夸耀是全无意味，就是他们的政治运命，也怕不久和德国的军国主义同归消亡！

原来这次战局终结的真因，不是联合国的兵力战胜德国的兵力，乃是德国的社会主义战胜德国的军国主义；不是德国的国民降服在联合国武力的面前，乃是德国的皇帝、军阀、军国主义降服在世界新潮流的面前。战胜德国军国主义的，不是联合国，是德国觉醒的人心。德国军国主义的失败，是Hohenzollern家（德国皇家）的失败，不是德意志民族的失败。对于德国军国主义的胜利，不是联合国的胜利，更不是我国徒事内争托名参战的军人，和那投机取巧卖乖弄俏的政客的胜利，是人道主义的胜利，是平和思想的胜利，是公理的胜利，是自由的胜利，是民主主义的胜利，是社会主义的胜利，是Bolshevism的胜利，是赤旗的胜利，是世界劳工阶级的胜利，是二十世纪新潮流的胜利。这件功业，与其说是威尔逊（Wilson）等的功业；毋宁说是列宁（Lenine）、陀罗慈基（Trotzky）、郭冷苔（Collontay）的功业，是列卜涅西（Liebknecht）、夏蝶曼（Scheidemann）的功业，是马客士（Marx）的功业。我们对于这桩世界大变局的庆祝，不该为那一国那些国里一部分人庆祝，应该为世界人类全体的新曙光庆祝；不该为那一边的武力把那一边的武力打倒而庆祝，应该为民主主义把帝制打倒，社会主义把军国主义打倒而庆祝。

　　Bolshevism（布尔什维主义，编者注）就是俄国Bolsheviki（布尔什维克，俄国共产党，编者注）所抱的主义。这个主义，是怎样的主义？很难用一句话解释明白。寻他的语源，却有"多数"的意思。郭冷苔（Collontay）是那党中的女杰，曾遇见过一位英国新闻记者，问他Bolsheviki是何意义？女杰答言："问Bolsheviki是何意义，实在没用，因为但看他们所做的事，便知这字的意思。"据这位女杰的解释，"Bolsheviki的意思，只是指他们所做的

　　1918年11月29日，北京大学在中央公园（今中山公园）举办庆祝第一次世界大战协约国胜利大会。图为李大钊与友人在中央公园合影（左起：雷国能、李大钊、梁漱溟、张申府）。

事"。但从这位女杰自称他在西欧是 Revolutionary Socialist（革命社会主义者，编者注），在东欧是 Bolshevika（此处为原文，应为 Bolsheviki，编者注）的话，和 Bolsheviki 所做的事看起来，他们的主义，就是革命的社会主义；他们的党，就是革命的社会党；他们是奉德国社会主义经济学家马客士（Marx）为宗主的；他们的目的，在把现在为社会主义的障碍的国家界限打破，把资本家独占利益的生产制度打破。此次战争的真因，原来也是为把国家界限打破而起的。因为资本主义所扩张的生产力，非现在国家的界限内所能包容；因为国家的界限内范围太狭，不足供他的生产力的发展，所以大家才要靠着战争，打破这种界限，要想合全球水陆各地成一经济组织，使各部分互相联结。关于打破国家界限这一点，社会党人也与他们意见相同。但是资本家的政府企望此事，为使他们国内的中级社会获得利益，依靠战胜国资本家一阶级的世界经济发展，不依靠全世界合于人道的生产者合理的组织的协力互助。这种战胜国，将因此次战争，由一个强国的地位进而为世界大帝国。Bolsheviki 看破这一点，所以大声疾呼，宣告：此次战争是 Czar（沙皇，编者注）的战争，是 Kaiser（德皇，编者注）的战争，是 Kings（国王们，编者注）的战争，是 Emperors（君主们，编者注）的战争，是资本家政府的战争，不是他们的战争。他们的战争，是阶级战争，是合世界无产庶民对于世界资本家的战争。战争固为他们所反对，但是他们也不恐怕战争。他们主张一切男女都应该工作，工作的男女都应该组入一个联合，每个联合都应该有个中央统治会议，这等会议，应该组织世界所有的政府，没有康格雷，没有巴力门，没有大总统，没有总理，没有内阁，没有立法部，没有统治者，但有劳工联合的会议，什么事都归他们决定。一切产业都归在那产业里作工的人所有，此外不许更有所有权。他们将要联合世界的无产庶民，拿他们最大最强的抵抗力，创造一自由乡土，先造欧洲联邦民主国，做世界联邦的基础。这是Bolsheviki的主义。这是二十世纪世界革命的新信条。

伦敦《泰晤士报》曾载过威廉氏（Harold Williams）的通讯，他把Bolshevism看做一种群众运动，和前代的基督教比较，寻出二个相似的点：一个是狂热的党派心，一个是默示的倾向。他说："Bolshevism实是一种群众运动，带些宗教的气质。我曾记得遇见过一个铁路工人，他虽然对于至高的究竟抱着怀疑的意思，犹且用'耶典'的话，向我极口称道Bolshevism可以慰安灵魂。凡是晓得俄国非国教历史的人，没有不知道那些极端的党派将要联成一大势力，从事于一种新运动的。有了Bolshevism，于贫苦的人是一好消息，于地上的天堂是一捷径的观念，他的传染的性质和权威，潜藏在他那小孩似的不合理的主义中的，可就变成明显了。就是他们党中的著作家、演说家所说极不纯正的话，足使俄国语言损失体面的，对于群众，也仿佛有一种教堂里不可思议的仪式的语言一般的效力。"这话可以证明Bolshevism在今日的俄国，有一种宗教的权威，成为一种群众的运动。岂但今日的俄国，二十世纪的世界，恐怕也不免为这种宗教的权威所支配，为这种群众的运动所风靡。

哈利逊氏（Frederic Harrison）也曾在《隔周评论》上说过："猛厉，不可能，反社会的，像Bolshevism的样子，须知那也是很坚、很广、很深的感情的发狂。——这种感情的发狂，有很多的形式。有些形式，是将来必不能避免的。"哈氏又说："一七八九年的革命，唤起恐怖，唤起过激革命党的骚动，但见有鲜血在扫荡世界的革命潮中发泡，一种新天地，就由此造成。Bolshevism的下边，潜藏着一个极大的社会的进化，也与一七八九年的革命同是一样，意大利、法兰西、葡萄牙、爱尔兰、不列颠都怵然于革命变动的暗中激奋。这种革命的暗潮，将殃及于兰巴地和威尼斯，法兰西也难幸免。过一危机，危机又至。爱尔兰独立运动，涌出很多的国事犯。就是英国的社会党，也只想和他们的斯堪的那维亚、日耳曼、俄罗斯的同胞握手。"

陀罗慈基在他著的《Bolsheviki 与世界平和》书中，也曾说过："这革命的新纪元，将由无产庶民社会主义无尽的方法，造成新组织体。这种新体，与新事业一样伟大。在这枪炮的狂吼、寺堂的破裂、豺狼性成的资本家爱国

> BOLSHEVISM
>
> **的勝利**
>
> 李大釗
>
> 「勝利了！勝利了！聯軍勝利了！降服了！降服了！德國降服了！」家家門上插的國旗，人人口裏喊的萬歲似乎都有這幾句話在那顏色上普調裏隱隱約約的透出來聯合國的士女都在街上跑來跑去的慶祝戰勝聯合國的軍人都在市內大吹大擂的高唱凱歌忽而有拆毀「克林德碑」磚瓦的聲音；我們這些和世界變局沒有狠大關係似的國民也得強顏取媚子上玻璃的聲音忽而有打碎德人商店窗拿人家的歡笑當自己的歡笑把人家的光榮做自己的光榮未出一兵的將軍，也去閱兵威風凜凜的耀武著歐洲戰役史論主張德國必勝後來又主張對德宣戰的政客也來登報替自己作政治活動的廣告；一面歸咎於人一面自己掠功。像我們這種世界上的小百姓，也祗得跟著人家湊一湊熱鬧祝一祝勝利喊一喊萬歲這就是幾日來北京城內慶祝聯軍戰勝的光景。
>
> 但是我蟇立在世界人類中一員的地位仔細想想這回勝利，究竟是誰的勝利?這回降服，究竟是那個降服這回功業究竟是誰的功業?我們慶祝到這些問題不但我們不出兵的將軍不要臉的政客耀武誇功沒有一點趣味就是聯合國人論這次戰爭終結是聯合國的武力把德國武力打倒的發狂祝賀也是全沒意義不但他們的慶祝誇耀是全無意味就是他們的政治運命也

1919 年 1 月，李大钊在《新青年》第 5 卷第 5 号发表《Bolshevism 的胜利》《庶民的胜利》，热烈赞扬十月革命，指出无产阶级的社会主义革命是世界历史的潮流。

的怒号声中，我们应先自进而从事于此新事业。在这地狱的死亡音乐声中，我们应保持我们清明的心神，明了的视觉。我们自觉我们将为未来惟一无二创造的势力。我们的同志现在已有很多，将来似可更多。明日的同志，多于今日。后日更不知有几千万人跃起，隶于我们旗帜的下边有数千万人。就是现在，去共产党人发布檄文已经六十七年，他们只须丢了他们的绊锁。"从这一段话，可知陀罗慈基的主张，是拿俄国的革命做一个世界革命的导火线。俄国的革命，不过是世界革命中的一个，尚有无数国民的革命将连续而起。陀罗慈基既以欧洲各国政府为敌，一时遂有亲德的嫌疑。其实他既不是亲德，又不是亲联合国，甚且不爱俄国。他所亲爱的，是世界无产阶级的庶民，是世界的劳工社会。他这本书，是在瑞士作的。着笔在大战开始以后，主要部分，完结在俄国革命勃发以前。书中的主义，是在陈述他对于战争因果的意见。关于国际社会主义与世界革命，尤特加注意。通体通篇，总有两事放在心头，就是世界革命与世界民主。对于德、奥的社会党，不惮厚加责言，说他们不应该牺牲自己本来的主张，协助资本家的战争，不应该背弃世界革命的信约。

以上所举，都是战争终结以前的话，德、奥社会的革命未发以前的话。到了今日，陀氏的责言，已经有了反响。威、哈二氏的评论，也算有了验证。匈、奥革命，德国革命，勃牙利革命，最近荷兰、瑞典、西班牙也有革命社会党奋起的风谣。革命的情形，和俄国大抵相同。赤色旗到处翻飞，劳工会纷纷成立，可以说完全是俄罗斯式的革命，可以说是二十世纪式的革命。像这般滔滔滚滚的潮流，实非现在资本家的政府所能防遏得住的。因为二十世纪的群众运动，是合世界人类全体为一大群众。这大群众里边的每一个人、一部分人的暗示模仿，集中而成一种伟大不可抗的社会力。这种世界的社会力，在人间一有动荡，世界各处都有风靡云涌、山鸣谷应的样子。在这世界的群众运动的中间，历史上残余的东西——什么皇帝啊，贵族啊，军阀啊，官僚啊，军国主义啊，资本主义啊——凡可以障阻这新运动的进路的，必挟雷霆万钧的力量摧拉他们。他们遇见这种不可当的潮流，都像枯黄的树叶遇见凛冽的秋风一般，一个一个的飞落在地。由今以后，到处所见的，都是Bolshevism战胜的旗。到处所闻的，都是Bolshevism的凯歌的声。人道的警钟响了！自由的曙光现了！试看将来的环球，必是赤旗的世界！

我尝说过："历史是人间普遍心理表现的记录。人间的生活，都在这大机轴中息息相关，脉脉相通。一个人的未来，和人间全体的未来相照应。一件事的朕兆，和世界全局的朕兆有关联。一七八九年法兰西的革命，不独是法兰西人心变动的表征，实是十九世纪全世界人类普遍心理变动的表征。一九一七年俄罗斯的革命，不独是俄罗斯人心变动的显兆，实是二十世纪全世界人类普遍心理变动的显兆。"俄国的革命，不过是使天下惊秋的一片桐叶罢了。Bolshevism这个字，虽为俄人所创造，但是他的精神，可是二十世纪全世界人类人人心中共同觉悟的精神。所以Bolshevism的胜利，就是二十世纪世界人类人人心中共同觉悟的新精神的胜利！

原载《新青年》第五卷第五号，1919年1月

新纪元

李大钊

新纪元来！新纪元来！

人生最有趣味的事情，就是送旧迎新，因为人类最高的欲求，是在时时创造新生活。

今日是一九一九年的新纪元，现在的时代又是人类生活中的新纪元，所以我们要欢欣庆祝。

我们今日欢祝这新纪元，不是像那小儿女们喜欢过年，喜欢那灯光照旧明，爆竹照旧响，鱼肉照旧吃，春联照旧贴，恭喜的套话照旧说，新衣新裳照旧穿戴。那样陈陈相因的生活，就过了百千万亿年，也是毫无意义，毫无趣味，毫无祝贺的价值。人类的生活，必须时时刻刻拿最大的努力，向最高的理想扩张传衍，流转无穷，把那陈旧的组织、腐滞的机能一一的扫荡摧清，别开一种新局面。这样进行的发轫，才能配称新纪元。这样的新纪元，才有祝贺的价值。一个人的一生，包含无数的新纪元，才算能完成他的崇高的生活。人类全体的历史，联结无数的新纪元，才算能贯达这人类伟大的使命。

一九一四年以来世界大战的血、一九一七年俄国革命的血、一九一八年德奥革命的血，好比作一场大洪水——诺阿以后最大的洪水——洗来洗去，洗出一个新纪元来。这个新纪元带来新生活、新文明、新世界，和

1918 年 8 月，红楼在沙滩建成，整体建筑风格朴素，外观坚实、庄重，主体色彩呈红色，故名红楼，是北京大学文科、校部、图书馆所在地。图为 1920 年的红楼。

一九一四年以前的生活、文明、世界，大不相同，仿佛隔几世纪一样。

看呵，从前讲天演进化的，都说是优胜劣败，弱肉强食，你们应该牺牲弱者的生存幸福，造成你们优胜的地位，你们应该当强者去食人，不要当弱者，当人家的肉。从今以后都晓得这话大错。知道生物的进化，不是靠着竞争，乃是靠着互助。人类若是想求生存，想享幸福，应该互相友爱，不该仗着强力互相残杀。从前研究解决人口问题的，都是说马尔查士说过，人口的增加是几何的，食物的增加是算术的，人口的增加没有限制，地球的面积只有这一定的大小，若不能自节生殖，不是酿成疾疫，就是惹起战争。这也是无可如何的事情。所以强大的国家都要靠着兵力，扩张领土；自尊的民族，也多执着人种的偏见，限制异种的工人入境。种种不公平背人道的事情，都起于这个学说。从今以后，大家都晓得生产制度如能改良，国家界线如能打破，人类都得一个机会同去做工，那些种种的悲情、穷困、疾疫、争夺，自然都可以消灭。人类的衣食，没有少数强盗的侵夺暴掠，自然也可以足用了。从前的战争靠着单纯腕力，所以皇家、贵族、军阀、地主、资本家，可以拿他们的不正势力，驱使几个好身手的武士，做他们的爪牙，造出一个特别阶级，压服那些庶民，庶民也没法子可以制裁他们，只有受他们的蹂躏。从今以后，因为现代的战争要靠着工业知识，所以那些皇家贵族等等，一旦争斗起来，非仰赖劳工阶级不可。从前欺凌他们侮辱他们，现在都来谄媚他们。夺去他们的工具，把武器授与他们。他们有了武器在手，就要

1919 年元旦，李大钊在《每周评论》第 3 号发表《新纪元》一文，指出十月革命开辟了人类历史的"新纪元"，它将"带来新生活、新文明、新世界"，中国人民应当走十月革命的道路。

掉过头来，拥护劳工的权利，攻击他们的公敌。劳工阶级有了自卫的方法，那些少数掠夺劳工剩余的强盗，都该匿迹销声了。从前在资本主义的生产制度之下，一国若想扩充他那一国中资本阶级的势力，都仗着战争把国界打破，合全世界作一个经济组织，拿他一国的资本家的政府去支配全世界。从今以后，生产制度起一种绝大的变动，劳工阶级要联合他们全世界的同胞，作一个合理的生产者的结合，去打破国界，打倒全世界资本的阶级。总同盟罢工，就是他们的武器。从前尚有几个皇帝、军阀残存在世界上，偷着做鬼祟的事情。秘密外交是他们作鬼的契约，常备兵是他们作鬼的保障。他们总是戴着一副鬼脸，你猜我忌的阴谋怎么吞并、虐待那些小的民族。虽然也曾组织过什么平和会议，什么仲裁裁判，但在那里边，仍旧去规定些杀人灭国的事情。从今以后，人心渐渐觉醒。欧洲几个先觉，在那里大声疾呼，要求人民的平和，不要皇帝，不要常备兵，不要秘密外交，要民族自决，要欧洲联邦，做世界联邦的基础。美国威总统，也主张国际大同盟。这都是差强人意的消息。这些消息，都是这新纪元的曙光。在这曙光中，多少个性的屈枉、人生的悲惨、人类的罪恶，都可望像春冰遇着烈日一般，消灭渐净。多少历史上遗留的偶像，如那皇帝、军阀、贵族、资本主义、军国主义，也都像枯叶经了秋风一样，飞落在地。这个新纪元是世界革命的新纪元，是人类觉醒的新纪元。我们在这黑暗的中国，死寂的北京，也仿佛分得那曙光的一线，好比在沉沉深夜中得一个小小的明星，照见新人生的道路。我们应该趁着这一线的光明，努力前去为人类活动，做出一点有益人类的工作。这点工作，就是贺新纪元的纪念。

1919年元旦。

原载《每周评论》第三号，1919年1月5日

二十世纪俄罗斯的革命

陈独秀

英、美两国有承认俄罗斯布尔札维克政府的消息，这事如果实行，世界大势必有大大的变动。十八世纪法兰西的政治革命、二十世纪俄罗斯的社会革命，当时的人都对着他们极口痛骂，但是后来的历史家都要把他们当做人类社会变动和进化的大关键。

原载《每周评论》第十八号，1919年4月20日

1919 年 4 月 20 日，陈独秀在《每周评论》第 18 号发表《二十世纪俄罗斯的革命》一文，指出十月革命是"人类社会变动和进化的大关键"。

民众的大联合

毛泽东

一

国家坏到了极处，人类苦到了极处，社会黑暗到了极处。补救的方法，改造的方法，教育、兴业、努力、猛进、破坏、建设，固然是不错，有为这几样根本的一个方法，就是民众的大联合。

我们竖看历史，历史上的运动不论是那一种，无不是出于一些人的联合。较大的运动，必有较大的联合。最大的运动，必有最大的联合。凡这种联合，于有一种改革或一种反抗的时候，最为显著。历来宗教的改革和反抗，学术的改革和反抗，政治的改革和反抗，社会的改革和反抗，两者必都有其大联合，胜负所分，则看他们联合的坚脆，和为这种联合基础主义的新旧或真妄为断。然都要取联合的手段，则相同。

古来各种联合，以强权者的联合，贵族的联合，资本家的联合为多。如外交上各种"同盟"协约，为国际强权者的联合。如我国的什么"北洋派""西南派"，日本的什么"萨藩""长藩"，为国内强权者的联合。如各国的政党和议院，为贵族和资本家的联合。（上院若元老院，故为贵族聚集的穴巢，下院因选举法有财产的限制，亦大半为资本家所盘踞）至若什么托辣斯（钢铁托辣斯，煤油托辣斯……）什么会社（日本邮船会社，满铁会社……）则纯然资本家的联合。到了近世，强权者、贵族、资本家的联合到了极点，因之国家也坏到了极点，人类也苦到了极点，社会也黑暗到了极点。于是乎起了改革，起了反抗，于是乎有民众的大联合。

自法兰西以民众的大联合，和王党的大联合相抗，收了"政治改革"的胜利以来，各国随之而起了许多的"政治改革"。自去年俄罗斯以民众的大联

1919 年 7 月 14 日，毛泽东主编的湖南省学联刊物《湘江评论》在长沙创刊。《湘江评论》"以宣传最新思潮为宗旨"。毛泽东为创刊号撰写创刊宣言及长短文二十余篇，对帝国主义和封建势力进行揭露和抨击。这是《湘江评论》创刊号。

合，和贵族的大联合，资本家的大联合相抗，收了"社会改革"的胜利以来，各国如匈、如奥、如捷、如德，亦随之而起了许多的社会改革。虽其胜利尚未至于完满的程度，要必可以完满，并且可以普及于世界，是想得到的。

民众的大联合，何以这么厉害呢？因为一国的民众，总比一国的贵族资本家及其他强权者要多。贵族资本家及其他强权者人数既少，所赖以维持自己的特殊利益，剥削多数平民的公共利益者，第一是知识，第二是金钱，第三是武力。从前的教育，是贵族和资本家的专利，一般平民，绝没有机会去受得。他们既独有知识，于是生出了智愚的阶级。金钱是生活的媒介，本来人人可以取得，但那些有知识的贵族和资本家，想出什么"资本集中"的种种法子，金钱就渐渐流入田主和工厂老板的手中。他们既将土地和机器、房屋，收归他们自己，叫作什么"不动的财产"。又将叫作"动的财产"的金钱，收入他们的府库（银行），于是替他们作工的千万平民，仅只有一佛朗一辨士的零星给与。做工的既然没有金钱，于是生出了贫富的阶级。贵族资本家有了知识和金钱，他们即便设军营练兵，设工厂造枪。借着"外侮"的招牌，使几十师团几百联队地招募起来。甚者更仿照抽丁的办法，发明什么"征兵制度"。于是强壮的儿子当了兵，遇着问题就抬出机关枪，去打他们懦弱的老子。我们且看去年南军在湖南败退时，不就打死了他们自己多少老子吗？贵族和资本家利用这样的妙法，平民就更不敢做声，于是生出了强弱的阶级。

可巧他们的三种法子，渐渐替平民偷着学得了多少。他们当作"枕中秘"的教科书，平民也偷着念了一点，便渐渐有了知识。金钱所从出的田地和工厂，平民早已窟宅其中，眼红资本家的舒服，他们也要染一染指。至若军营里的兵士，就是他们的儿子，或是他们的哥哥，或者是他们的丈夫。当拿着机关枪对着他们射击的时候，他们便大声地唤。这一片唤声，早使他们的枪弹，化成软泥。不觉得携手同归，反一齐化成了抵抗贵族和资本家的健将。我们且看俄罗斯的貔貅十万，忽然将惊旗易成了红旗，就可以晓得这中间有很深的道理了。

平民既已将贵族资本家的三种法子窥破，并窥破他们实行这三种是用联合的手段。又觉悟到他们的人数是那么少，我们的人数是这么多。便大大地联合起来。联合以后的行动，有一派很激烈的，就用"以其人之道，还治其人之身"的办法，同他拼命的捣蛋。这一派的首领，是一个生在德国的，叫作马克思。一派是较为温和的，不想急于见效，先以平民的了解入手。人人要有点互助的道德和自愿工作。贵族资本家，只要他回心向善能够工作，能够助人而不害人，也不必杀他；这派人的意思，更广、更深远，他们要联合地球作一国，联合人类作一家，和乐亲善——不是日本的亲善——共臻盛世。这派的首领为一个生于俄国的，叫作克鲁泡特金。

我们要知道世界上的事情，本极易为。有不易为的，便是困于历史的势力——习惯——我们倘能齐声一呼，将这个历史的势力冲破，更大大的联合，遇着我们所不以为然的，我们就列起队伍，向对抗的方面大呼。我们已经得了实验。陆荣廷的子弹，永世打不到曹汝霖等一班奸人，我们起而一呼，奸人就要站起身来发抖，就要舍命的飞跑。我们要知道别国的同胞们，是通常用这种方法，求到他们的利益。我们应该起而仿效，我们应该进行我们的大联合！

二

以小联合作基础。

上一回的本报，已说完了"民众的大联合"的可能及必要。今回且说怎样是进行大联合的办法，就是"民众的小联合"。

原来我们想要有一种大联合，以与立在我们对面的强权者害人者相抗，而求到我们的利益。就不可不有种种做他基础的小联合，我们人类本有联合的天才，就是能群的天才，能够组织社会的天才。"群"和"社会"就是我所说的"联合"。有大群，有小群，有大社会，有小社会，有大联合，有小联合，是一样的东西换却名称。所以要有群，要有社会，要有联合，是因为想要求到我们的共同利益，共同利益因为我们的境遇和职业不同，其范围也就有大小的不同。共同利益有大小的不同，于是求到共同利益的方法，（联合）也就有大小的不同。

诸君！我们是农夫，我们就要和我们种田的同类，结成一个联合，以谋我们种田人的种种利益。我们种田人的利益，是要我们种田人自己去求。别人不种田的，他和我们利益不同，决不会帮我们去求。种田的诸君！田主怎样待遇我们？租税是重是轻？我们的房子适不适？肚子饱不饱？田不少吗？村里没有没田作的人吗？这许多问题，我们应该时时去求解答。应该和我们的同类结成一个联合，切切实实彰明较著的去求解答。

诸君！我们是工人，我们要和我们做工的同类结成一个联合，以谋我们工人的种种利益。关于我们做工的各种问题，工值的多少？工时的长短？红利的均分与否？娱乐的增进与否？……均不可不求一个解答。不可不和我们的同类结成一个联合，切切实实彰明较著的去求一个解答。

诸君！我们是学生，我们好苦，教我们的先生们，待我们做寇仇，欺我们做奴隶，闭锁我们做囚犯。我们教室里的窗子那么矮小光线照不到黑板，使我们成了"近视"，桌椅太不合式，坐久了便成"脊柱弯曲症"，先生们只顾要我们多看书，我们看的真多，但我们都不懂，白费了记忆。我们眼睛花了，脑筋昏了，精血亏了，面血灰白的使我们成了"贫血症"，成了"神经衰弱症"。我们何以这么呆板？这么不活泼？这么萎缩？呵！都是先生们迫着我们不许动，不许声的原故。我们便成了"僵死症"。身体上的痛苦还次，诸君！你看我们的实验室呵！那么窄小！那么贫乏！几件坏仪器，使我们试验不得。我们的国文先生那么顽固，满嘴里"诗云""子曰"，清底却是一字不通。他们不知道现今已到了二十世纪，还迫着我们行"古礼"

1919 年 7 月，《湘江评论》连载毛泽东《民众的大联合》一文，宣传反封建的民主革命思想，指出民众大联合是改造国家、改造社会的根本方法。

守"古法"，一大堆古典式死尸式的臭文章，迫着向我们脑子里灌，我们图书室是空的，我们游戏场是秽的。国家要亡了，他们还贴着布告，禁止我们爱国，像这一次救国运动，受到他们的恩赐其多呢！咳！谁使我们的身体，精神，受摧折，不娱快？我们不联合起来，讲究我们的"自教育"，还待何时！我们已经堕在苦海，我们要讲求自救：卢梭所发明的"自教育"，正用得着。我们尽可结合同志，自己研究。咬人的先生们，不要靠他。遇着事情发生——像这回日本强权者和国内强权者的跋扈——我们就列起队伍向他们作有力的大呼。

诸君！我们是女子，我们更沉沦在苦海！我们都是人，为什么不许我们参政？我们都是人，为什么不许我们交际？我们一窟一窟的聚着，连大门都不能跨出。无耻的男子，无赖的男子，拿着我们做玩具，教我们对他长期卖淫，破坏恋爱自由的恶魔！破坏恋爱神圣的恶魔，整天的对我们围着，什么"贞操"却限于我女子，"烈女嗣"遍天下，"贞童庙"又在那里？我们中有些一窟的聚着在女子学校，教我们的又是一些无耻无赖的男子，整天说什么"贤母良妻"，无非是教我们长期卖淫专一卖淫。怕我们不受约束，更好好的加以教练，苦！苦！自由之神，你在那里，快救我们！我们于今醒了！我们要进行我们女子的联合！要扫荡一般强奸我们破坏我们身体精神自由的恶魔！

诸君，我们是小学教师，我们整天的教课，忙的真很！整天的吃粉条屑，没处可以游散舒吐。这么一个大城里的小学教师，总不下几千几百，却没有一个专为我们而设的娱乐场。我们教课，要随时长进学问，却没有一个为我们而设的研究机关。死板板的上课钟点，那么多，并没有余时，没有余力，——精神来不及！——去研究学问。于是乎我们变成了留声器，整天演唱的不外昔日先生们教给我们的真传讲义。我们肚子是饿的。月薪十元八元，还要折扣，有些校长先生，更仿照"克减军粮"的办法，将政府发下的钱，上到他们的腰包去了。我们为着没钱，我们便做了有妇的鳏夫。我和我的亲爱的妇人隔过几百里几十里的孤住着，相望着，教育学上讲的小学教师是终身事业，难道便要我们做终身的鳏夫和寡妇？教育学上原说学校应该有教员的家庭住着，才能做学生的模范，于今却是不能。我们为着没钱，便不能买书，便不能游历考察。不要说了！小学教师横直是奴隶罢了，我们要想不做奴隶，除非联结我们的同类，成功一个小学教师的联合。

诸君！我们是警察，我们也要结合我们同类，成功一个有益我们身心的联合。日本人说，最苦的是乞丐，小学教员和警察，我们也有点感觉。

诸君！我们是车夫，整天的拉得汗如雨下！车主的赁钱那么多！得到的车费这么少！何能过活，我们也有什么联合的方法么？

上面是农夫、工人、学生、女子、小学教师、警察、车夫、各色人等的一片哀声。他们受苦不过，就想成功于他们利害的各种小联合。

上面所说的小联合，像那工人的联合，还是一个很大很笼统的名目，过细说来，像下列的：

铁路工人的联合，

矿工的联合，

电报司员的联合，

电话司员的联合，

造船业工人的联合，

航业工人的联合，

五金业工人的联合，

纺织业工人的联合，

电车夫的联合，

街车夫的联合，

建筑业工人的联合……

方是最下一级小联合，西洋各国的工人，都有各行各业的小联合会，如运输工人的联合会，电车工人联合会之类，到处都有，由许多小的联合，进为一个大的联合，由许多大的联合，进为一个最大的联合。于是什么"协会"，什么"同盟"，接踵而起，因为共同利益只限于一小部分人，故所成立的为小联合，许多的小联合彼此间利益有共同之点，故可以立为大联合，像研究学问是我们学生分内的事，就组成我们研究学问的联合。像要求解放要求自由，是无论何人都有分的事，就应联合各种各色的人，组成一个大联合。

所以大联合必要从小联合入手，我们应该起而仿效别国的同胞们，我们应该多多进行我们的小联合。

<h2 style="text-align:center">三</h2>

中华"民众的大联合"的形势。

上两回的本报已说完了（一）民众大联合的可能及必要，（二）民众的大联合，以民众的小联合为始基，于今进说吾国民众的大联合我们到底有此觉悟么？有此动机么？有此能力么？可得成功么？

（一）我们对于吾国"民众的大联合"到底有此觉悟么？辛亥革命，似乎是一种民众的联合，其实不然。辛亥革命乃留学生的发踪指示，哥老会的摇旗唤呐，新军和巡防营一些丘八的张弩拔剑所造成的，与我们民众的大多数毫没关系。我们虽赞成他们的主义，却不曾活动。他们也用不着我们活动。然而我们却有一层觉悟。知道圣文神武的皇帝，也是可以倒去的。大逆不道的民主，也是可以建设的。我们有话要说，有事要做，是无论何时可以说可以做的。辛亥而后，到了丙辰，我们又打倒了一次洪宪皇帝。虽然仍是少数所干，我们却又觉悟那么威风凛凛的洪宪皇帝，原也是可以打得倒的。

及到近年，发生南北战争，和世界战争，可就更不同了，南北战争结果，官僚、武人、政客，是害我们，毒我们，剥削我们，越发得了铁证。世界战争的结果，各国的民众，为着生活痛苦问题，突然起了许多活动。俄罗斯打倒贵族，驱逐富人，劳农两界合立了委办政府，红旗军东驰西突，扫荡了多少敌人，协约国为之改容，全世界为之震动。匈牙利崛起，布达佩斯又出现了崭新的劳农政府。德人奥人捷克人和之，出死力以与其国内的敌党搏战。怒涛西迈，转而东行，英法意美既演了多少的大罢工，印度朝鲜又起了若干的大革命，异军特起，更有中华长城渤海之间，发生了"五四"运动。旌旗南向，过黄河而到长江、黄浦汉皋，屡演活剧，洞庭闽水，更起高潮。天地为之昭苏，奸邪为之辟易。咳！我们知道了！我们醒觉了！天下者我们的天下。国家者我们的国家。社会者我们的社会。我们不说，谁说？我们不干，谁干？刻不容缓的民众大联合，我们应该积极进行！

（二）吾国民众的大联合业已有此动机么？此间我直答之曰"有"。诸君不信，听我道来——

溯源吾国民众的联合，应推清末谘议局的设立，和革命党——同盟会——的组成。有谘议局乃有各省谘议局联盟请愿早开国会一举。有革命党乃有号召海内外起兵排满的一举。辛亥革命，乃革命党和谘议局合演的一出"痛饮黄龙"。其后革命党化成了国民党，谘议局化成了进步党，是为吾中华民族有政党之始。自此以后，民国建立，中央召集了国会，各省亦召集省议会，此时各省更成立三种团体，一为省教育会，一为省商会，一为省农会（有数省有省工会。数省则合于农会，像湖南）。同时各县也设立县教育会，县商会，县农会（有些县无）。此为很固定很有力的一种团结。其余各方面依其情势地位而组设的各种团体，像

各学校里的校友会，

族居外埠的同乡会，

在外国的留学生总会、分会，

上海日报公会，

环球中国学生会，

北京及上海欧美同学会，

北京华法教育会。

各种学会（像强学会，广学会，南学会，尚志学会，中华职业教育社，中华科学社，亚洲文明协会……），各种同业会（工商界各行各业，像银行公会，米业公会……），各学校里的研究会（像北京大学的画法研究会，哲学研究会……有几十种），各种俱乐部……

都是近来因政治开放，思想开放的产物，独夫政治时代所决不准有不能有的，上列各种，都很单纯，相当于上回本报所说的"小联合"。最近因政治

青年毛泽东工作过的北京大学图书馆第二阅览室照片。

的纷乱，外患的压迫，更加增了觉悟，于是竟有了大联合的动机。像什么

全国教育会联合会，

全国商会联合会，

广州的七十二行公会，

上海的五十公团联合会，

商学工报联合会，

全国报界联合会，

全国和平期成会，

全国和平联合会，

北京中法协会，

国民外交协会，

湖南善后协会（在上海），

山东协会（在上海），

北京上海及各省各埠的学生联合会，

各界联合会，全国学生联合会……

都是，各种的会、社、部、协会、联合会，固然不免有许多非民众的"绅士""政客"在里面（像国会，省议会，省教育会，省农会，全国和平期成会，全国和平联合会等，乃完全的绅士会，或政客会），然而各行各业的公会，各种学会、研究会等，则纯粹平民及学者的会集。至最近产出的学生联合会、各界联合会等，则更纯然为对付国内外强权者而起的一种民众的联合，我以为中华民众的大联合的动机，实伏于此。

（三）我们对于进行吾国"民众的大联合"果有此能力么？果可得成功么？谈到能力，可就要发生疑问了。原来我国人只知道各营最不合算最没出息的私利，做商的不知设立公司，做工的不知设立工党，做学问的只知闭门

造车的老办法，不知同共的研究。大规模有组织的事业，我国人简直不能过问。政治的办不好，不消说，邮政和盐务有点成绩，就是倚靠了洋人。海禁开了这久，还没一头走欧洲的小船，全国唯一的"招商局"和"汉冶萍"，还是每年亏本，亏本不了，就招入外股。凡是被外人管理的铁路、清洁、设备、用人都要好些。铁路一被交通部管理，便要糟糕。坐京汉、津浦、武长过身的人，没有不嗤着鼻子咬着牙齿的！其余像学校办不好，自治办不好，乃至一个家庭也办不好，一个身子也办不好，"一丘之貉""千篇一律"的是如此。好容易谈到民众的大联合？好容易和根深蒂固的强权者相抗？

虽然如此，却不是我们根本的没能力，我们没能力，有其原因，就是"我们没练习"。

原来中华民族，几万万人从几千年来，都是干着奴隶的生活，只有一个非奴隶的是"皇帝"（或曰皇帝也是"天"的奴隶），皇帝当家的时候，是不准我们练习能力的。政治、学术、社会等等，都是不准我们有思想，有组织，有练习的。

于今却不同了，种种方面都要解放了，思想的解放，政治的解放，经济的解放，男女的解放，教育的解放，都要从九重冤狱，求见青天。我们中华民族原有伟大的能力！压迫愈深，反动愈大，蓄之既久，其发必速，我敢说一怪话，他日中华民族的改革，将较任何民族为彻底，中华民族的社会，将较任何民族为光明。中华民族的大联合，将较任何地域任何民族而先告成功。诸君！诸君！我们总要努力！我们总要拼命向前！我们黄金的世界，光荣灿烂的世界，就在面前！

原载《湘江评论》第二、三、四号，1919年7月21日、7月28日、8月4日

再论问题与主义

李大钊

适之先生：

我出京的时候，读了先生在本报31号发表的那篇论文，题目是"多研究些问题，少谈些主义！"就发生了一些感想。其中有的或可与先生

1919年7月，胡适在《每周评论》发表《多研究些问题，少谈些"主义"！》，宣扬改良主义，认为马克思主义者关于中国问题要"根本解决"的主张，是"自欺欺人的梦话"。

的主张互相发明，有的是我们对社会的告白。现在把他一一写出，请先生指正！

一、"主义"与"问题"

我觉得"问题"与"主义"，有不能十分分离的关系。因为一个社会问题的解决，必须靠着社会上多数人共同的运动。那么我们要想解决一个问题，应该设法使他成了社会上多数人共同的问题。要想使一个社会问题，成了社会上多数人共同的问题，应和使这社会上可以共同解决这个那个社会问题的多数人，先有一个共同趋向的理想、主义，作他们实验自己生活上满意不满意的尺度（即是一种工具）。那共同感觉生活上不满意的实事，才能一个一个的成了社会问题，才有解决的希望。不然，你尽管研究你的社会问题，社会上多数人，却一点不生关系。那个社会问题，是仍然永没有解决的希望；那个社会问题的研究，也仍然是不能影响于实际。所以我们的社会运动，一方面固然要研究实际的问题，一方面也要宣传理想的主义。这是交相为用的，这是并行不悖的。不过谈主义的人，高谈却没有什么不可，也须求一个实验，无论失败与成功，在人类的精神里，终能留下个很大的痕影，永久不能消灭。从前信奉英国的Owen（罗伯特·欧文，空想社会主义者，编者注）的主义的人，和信奉法国Fourier（查尔斯·傅立叶，空想社会主义者，编者注）的主义的人，在美洲新大陆上都组织过一种新村落、新团体。最近日本武者小路氏等，在那日向地方，也组织了一个"新村"。这都是世人指为空想家的实验，都是他们的实际运动中最有兴味的事实，都是他们同志中的有志者或继承者集合起来组织一个团体在那里实现他们所理想的社会组织，作一个关于理想社会的标本，使一般人由此知道这新社会的生活可以希望，以求实现世界的改造的计划。Owen派与Fourier派在美洲的运动，虽然因为离开了多数人民去传播他们的理想，就象在那有深厚土壤的地方撒布种子的一样，归于失败了，而 Noeycs 作"美国社会主义史"却批评他们说，Owen 主义的新村落，Fourier 主义的新团结，差不多生下来就死掉了。现在人都把他们忘了。可是社会主义的精神，永远存留在国民生命之中。如今在几百万不曾参加他们的实验生活，又不是 Owen 主义者，又不是 Fourier 主义者，只是没有理论的社会主义者，只信社会有科学的及道德的改造的可能的人人中，还有方在待晓的一希望犹尚俨存。这日向的"新村"，有许多点象那在美洲新大陆上已成旧梦的新村。而日本的学者及社会，却很注意。河上肇博士说："他们的企图中，所含的社会的改造的精神，也可以作方在待晓的一个希望，永存在人人心中。"最近本社仲密先生自日本来信也说："此次东行，在日向颇觉愉快。"可见就是这种高谈的理想，只要能寻一个地方去实验，不把他作了纸上的空谈，也能发生些工具的效用，也会在人类社会中有了相当的价值。不论高揭什么主义，只要你肯竭力向实际运动的方面努力去做，都是对的，都是有效果的。这一点我的意见稍与先生不同。但也承认我们最近发表的言论，偏于纸上空谈的多，涉及实际问题的少，以后誓向实际的方面去作。这是读先生那篇论文后发生的觉悟。

大凡一个主义，都有理思与实用两面的。例如民主主义的理想，不论在那一国，大致都很相同。把这个理想适用到实际的政治上去，那就因时、因所、因事的性质情形，有些不同。社会主义，亦复如是。他那互相友谊的精神，不论是科学派、空想派，都拿他来做基础。把这个精神适用到实际的方向上去，又都不同。我们只要把这个的主义，拿来作工具，用以为实际的运动，他会因时、因所、因事的性质情形，生一种适用环境的变化。在清朝时，我们可用民主主义作工具去推翻爱新觉罗家的皇统。在今日，我们也可用他作工具，去推翻那军阀的势力。在别的资本主义盛行的国家，他们可以用社会主义作工具去打倒资本阶级。在我们这不事生产的官僚强盗横行的国家，我们也可用他作工具，去驱除这一般不劳而生的官僚强盗。一个社会主义者，为使他的主义在世界上发生一些影响，必须要研究怎么可以把他的理想尽量应用于环绕着他的实境。所以现在的社会主义，包含着许多把他们的精神变作实际的形势，使合于现在需要的企图。这可以证明主义的本性，原有适应实际的可能性，不过被专事空谈的人用了，就变成空的罢了。那么，先生所说主义危险，只怕不是主义的本身带来的，是空谈他人给他的。

针对胡适的观点，李大钊于 1919 年 8 月撰写《再论问题与主义》进行反驳，初步地表述了马克思主义的一般原理必须与本国的实际相结合，并在这个结合的过程中得到发展的思想。这是《每周评论》第 35 号刊登的《再论问题与主义》。

二、假冒牌号的危险

一个学者一旦成名，他的著作恒至不为人读，而其学说却如通货一样，因为不断的流通传播，渐渐磨灭，乃至发行人的形象、印章，都难分清。亚丹斯密史留下了一部书，人人都称赞他，却没有人读他。马查士留下了一部书，没有一个人读他，大家却都来滥用他，英人邦纳（Bonar）氏早已发过这种感慨。况在今日群众运动的时代，这个主义，那个主义多半是群众运动的隐语、旗帜，多半带着些招牌的性质。既然带着招牌的性质，就难免招假冒牌号的危险。王麻子的刀剪，得了群众的赞许，就有旺麻子来混他的招牌，王正大的茶叶，得了群众的照顾，就有汪正大混他的招牌。今日社会主义的名辞，很在社会上流行，就有安福派的社会主义，跟着发现。这种假冒招牌的现象，讨厌诚然讨厌，危险诚然危险，淆乱真实也诚然淆乱真实。可是这种现象，正如中山先生所云：新开荒的时候，有些杂草毒草，夹在善良的谷物花草里长出，也是当然应有的现象。王麻子不能因为旺麻子等也来卖刀剪，就闭了他的剪铺。王正大不能因为汪正大等也来贩茶叶，就歇了他的茶庄。开荒的人，不能因为长了杂草毒草，就并善良的谷物花草一齐都收拾了。我们又何能因为安福派来讲社会主义，就停止了我们正义的宣传！因为有了假冒牌号的人，我们越发应该，一面宣传我们的主义，一面就种种问题研究实用的方向，好去本着主义作实际的运动，免得阿猫、阿狗、鹦鹉、留声机来混我们骗大家。

三、所谓过激主义

《新青年》和《每周评论》的同人，谈俄国的布尔札维主义的议论很少。仲甫先生和先生等的思想运动、文学运动，据日本"日日新闻"的批评，且说是支那民主主义的正统思想。一方要与旧式的顽迷思想奋战，一方要防遏俄国布尔札维主义的潮流。我可以自白，我是喜欢谈谈布尔札维主义的。当那举世若狂庆祝协约国战胜的时候，我就作了一篇"Bolshevism 的胜利"的论文，登在《新青年》上。当时听说孟和先生因为对于布尔札维克不满意，对于我的对于布尔札维克的态度也很不满意（孟和先生欧游归来，思想有无变动，此时不敢断定）。或者因为我这篇论文，给《新青年》的同人惹出了麻烦，仲甫先生今犹幽闭狱中，而先生又横被过激党的诬名，这真是我的罪过了。不过我总觉得布尔札维主义的流行，实在是世界文化上的一大变动。我们应该研究他，介绍他，把他的真象昭布在人类社会，不可一味听信人家为他们造的谣言，就拿凶暴残忍的话抹煞他们的一切。所以一听人说他们实行"妇女国有"，就接情理断定是人家给他们造的谣言。后来看见美国"NewRepubLic"（美国《新共和》杂志，1914 年创刊，编者注）登出此事的原委，知道这话果然是种谣言，原是布尔札维克政府，给俄国某城的无政府党人造的。以后展转传讹，人又给他们加上了。最近有了慰慈先生在本报发表的俄国的新宪法、土地法、婚姻法等几篇论文，很可以供我们研究俄事的参考，更可以证明妇女国有的话，全然无根了。后来又听人说，他们把克鲁泡脱金氏枪毙了，又疑这话也是谣言。据近来欧美各报消息，克氏在莫斯科附近安然无恙。在我们这盲目的社会，他们那里知道 Bolshevism 是什么东西，这个名辞怎解释！不过因为迷信资本主义、军国主义的日本人把他译作过激主义，他们看"过激"这两个字很带些危险，所以顺手拿来，乱给人戴。看见先生们的文学改革论，激烈一点，他们就说先生是过激党。看见章太炎、孙伯兰的政治论，激烈一点，他们又说这两位先生是过激党。这个口吻是根据我从四千年先圣先贤道统的薪传。那"杨子为我，是无君也。墨子兼爱，是无父也。无父无君，是禽兽也"的逻辑，就是他们唯一的经典。现在就没有"过激党"这个新名辞，他们也不难把那旧武器拿出来攻击我们。

什么，"邪说异端"哪，也都可以给我们随便戴上。若说这是谈主义的不是，我们就谈贞操问题，他们又来说我们主张处女应该与人私通。我们译了一篇社会问题的小说，他们又来说我们提倡私生子可以杀他父母。在这种浅薄无知的社会里，发言论事，简直的是万难，东也不是，西也不是。我们惟有一面认定我们的主义，用他作材料，作工具，以为实际的运动；一面宣传我们的主义，使社会上多数人都能用他作材料，作工具，以解决具体的社会问题。那些猫、狗、鹦鹉、留声机，尽管任他们在旁边乱响；过激主义哪，洪水猛兽哪，邪说异端哪，尽管任他们乱给我们作头衔，那有闲工夫去理他！

四、根本解决

"根本解决"这个话，很容易使人闭却了现在不去努力，这实在是一个危险。但这也不可一概而论。若在有组织的生机的社会，一切机能都很敏活，只要你有一个工具，就有你使用他的机会，马上就可以用这工具作起工来。若在没有组织没有生机的社会，一切机能，都已闭止，任你有什么工具，都没有你使用他作工的机会。这个时候，恐怕必须有一个根本解决，才有把一个一个的具体问题都解决了的希望。就以俄国而论，罗曼诺夫王家没有颠覆，经济组织没有改造以前，一切问题，丝毫不能解决。今则全部解决了。依马克思的唯物史观，社会上法律、政治、伦理等精神的构造，都是表面的构造。他的下面，有经济的构造作他们一切的基础。经济组织一有变动，他们都跟着变动。换一句话说，就是经济问题的解决。经济问题一旦解决，什么政治问题、法律问题、家族制问题、子女解放问题、工人解放问题，都可以解决。可是专取这唯物史观（又称历史的唯物主义）的第一说，只信这经济的变动是必然的，是不能免的，而于他的第二说，就是阶级竞争说，了不注意，丝毫不去用这个学理作工具，为工人联合的实际运动，那经

"问题与主义"之争扩大了马克思主义的影响，对推动人们进一步探索如何改造中国社会起到了积极作用。图为李大钊与胡适等在北京卧佛寺合影（左起：蒋梦麟、蔡元培、胡适、李大钊）。

济的革命，恐怕永远不能实现，就能实现，也不知迟了多少时期。有许多马克思派的社会主义者，很吃了这个观念的亏。天天只是在群众里传布那集产制必然的降临的福音，结果除去等着集产必然的家熟以外，一点的预备也没有作，这实在是在各国社会党遭了很大危机的主要原因。我们应该承认：遇着时机，因着情形，或须取一个根本解决的方法，而在根本解决以前，还须有相当的准备活动才是。

以上拉杂写来，有的和先生的意见完全相同，有的稍相差异，已经占了很多的篇幅了。如有未当，请赐指教。以后再谈吧。

李大钊，寄自昌黎五峰。

原载《每周评论》第三十五号，1919年8月17日

我的马克思主义观

李大钊

一

　　一个德国人说过，五十岁以下的人说他能了解马克思的学说，定是欺人之谈。因为马克思的书卷帙浩繁，学理深晦。他那名著《资本论》三卷，合计二千一百三十五页，其中第一卷是马氏生存时刊行的，第二第三两卷是马氏死后他的朋友昂格思替他刊行的。这第一卷和二三两卷中间，难免有些冲突矛盾的地方，马氏的书本来难解，添上这一层越发难解了。加以他的遗著未曾刊行的还有很多；拼上半生的工夫来研究马克思，也不过仅能就他已刊的著书中，把他反复陈述的主张，得个要领，究不能算是完全了解"马克思主义"的。我平素对于马氏的学说没有什么研究，今天硬想谈"马克思主义"已经是僭越的很。但自俄国革命以来，"马克思主义"几有风靡世界的势子，德奥匈诸国的社会革命相继而起，也都是奉"马克思主义"为正宗。"马克思主义"既然随着这世界的大变动，惹动了世人的注意，自然也招了很多的误解。我们对于"马克思主义"的研究，虽然极其贫弱；而自一九一八年马克思诞生百年纪念以来，各国学者研究他的兴味复活，批评介绍他的很多。我们把这些零碎的资料，稍加整理，乘本志出"马克思研究号"的机会，把他转介绍于读者，使这为世界改造原动的学说，在我们的思辨中，有点正确的

我的馬克思主義觀（上）

李大釗

（一）

一個德國人說過五十歲以下的人說他能了解馬克思的學說定是欺人之談。因為馬克思的書卷帙浩繁學理深晦他那名著『資本論』三卷合計二千一百三十五頁其中第一卷是馬民生存時刊行的這第一第二第三兩卷是馬氏死後他的朋友昂格思替他刊行的這第二三兩卷中間難免有些衝突矛盾的地方；馬氏的書本來難解添上這一層越發難解了。加以他的遺著未曾刊行的還有很多，把他反復陳述的主張得個要領究過他能就他已刊的著書中間把上牛生的工夫來研究馬克思也不不能算是完全了解『馬克思主義』的我平系對於馬氏的學說沒有什麼研究今天硬想談『馬克思主義』已經是僭越的很但自俄國革命以來今天硬想談『馬克思主義』幾有風靡世界的勢子。恩奧何蕭國的社會革命相繼而起也都是奉『馬克思主義』為正宗。『馬克思主義』既然隨着這世界的大變動惹動了世人的注意自然也招了很多的誤解我们對於『馬克思主義』

的研究雖然極其貧弱；而自一九一八年馬克思誕生百年紀念以來各國學者研究他的興味復活批評介紹他的狠多我們把這些零碎的資料稍加整理乘本志出『馬克思研究號』的機會把他轉介紹於讀者使這為世界改造原動的學說在我們的思辨中有點訁陋有誤解馬克思學說的地方親愛的讀者肯賜以指正那是作者所最希望的。

（二）

我於評述『馬克思主義』以前先把『馬克思主義』在經濟思想史上占何的地位略說一說。

由經濟思想史上觀察經濟學的派別可分為三大系就是個人主義經濟學社會主義經濟學與人道主義經濟學

個人主義經濟學也可以叫作資本主義經濟學三系中以此為最古萊原富的亞丹斯密 Adam Smith 是這一系的始祖亞丹斯密以下若馬賫士 Malthus 李嘉圖 Ricardo 詹姆士彌勒 James Mill 等都屬於這一系把這一系的經濟學發揮光大就成了正系的經濟學普通稱為正統學派因為這

五二一

1919 年 9 月、11 月，李大钊在《新青年》第 6 卷第 5 号、第 6 号上发表的《我的马克思主义观》。该文系统介绍了马克思主义的唯物史观、政治经济学和科学社会主义的基本原理，充分肯定了马克思主义的历史地位。该文的发表，表明李大钊完成从民主主义者向马克思主义者的转变，标志着马克思主义在中国进入比较系统的传播阶段。

解释，吾信这也不是绝无裨益的事。万一因为作者的知能谫陋，有误解马氏学说的地方，亲爱的读者肯赐以指正，那是作者所最希望的。

二

我于评述"马克思主义"以前，先把"马克思主义"在经济思想史上占若何的地位，略说一说。

由经济思想史上观察经济学的派别，可分为三大系，就是个人主义经济学、社会主义经济学与人道主义经济学。

个人主义经济学，也可以叫作资本主义经济学。三系中以此为最古。著《原富》的亚丹斯密（Adam Smith）是这一系的鼻祖。亚丹斯密以下，若马查士（Malthus）、李嘉图（Ricardo）、杰慕士穆勒（James Mill）等，都属于这一系。把这一系的经济学发挥光大，就成了正系的经济学，普通称为正统学派。因为这个学派是在模范的资本家国的英国成立的，所以英国以外的学者也称他为英国学派。这个学派的根本思想是承认现在的经济组织为是；并且承认在此经济组织内，各个人利己的活动为是。他们以为现在的经济组织，就是个人营利主义的组织，是最巧最妙最经济不过的组织。从生产一面讲，各人为自己的利益，自由以营经济的活动，自然努力以致自己的利益于最大的程度。其结果：社会全体的利益不期增而自增。譬如各人所有的资本，自然都知道把他由利益较少的事业，移到利益较多的事业上去。社会全体的资本，自然也都舍了那利益较少的事业，投到利益较多的事业上去。所以用不着什么政治家的干涉，自由竞争的结果，社会上资本的全量自然都利用到社会全体最有利的方面去。而事业家为使他自己的利益达于最大的程度，自然努力以使他自己制品全体的价增大，努力以求其商品全体的卖出额换回很多的价来。社会全体的富是积个人的富而成的。个人不断的为增加自己的富去努力：你这样作，他也这样作，那社会全体的富也不期增而日增了。再从消费一面讲，我们日用的一切物品，都不是在自己家内生产的，都是人家各自为营利、为商卖而生产的。自己要得一种物品：米、盐、酱、醋，乃至布匹、伞、屐、新闻、杂志之属，都不是空手向人家讨得来的；依今日的经济组织，都是各人把物卖钱，各人拿钱买货。各人按着自己最方便的法子去活动，比较着旁人为自己代谋代办，亲切的多，方便的多，经济的多。总而言之，他们对于今日以各人自由求各自利益为原则的经济组织，很满足，很以为妥当。他们主张维持他，不主张改造他。这是个人主义经济学。也就是以资本为本位，以资本家为本位的经济学。

以上所述个人主义经济学，有二个要点。其一是承认现在的经济组织为是；其二是承认在这经济组织内，各个人利己的活动为是。社会主义经济学正反对他那第一点。人道主义经济学正反对他那第二点。人道主义经济学者以为，无论经济组织改造到怎么好的地步，人心不改造仍是现在这样的贪私无厌，社会仍是没有改善的希望；于是否认经济上个人利己的活动，欲以爱他的动机代那利己的动机；不置重于经济组织改造的一方面，而置重于改造在那组织下活动的各个人的动机。社会主义经济学者以为现代经济上社会上发生了种种弊害，都是现在经济组织不良的缘故：经济组织一经改造，一切精神上的现象都跟着改造；于是否认现在的经济组织，而主张根本改造。人道主义经济学者持人心改造论，故其目的在道德的革命。社会主义经济学者持组织改造论，故其目的在社会的革命。这两系都是反对个人主义经济学的，但人道主义者同时为社会主义者的也有。

现在世界改造的机运，已经从俄、德诸国闪出了一道曙光。从前经济学的正统，是在个人主义。现在社会主义、人道主义的经济学，将要取此正统的位系，而代个人主义以起了。从前的经济学，是以资本为本位、以资本

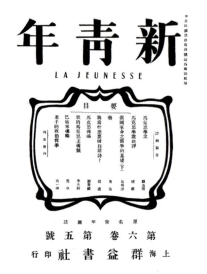

《新青年》第6卷第5号由李大钊负责组织编辑，他决定集中刊登介绍马克思和马克思主义的文章，出版一期马克思研究专号，介绍俄国十月革命，宣传马克思主义。图为《新青年》第6卷第5号封面及目录。

家为本位。以后的经济学，要以劳动为本位，以劳动者为本位了。这正是个人主义向社会主义、人道主义过渡的时代。

马克思是社会主义经济学的学祖，现在正是社会主义经济学改造世界的新纪元，"马克思主义"在经济思想史上的地位如何重要，也就可以知道了。

本来社会主义的历史并非自马氏始的，马氏以前也很有些有名的社会主义者，不过他们的主张，不是偏于感情，就是涉于空想，未能造成一个科学的理论与统系。至于马氏才用科学的论式，把社会主义的经济组织的可能性与必然性，证明与从来的个人主义经济学截然分立，而别树一帜；社会主义经济学才成一个独立的系统，故社会主义经济学的鼻祖不能不推马克思。

三

"马克思主义"在经济思想史上的价值，既如上述，我当更进而就他的学说的体系略为大体的分析，以便研究。

马氏社会主义的理论，可大别为三部：一为关于过去的理论，就是他的历史论，也称社会组织进化论；二为关于现在的理论，就是他的经济论，也称资本主义的经济论；三为关于将来的理论，就是他的政策论，也称社会主义运动论，就是社会民主主义。离了他的特有的史观，去考他的社会主义，简直的是不可能。因为他根据他的史观，确定社会组织是由如何的根本原因变化而来的；然后根据这个确定的原理，以观察现在的经济状态；就把资本主义的经济组织，为分析的解剖的研究，预言现在资本主义的组织不久必移入社会主义的组织，是必然的运命；然后更根据这个预见，断定实现社会主义的手段、方法仍在最后的阶级竞争。他这三部理论，都有不可分的关系，而阶级竞争说恰如一条金线，把这三大原理从根本上联络起来。所以他的唯物史观说："既往的历史都是阶级竞争的历史。"他的资本论也是首尾一贯的根据那"在今日社会组织下的资本阶级与工人阶级，被放在不得不仇视、不得不冲突的关系上"的思想立论。关于实际运动的手段，他也是主张除了诉于最后的阶级竞争，没有第二个再好的方法。为研究上便利起见，就他的学说各方面分别观察，大概如此。其实他的学说是完全自成一个有机的有系统的组织，都有不能分离不容割裂的关系。

四

请先论唯物史观。

唯物史观也称历史的唯物主义。他在社会学上曾经，并且正在表现一种理想的运动，与前世纪初，在生物学上发现过的运动，有些相类。在那个时候是用以说明各种形态学上的特征、关系的重要，志在得一个种的自然分类，与关于生物学上有机体生活现象更广的知识。这种运动既经指出那内部最深的构造，比外部明显的建造，若何重要。唯物史观就站起来反抗那些历史家与历史哲学家，把他们多年所推崇为非常重要的外部的社会构造，都列于第二的次序；而那久经历史家辈蔑视、认为卑微暧昧的现象的，历史的唯物论者却认为于研究这很复杂的社会生活全部的构造与进化，有莫大的价值。

历史的唯物论者观察社会现象，以经济现象为最重要；因为历史上物质的要件中，变化发达最甚的，算是经济现象。故经济的要件是历史上唯一的物质的要件。自己不能变化的，也不能使别的现象变化。其他一切非经济的物质的要件，如人种的要件、地理的要件等等，本来变化很少，因之及于社会现象的影响也很小；但于他那最少的变化范围内，多少也能与人类社会的行程以影响。在原始未开时代的社会，人类所用的劳作工具，极其粗笨，几乎完全受制于自然。而在新发见的地方，向来没有什么意味的地理特征，也成了非常重大的条件。所以历史的唯物论者，于那些经济以外的一切物质的条件，也认他于人类社会有意义、有影响。不过因为他的影响甚微，而且随着人类的进化日益减退，结局只把他们看作经济的要件的支流罢了。因为这个缘故，有许多人主张改称唯物史观为经济史观。

唯物史观，也不是由马氏创的。自孔道西（Condorcet）依着器械论的典型，想把历史作成一科学，而期发见出一普遍的力，把那变幻无极的历史现象，一以贯之，已竟开了唯物史观的端绪。故孔道西算是唯物史观的开创者。至桑西门（Saint Simon）把经济的要素比精神的要素看得更重。十八世纪时有一种想像说，说法兰西历史的内容不过是佛兰坎人与加利亚人间的人种竞争；他受了此说的影响，谓最近数世纪间的法国历史不外封建制度与产业的竞争，其争以大革命期达于绝顶；而产业初与君国制联合，以固专制的基础，基础既成又扑灭王国制；产业的进步是历史的决定条件，科学的进步又为补助他的条件。Thierry（梯叶里，法国历史学家，编者注）、Mignet（米涅，法国历史学家，编者注）及 Guizot（基佐，法国政治活动家、历史学家，编者注）辈继起，袭桑西门氏的见解，谓一时代的理想教义宪法等，毕竟不外当时经济情形的反映；关于所有权的法制，是尤其重要的。蒲鲁东亦以国民经济为解释历史的钥匙，信前者为因，后者为果。至于马氏用他特有的理论，把从前历史的唯物论者不能解释的地方，与以创见的说明，遂以造成马氏特有的唯物史观，而于从前的唯物史观有伟大的功绩。

唯物史观的要领，在认经济的构造对于其他社会学上的现象，是最重要的；更认经济现象的进路，是有不可抗性的。经济现象虽用他自己的模型，制定形成全社会的表面构造（如法律、政治、伦理，及种种理想上、精神上的现象都是），但这些构造中的哪一个也不能影响他一点。受人类意思的影响，在他是永远不能的。就是人类的综合意思，也没有这么大的力量。

就是法律，他是人类的综合意思中最直接的表示，也只能受经济现象的影响，不能与丝毫的影响于经济现象。换言之，就是经济现象只能由他一面与其他社会现象以影响，而不能与其他社会现象发生相互的影响，或单受别的社会现象的影响。

经济构造是社会的基础构造，全社会的表面构造都依着他迁移变化。但这经济构造的本身，又按他每个进化的程级，为他那最高动因的连续体式所决定。这最高动因，依其性质，必须不断的变迁，必然的与社会的经济的进化以诱导。

这最高动因究为何物，却又因人而异。Loria（洛里亚，意大

李大钊在北大任教期间撰写的《唯物史观》讲义。

利政治经济学家，编者注）所认为最高动因的，是人口的稠庶。人口不断的增加，曾经决定过去四个联续的根本状态：就是集合，奴隶所有，奴仆（Servile），佣工。以后将次发生的现象，也该由此决定。马克思则以"物质的生产力"为最高动因：由家庭经济变为资本家的经济，由小产业制变为工场组织制，就是由生产力的变动而决定的。其他学者所认为最高动因的，又为他物。但他们有一个根本相同的论点，就是：经济的构造，依他内部的势力自己进化，渐于适应的状态中，变更全社会的表面构造；此等表面构造，无论用何方法，不能影响到他这一方面，就是这表面构造中最重要的法律，也不能与他以丝毫的影响。

有许多事实，可以证明这种观察事物的方法是合理的。我们晓得有许多法律，在经济现象的面前，暴露出来他的无能。十七八世纪间那些维持商业平准，奖励金块输入的商法，与那最近英国禁遏脱拉斯（Trust）的法律，都归无效，就是法律的力量不能加影响于经济趋势的明证。也有些法律，当初即没有力量与经济现象竞争，而后来他所适用的范围却自一点一点的减缩，至于乌有。这全是经济现象所自致的迁移，无与于法律的影响。例如欧洲中世纪时禁抑暴利的法律，最初就无力与那高利率的经济现象竞争。后来到了利润自然低落，钱利也跟着自然低落的时候，他还继续存在，但他始终没有一点效果。他虽然形式上在些时候维持他的存在，实际上久已无用，久已成为废物。他的存在全是法律上的惰性，只足以证明法律现象远追不上他所欲限制的经济现象，却只在他的脚后一步一步的走，结局惟有服从而已。潜深的社会变动，惟依他自身可以产生，法律是无从与知的。当罗马帝国衰颓时代，一方面，呈出奴隶缺乏、奴价腾贵的现象，一方面那一大部分很多而且必要的寄生阶级，造成一个自由民与新自由民的无产阶级。他们的贫困，日益加甚，自然渐由农业上的奴仆劳动、工业上的佣工劳动，生出来奴隶制度的代替，因为这两种劳动全于经济上有很多的便利。若是把废奴的事业全委之于当时的基督教人类同胞主义的理想，那是绝无效果的。十八世纪间，英人曾标榜过一种高尚的人道主义的宗教。到了资本家经济上需要奴隶的时候，他们却把奴制输入到美洲殖民地，并且设法维持他。这类的事例不胜枚举，要皆足以证明法律现象只能随着经济现象走，不能越过他，不能加他以限制，不能与他以影响。而欲以法律现象奖励或禁遏一种经济现象的，都没有一点效果。那社会的表面构造中最重要的法律尚且如此，其他如综合的理想等等，更不能与经济现象抗衡。

五

迄兹所陈是历史的唯物论者共同一致的论旨。今当更进而述马氏独特的唯物史观。

马氏的经济论，因有他的名著《资本论》详为阐发，所以人都知道他的社会主义系根据于一定的经济论的。至于他的唯物史观，因为没有专书论这个问题，所以人都不甚注意。他的《资本论》，虽然彻头彻尾以他那特有的历史观作基础，而却不见有理论的揭出他的历史观的地方。他那历史观的纲要，稍见于一八四七年公刊的《哲学的贫困》及一八四八年公布的《共产者宣言》。而以一定的公式表出他的历史观，还在那一八五九年他作的那《经济学批评》的序文中。现在把这几样著作里包含他那历史观的主要部分，节译于下，以供研究的资料。

1. 见于《哲学的贫困》中的：

"经济学者蒲鲁东氏，把人类在一定的生产关系之下制造罗纱麻布绢布的事情，理解的极其明瞭。可是这一定的社会关系，也和罗纱麻布等一样，是人类的生产物，他还没有理解。社会关系与生产力有密切的连络。人类随着获得新生产力，变化其生产方法；又随着变化生产方法——随着变化他们得生活资料的方法——他们全变化他们的社会关系。手臼造出有封建诸侯的社会。蒸汽制粉机造出有产业的资本家的社会。而这样顺应他们的物质的生产方法，以建设其社会关系的人类，同时又顺应他们的社会关系，以作出其主义、思想、范畴。"

2. 见于《共产者宣言》中的：

"凡以前存在的社会的历史都是阶级竞争的历史。希腊的自由民与奴隶，罗马的贵族与平民，中世的领主与农奴，同业组合的主人与职工，简单的说，就是压制者与被压制者，自古以来，常相反目，而续行或隐然，或公然，不断的争斗总是以全社会革命的变革，或以相争两阶级的共倒，结局的一切争斗。"

"试翻昔时的历史，社会全被区别为种种身分者，社会的地位有多样的等差；这类现象我们殆到处可以发见。在古代罗马则有贵族、骑士、平民、奴隶，在中世则有封建诸侯、家臣，同业组合的主人、职工、农奴，且于此等阶级内更各分很多的等级。"

"由封建的社会的崩坏，产出来的近世的社会，仍没把阶级的对立废止。他不过带来了新阶级、新压制手段、新争斗的形式，以代旧的罢了。"

"可是到了我们的时代，就是有产者本位的时代，却把阶级的对立简单了。全社会越来越分裂为互相敌视的二大阵营，为相逼对峙的二大阶级：就是有产者与无产者。"

"……依以上所述考之，资本家阶级所拿他作基础以至勃兴的生产手段及交通手段，是已经在封建社会作出来的。此等生产手段及交通手段的发展达于一定阶段的时候，封建的社会所依以营生产及交换的关系，就是关于农业及工业封建的组织，简单一句话就是封建的所有关系，对于已经发展的生产力，久已不能适应了。此等关系，现在不但不能奖励生产，却妨阻生产，变成了许多的障碍物。所以此等关系不能不被破坏，果然又被破坏了。"

"那自由竞争就随着于他适合的社会的及政治的制度，随着有产者阶级的经济的及政治的支配，代之而起了。"

"有产者阶级，于其不满百年的阶级支配之下，就造出比合起所有过去时代曾造的还厚且巨的生产力。自然力的征服，机械、工业及农业上的化学应用，轮船，火车，电报，全大陆的开垦，河川的开通，如同用魔法唤起的这些人类——在前世纪谁能想到有这样的生产力能包容在社会的劳动里呢？"

"把这样伟大的生产手段及交通手段，像用魔法一般唤起来的资本家的生产关系及交通关系——资本家的所有关系——现代的资本家的社会，如今恰与那魔术师自念咒语唤起诸下界的力量，而自己却无制御他们的力量了的情事，相等。数十年的工商史，只是现代的生产力，对于现代的生产关系，对于那不外有产者的生活条件及其支配力的所有关系，试行谋叛的历史。我们但举那商业上的恐慌——因隔一定期间便反复来袭，常常胁迫有产社会的全存在的商业恐慌——即足以作个证明。……有产者阶级颠覆封建制度的武器，今乃转而向有产者阶级自身。"

"有产者阶级不但锻炼致自己于死的武器；并且产出去挥使那些武器的人——现代的劳动阶级、无产者就是。"

"人人的观念、意见及概念，简单一句话，就是凡是属于人间意识的东西，都随着人人的生活关系，随着其社会的关系，随着其社会的存在，一齐变化。这是不用深究，就可以知道的。那思想的历史所证明的，非精神上的生产随着物质上的生产，一齐变化而何？"

3. 见于《经济学批评》序文中的：

"人类必须加入那于他们生活上必要的社会的生产，一定的、必然的离于他们的意志而独立的关系，就是那适应他们物质的生产力一定的发展阶段的生产关系。此等生产关系的总和，构成社会的经济的构造——法制上及政治上所依以成立的、一定的社会的意识形态所适应的真实基础——物质的生活的生产方法，一般给社会的、政治的及精神的生活过程，加上条件。不是人类的意识决定其存在，他们的社会的存在反是决定其意识的东西。"

"社会的物质的生产力，于其发展的一定阶段，与他从来所在那里面活动当时的生产关系，与那不过是法制上的表现的所有关系冲突。这个关系，这样由生产力的发展形式，变而为束缚。于是乎社会革命的时代来。巨大的表面构造的全部，随着经济基础的变动，或徐，或激，都变革了。"

"当那样变革的观察，吾人非当把那在得以自然科学的论证的经济的生产条件之上所起的物质的变革，与那人类意识此冲突且至决战的，法制上、政治上、宗教上、艺术上、哲学上的形态，简单说就是观念上的形态，区别不可。想把那样变革时代，由其时代的意识判断，恰如照着一个人怎样想他自己的事，以判断其人一样，不但没有所得，意识这个东西宁是由物质生活的矛盾，就是存在于社会生产力与生产关系间的冲突，才能说明的。"

"一社会组织，非到他的全生产力，在其组织内发展的一点余地也没有了以后，决不能颠覆去了。这新的，比从前还高的生产关系，在这个东西的物质的生存条件于旧社会的母胎内孵化完了以前，决不能产生出来。人类是常只以自能解决的问题为问题的。因为拿极正确的眼光去看，凡为问题的，惟于其解决所必要的物质条件已经存在，或至少也在成立过程中的时会，才能发生。"

"综其大体而论，吾人得以亚细亚的、古代的、封建的、及现代资本家的生产方法，为社会经济的组织进步的阶段。而在此中，资本家的生产关系，是社会的生产方法之采敌对形态的最后。——此处所谓敌对，非个人的敌对之意，是由各个人生活的社会的条件而生的敌对之意——可是在资本家社会的母胎内发展的生产力，同时作成于此敌对的解决必要的物质条件。人类历史的前史，就以此社会组织终。"

（以上的译语，从河上肇博士。）

据以上所引，我们可以略窥马克思唯物史观的要领了。现在更把这个要领简单写出，以期易于了解。

马克思的唯物史观有二要点：其一是关于人类文化的经验的说明，其二即社会组织进化论。其一是说人类社会生产关系的总和，构成社会经济的构造。这是社会的基础构

1848 年初，马克思、恩格斯共同发表《共产党宣言》，标志着马克思主义的正式诞生。图为 1920 年陈望道翻译的《共产党宣言》。

造。一切社会上政治的、法制的、伦理的、哲学的，简单说，凡是精神上的构造，都是随着经济的构造变化而变化。我们可以称这些精神的构造为表面构造。表面构造常视基础构造为转移。而基础构造的变动，乃以其内部促他自己进化的最高动因——就是生产力——为主动；属于人类意识的东西，丝毫不能加他以影响；他却可以决定人类的精神、意识、主义、思想，使他们必须适应他的行程。其二是说生产力与社会组织有密切的关系。生产力一有变动，社会组织必须随着他变动。社会组织即社会关系，也是与布帛菽粟一样，是人类依生产力产出的产物。手臼产出封建诸侯的社会，蒸汽制粉机产出产业的资本家的社会。生产力在那里发展的社会组织，当初虽然助长生产

力的发展，后来发展的力是到那社会组织不能适应的程度，那社会组织不但不能助他，反倒束缚他、妨碍他了。而这生产力虽在那束缚他、妨碍他的社会组织中，仍是向前发展不已。发展的力量愈大，与那不能适应他的社会组织间的冲突愈迫，结局这旧社会组织非至崩坏不可。这就是社会革命。新的继起，将来到了不能与生产力相应的时候，他的崩坏亦复如是。可是这个生产力，非到在他所活动的社会组织里，发展到无可再容的程度，那社会组织是万万不能打破。而这在旧社会组织内，长成他那生存条件的新社会组织，非到自然脱离母胎，有了独立生存的运命，也是万万不能发生。恰如孵卵的情形一样，人为的助长，打破卵壳的行动，是万万无效的，是万万不可能的。

以上是马克思独特的唯物史观。

六

与他的唯物史观很有密切关系的，还有那阶级竞争说。

历史的唯物论者，既把种种社会现象不同的原因，总约为经济的原因；更依社会学上竞争的法则，认许多组成历史明显的社会事实，只是那直接、间接、或多、或少各殊异阶级间团体竞争所表现的结果。他们所以牵入这竞争中的缘故，全由于他们自己特殊经济上的动机。由历史的唯物论者的眼光去看，十字军之役也含着经济的意味。当时繁盛的义大利共和国中，特如 Venice（威尼斯，编者注）的统治阶级，实欲自保其东方的繁富市场。宗教革新的运动，虽然戴着路德的名义，其时的民众中，也似乎有一大部分是意在免去罗马用种种方法征课的重税（那最后有道理的赎罪符也包在内）。基督教的传布，也是应无产阶级的要求作一种实际的运动。把首都由罗马迁至 Byzantium（就是现在的康士坦丁堡），与那定基督教为官教，也是经济的关系。这两件事都是为取罗马帝国从来的重心而代之。因为当时的中产阶级，实为东方富有财势的商贾阶级，势力很厚。他们和那基督教的无产阶级相合，以与罗马寄生的贵族政治分持平衡的势力，而破坏之。法国大革命也全是因为资本家的中级势力，渐渐可以压迫拥有土地的贵族，其间的平衡久已不固；偶然破裂，遂有这个结果。就是法国历史上迭起层兴的政治危机，单由观念学去研究终于神秘难解。像那拿破仑派咧，布尔康家正统派咧，欧尔林家派咧，共和党咧，平民直接执政党咧，他们背后都藏着很复杂的经济意味。不过打着这些旗帜互相争战，以图压服他的反对阶级，而保自己阶级经济上的利益就是了。这类的政治变动，由马克思解释，其根本原因都在殊异经济阶级间的竞争。我们看那马克思与昂格思的《共产者宣言》中"从来的历史都是阶级竞争的历史"的话，马克思在他的《经济学批评》序文中，也说"从来的历史尽是在阶级对立——固然在种种时代呈种种形式——中进行的"，就可以证明他的阶级竞争说，与他的唯物史观，有密切关系了。

就这阶级竞争的现象，我们可以晓得，这经济上有共同利害自觉的社会团体，都有毁损别的社会团体以增加自己团体利益的倾向。这个倾向，斯宾塞谓是本于个人的利己心。他在《社会学研究》中说："个人的利己心引出由他们作成的阶级的利己心，于分别的努力以外，还要发生一种协同的努力，去从那社会活动的总收入中，取些过度的领分。这种综合的倾向，在每阶级中这样发展，必须由其他诸阶级类似的综合的倾向来维持其平衡。"由此以观，这阶级竞争在社会的有机体中，恰与 Wilhelm Roux（卢克斯，德国动物学家，编者注）所发见的"各不同的部分官能组织细胞间的竞争，在各有机体中进行不已"的原则相当。宇宙间一切生命都向"自己发展"（Self-expansion）活动不已。"自己发展"是生物学上、社会学上一切有机的进化全体根本的动机，是生物界普遍无敌的倾向。阶级竞争是这种倾向的无量表现与结果中的一个。而在马克思则谓阶级竞争之所由起，全因为土地共有制崩坏以后，经济的构造都建在阶级对立之上。马氏所说的阶级，就是经济上利害相反的阶级，就是有土地或资本等生产手段的有产阶级，与没有土地或资本等生产手段的无产阶级的区别：一方是压服他人、掠夺他人的，一方是受人压服、被人掠夺的。这两种阶级，在种种时代，以种种形式表现出来。亚细亚的，古代的，封建的，现代资本家的，这些生产方法出现的次第，可作经济组织进化的阶段；而这资本家的生产方法，是社会的生产方法中采敌对形式的最后。阶级竞争也将与这资本家的生产方法同时告终。至于社会为什么呈出阶级对立的现象呢？马氏的意见是以为全是因为一个社会团体，依生产手段的独占，掠夺他人的余工余值（余工余值说详后）的原故。但这两种阶级，最初不过对于他一阶级，可称一个阶级，实则阶级的本身还没有成个阶级，还没有阶级的自觉。后来属于一阶级的，知道他们对于别的阶级，到底是立于不相容的地位；阶级竞争是他们不能避的运命，就是有了阶级的自觉，阶级间就起了竞争。当初只是经济的竞争，争经济上的利益；后来更进而为政治的竞争，争政治上的权力，直至那建在阶级对立上的经济的构造自己进化，发生了一种新变化为止。这样看来，马氏并非承认这阶级竞争是与人类历史相终始的：他只把他的阶级竞争说应用于人类历史的前史，不是通用于过去现在未来的全部。与其说他的阶级竞争说是他的唯物史观的要素，不如说是对于过去历史的一个应用。

七

马氏的唯物史观及其阶级竞争说，既已略具梗概，现在更把对于其说的评论，举出几点，并述我的意见。

马氏学说受人非难的地方很多，这唯物史观与阶级竞争说的矛盾冲突，算是一个最重要的点。盖马氏一方既确认历史——马氏主张无变化即无历史——的原动为生产力；一方又说从来的历史都是阶级竞争的历史，就是说阶级竞争是历史的终极法则，造成历史的就是阶级竞争。一方否认阶级的活动，无论是直接在经济现象本身上的活动，是间接由财产法或一般法制上的限制，常可以有些决定经济行程的效力；一方又说阶级竞争的活动，可以产出历史上根本的事实，决定社会进化全体的方向。Eugenio Rignano（里格纳诺，意大利学者，编者注）驳他道："既认各阶级间有为保其最大经济利益的竞争存在，因之经济现象亦自可以随这个或那个阶级的优越，在一方面或他一方面受些限制；又说经济的行程像那天体中行星的轨道一样的不变，从着他那不能免的进路前进，人类的什么影响都不能相加。那么那主要目的在变更经济行程的阶级竞争，因为没有什么可争，好久就不能存在了。在太阳常行的轨道上，有了一定的变更，一定可以贡献很大的经济利益于北方民族，而大不利于南方民族。但我想在历史纪录中，寻找一种族或一阶级的竞争，把改变太阳使他离了常轨作目的的，是一件无益的事。"这一段话可谓中了要扼。不过这个明显的矛盾，在马氏学说中，也有自圆的说法。他说自从土地共有制崩坏以来，经济的构造都建立在阶级对立之上。生产力一有变动，这社会关系也跟着变动。可是社会关系的变动，就有赖于当时在经济上占不利地位的阶级的

李大钊手书的"铁肩担道义 妙手著文章"。

活动。这样看来，马氏实把阶级的活动归在经济行程自然的变化以内。但虽是如此说法，终觉有些牵强矛盾的地方。

这全因为一个学说最初成立的时候，每每陷于夸张过大的原故。但是他那唯物史观，纵有这个夸张过大的地方，于社会学上的进步，究有很大很重要的贡献。他能造出一种有一定排列的组织；能把那从前各自发展不相为谋的三个学科，就是经济、法律、历史，联为一体，使他现在真值得起那社会学的名称。因为他发见那阶级竞争的根本法则；因为他指出那从前全被误解或蔑视的经济现象，在社会学的现象中，是顶重要的；因为他把于决定法律现象有力的部分归于经济现象，因而知道用法律现象去决定经济现象是逆势的行为；因为他借助于这些根本的原则，努力以图说明过去现在全体社会学上的现象。就是这个，已足以认他在人类思想有效果的概念中，占优尚的位置，于学术界、思想界有相当的影响。小小的瑕疵，不能掩了他那莫大的功绩。

有人说，历史的唯物论者以经济行程的进路为必然的、不能免的，给他加上了一种定命的彩色。后来马克思派的社会党，因为信了这个定命说，除去等着集产制自然成熟以外，什么提议也没有，什么活动也没有，以致现代各国社会党都遇见很大的危机。这固然可以说是马氏唯物史观的流弊。然自马氏与昂格思合布《共产者宣言》，大声疾呼，檄告举世的劳工阶级，促他们联合起来，推倒资本主义；大家才知道社会主义的实现，离开人民本身，是万万作不到的，这是马克思主义一个绝大的功绩。无论赞否马氏别的学说的人，对于此点，都该首肯。而在社会主义者评论Socialist Review第一号揭载的昂格思函牍中，昂氏自己说，他很喜欢看见美国的工人，在于政治信条之下，作出一种组织；可见他们也并不是坐待集产制自然成熟，一点不去活动的。而在别一方面，也可以拿这社会主义有必然性的说，坚人对于社会主义的信仰：信他必然发生；于宣传社会主义上，的确有如耶教福音经典的效力。

历史的唯物论者说经济现象可以变更法律现象，法律现象不能变更经济现象，也有些人起了疑问。历史的唯物论者既承认一阶级的团体活动，可以改造经济组织；那么一阶级的团体活动，虽未至能改造经济组织的程度，而有时亦未尝没有变更经济行程趋势的力量。于此有个显例，就是现代劳工阶级的联合活动，屡见成功，居然能够屈服经济行程的趋势。这种劳工结合，首推英国的"工联"Trade Unions 为最有效果，他们所争在增加劳银。当时经济现象的趋势是导工人于益困益卑的地位，而工联的活动竟能反害为利。大战起来以后，工联一时虽停止活动；战事既息，他们又重张旗鼓。听说铁路人员总会、交通劳动者（专指海上劳动者）联合会和矿夫联合会，三种工联，联合起来，向政府及资本家要求种种条件，声势甚猛（参照《每周评论》第三十三号欧游记者明生君通信），将来的效果必可更大。这自觉的团体活动，还没有取得法律的性质，已经证明他可以改变经济现象的趋势。假使把这种活动的效力，用普通法律或用那可以塞住经济现象全进路的财产法，保障起来，巩固起来，延长他那效力的期间，他那改变经济现象趋势的效力，不且更大么？试把英、法二国的土地所有制比较来看。在英国则诺曼的侵略者及其子孙，依战胜余威，获据此全土，而与其余人口相较，为数甚少，故利在制定限嗣财产制与脱拉斯制，以保其独占权，结果由此维持住大地产制。在法国则经数世纪的时间，贵族及僧侣阶级的财产，为革命的中产阶级所剥夺；这剥夺他们的中级人民人口的数，又占全体的大部，故利在分割而不在独占，适与英国的诺曼侵略者及其子孙相反；于是中级人民催着通过特别遗书遗产法，以防大财产制的再见。他们二国的财产法，和防遏或辅助田间经济现象趋势的法制，这样不同；所以导他们经济的表现与进化于不同的境界。一则发生很大的领地财产、隐居主义、为害田禾的牧业、全国的人口减少、农村人口的放逐、与财富的分配极不平均，种种现象。一则发生土地过于割裂、所有者自治其田畴、强盛的农业、节俭之风盛行、分配平均，种种现象。这样看来，经济现象和法律现象，都是社会的原动力。他们可以互相影响，都于我们所求的那正当决定的情状有密切的关系。那么，历史的唯物论者所说经济现象有不屈不挠的性质，就是团体的意思、团体的活动，在他面前，都得低头的话，也不能认为正确了。但是此等团体的活动，乃至法律，仍是在那可以容他发生的经济构造以上的现象，仍是随着经济的趋势走的，不是反着经济的趋势走的。例如现代的经济现象，一方面劳工阶级的生活境遇日趋于困难；一方面益以促其阶级的自觉，益增其阶级活动的必要，益使其活动的效果足以自卫。这都是现在资本主义制下自然的趋势、应有的现象，不能作足以证明法律现象可以屈抑经济趋势的理据。与其说是团体行动或法律遏抑经济趋势的结果，毋宁说是经济本身变化的行程。英法二国财产制之著效，也是在他们依政治的势力，在经济上得占优势，得为权力阶级；以后的事，也全是阶级竞争的结果。假使在英国当时定要施行一种防遏大地产制的法律，在法国当时定要施行一种禁抑小财产制的法律，恐怕没有什么效果。在经济构造上建立的一切表面构造，如法律等，不是绝对的不能加些影响于各个的经济现象；但是他们都是随着经济全进路的大势走的，都是辅助着经济内部变化的；就是有时可以抑制各个的经济现象，也不能反抗经济全进路的大势。我们可以拿团体行动、法律、财产法三个联续的法则，补足阶级竞争的法则；不能拿他们推翻马氏唯物史观的全体。

有许多人所以深病"马克思主义"的原故，都因为他的学说全把伦理的观念抹煞一切；他那阶级竞争说，尤足以使人头痛。但他并不排斥这个人高尚的愿望；他不过认定单是全体分子最普通的伦理特质的平均所反映的道德态度，不能加影响于那经济上利害相同自觉的团体行动。我们看在这建立于阶级对立的经济构造的社会，那社会主义伦理的观念，就是互助博爱的理想，实在一天也没有消灭；只因有阶级竞争的经济现象，天天在那里破坏，所以总不能实现。但这一段历史，马氏已把他划入人类历史的前史；断定他将与这最后的敌对形式的生产方法，并那最后的阶级竞争一齐告终。而马氏所理想的人类真正历史，也就从此开始。马氏所谓真正历史，就是互助的历史，没有阶级竞争的历史。近来哲学上有一种新理想主义出现，可以修正马氏的唯物论，而救其偏蔽。各国社会主义者，也都有注重于伦理的运动、人道的运动的倾向；这也未必不是社会改造的曙光，人类真正历史的前兆。我们于此可以断定，在这经济构造建立于阶级对立的时期，这互助的理想、伦理的观念，也未曾有过一日消灭，不过因他常为经济构造所毁灭，终至不能实现。这是马氏学说中所含的真理。到了经济构造建立于人类互助的时期，这伦理的观念可以不至如从前为经济构造所毁灭。可是当这过渡时代，伦理的感化、人道的运动，应该倍加努力，以图划除人类在前史中所受的恶习染、所养的恶性质，不可单靠物质的变更。这是马氏学说应加救正的地方。

我们主张以人道主义，改造人类精神；同时以社会主义，改造经济组织。不改造经济组织，单求改造人类精神，必致没有效果。不改造人类精神，单求改造经济组织，也怕不能成功。我们主张物心两面的改造，灵肉一致的改造。

总之，一个学说的成立，与其时代环境，有莫大的关系。马氏的唯物史观，何以不产生于十八世纪以前，也不产生于今日，而独产生于马氏时代呢？因为当时他的环境，有使他创立这种学说的必要和机会。十八世纪以前的社会政治和宗教的势力，比经济的势力强，所谓社会势力从经济上袭来的很少。因为原始社会的经济组织是仅求自足的，靠着自然的地方居多，靠着人力的地方还少，所以宗教和政治的势力较大。譬如南美土人，只伸出一张口，只等面包树咖啡树给他吃喝，所以他们只有宗教的感谢，没有经济的竞

为推动马克思主义传播和筹建党的组织，1920 年 3 月，在李大钊的指导下，邓中夏、罗章龙等秘密组织成立北京大学马克思学说研究会，并于 1921 年 11 月 17 日正式公开。马克思学说研究会是中国最早的比较系统学习和研究马克思主义的团体。图为研究会部分成员合影。

争。到了英国产业革命后的机械生产时代，人类脱离自然而独立，达到自营自给的经济生活，社会情形为之一变：宗教政治的势力全然扫地，经济势力异军苍头特起支配当时的社会了。有了这种环境，才造成了马氏的唯物史观。有了这种经济现象，才反映以成马氏的学说主义。而马氏自己却忘了此点。平心而论，马氏的学说，实在是一个时代的产物；在马氏时代，实在是一个最大的发见。我们现在固然不可拿这一个时代、一种环境造成的学说，去解释一切历史，或者就那样整个拿来，应用于我们生存的社会，也却不可抹煞他那时代的价值和那特别的发见。十字军之役，固然不必全拿那历史的唯物论者所说，全是经济的意味去解释。但当那僧侣彼得煽动群众营救圣墓的时候，彼得与其群众虽然没有经济的意味参杂其间，或者纯是驱于宗教的狂信；而那自觉的经济阶级，实在晓得利用这无意识的反动，达他们有意识的经济上的目的。从前的历史家，完全把经济的意味蔑视了，也实未当。我们批评或采用一个人的学说，不要忘了他的时代环境和我们的时代环境就是了。

（上篇）

八

我于上篇，既将马氏的"唯物史观"和"阶级竞争说"略为评述，现在要述他的"经济论"了。马氏的"经济论"有二要点：一，"余工余值说"；二，"资本集中说"。前说的基础，在交易价值的特别概念。后说的基础，在经济进化的特别学理。用孔德的术语说，就是一属于经济静学，一属于经济动学。

今先述"余工余值说"。

马氏的目的，在指出有产阶级的生活，全系靠着无产阶级的劳工。这并不是马氏新发明的理论，从前 Sirmondi（西斯蒙第，瑞士经济学家、历史学家，编者注），Saint-Simon，Proudhon，Rodbertus（洛贝尔图斯，德国经济学家、普鲁士国家社会主义者，编者注）诸人，在他们的著作中，也曾有过这种议论。不过他们的批评，与其说是经济的，毋宁说是社会的。私有财产制及其不公，是他们攻击的标的。马氏则不然，他郑重的归咎于经济科学的本身，特别归咎于交易观念。他所极力证明这私营事业必须存在的理由，就是因为这是交易不能免的结果。——一个经济上的必要，贵族与平民都须服从的。

马氏的"余工余值说"，是从他那"劳工价值论"演出来的。

马氏说劳工不只是价值的标准与理由，并且是价值的本体。从前 Ricardo（李嘉图，编者注）也曾有过类似的观念，但他未能决然采用。马氏于此，毅然采取其说，不像 Ricardo 的踌躇。

马氏也决不否认"效用是价值的必要条件"。由效用的价值而论，这的确是唯一的理由，但他以为单拿效用这一点说明交易的价值，理据尚不充足。每在一个交易的行为，两个物品间必含着共同的原素，一致的等级。此种一致，决不是效用的结果，因为效用的等级，在每个物品中均不相同。而所以构成交易这件事存在的理由的，就是这个不同。在那些性质各异的物品中所含的共同原素，不是效用，乃是那些物品中所含劳工分量的大小。每个物品的价值，应该纯是物品中所含人类劳工结晶的全量。物品价值的分别，全依劳工的分量而异。此等劳工，是于生产这些物品有社会的必要的东西。

例如有一工人在一种产业里作工，一日工作十小时，什么是他的生产物的交易价值呢？这交易价值，应该是他那十小时劳工的等量。他所生产的，是布，是煤，或是他物，都不必问。按工银交易的条件，资本家把处分物品的权保留在自己手中，而按实在的价值出售。这实在的价值，就是十小时劳工的等量。

工人的工力（Labour force）为工银所买，与其本人断绝关系。工银专以代表资本家偿他工力的物价，而资本家即保持自由处分这个物品（指工力）的权利于自己手中。工力价值的决定，与别的可以交易的物品相同。工力恰是一种物品，他的价值也是由那于他的生产所必需的劳工时间数目决定。

生产工力所必需的工量（Labour quantity），是一种稍觉奇异的话，初究马氏学说的人，最难领会其旨趣。但是必须领会，才得了解马氏的经济学说。实在稍加研究，觉得这种见解，也并没有什么稀奇。设若拿一个机械的活动代替一个工人的劳工，执一个工程师，问他这架机械要多少维持费？他决不以为奇，并且立答以每时每日需多少吨煤炭，而煤炭的价值，又纯是代表那采掘煤炭的一定人工的总积。我们把煤炭换成劳工去说明他，又有什么难懂呢？

工银制下的工人，纯是一种机械。所不同的地方，维持机械的财物是在他处由他人的劳工生产出来的，维持工人的财物是由他自己的劳工生产的一小部分。一时间的劳作，或一日的辛苦，其价值均可以在那个时间保持那个工人使他能够完全维持他的生产力所必需的需要为标准。无论资本家以物品以金钱偿他的工值，都是代表那必要费的价值。

维持工力所必要的物品的价值，永不能与那工力的生产的价值相等。例如一日维持工力所必要的物品的价值，决不能与十小时工力的价值相等，或且不抵五小时。在模范状态下的人类工力，常足以生产比他所单纯消费的物品的价值多。

工人所生产的价值，全部移入资本家的手中，完全归他处分。而以其一小部分用工银的名目还给工人，其量仅足以支应他在生产此项物品的期间所消用的食品，余则尽数归入资本家的囊中。生产物的售出，其价与十小时的工力相等，而工人所得，则止抵五小时工力的价值。其余五小时工力的价值，马氏叫作"余值"（Surplus Value）。

这样办去，资本家获得工人十小时的工力，而仅以五小时的代价还给工人。其余五小时的工力，在工人毫不值钱。前五小时间工人所生产的，等于他的工值。第五时以后他所做的工，于他什么也不值了。这生产"余值"的额外时间，于工人本身一文不值的工力，马氏叫作"余工"（Surplus Labour）。

余值既全为资本家的掠夺品，那工人分外的工作，就是余工，便一点报偿也没有。刚是对工人的能力课额外的汗血税，而为资本家增加幸运，这是现代资本主义的密秘，这是资本主义下资本家掠夺劳工生产的方式。

因为这个原故，资本家的利益，就在增大余值。他们想了种种方法，达这个目的。解析这些方法，揭破资本主义的密秘，就是马氏学说特色之一。依马氏的解析，资本家增大余值的方法有二要着：

1、尽力延长工作时间，以求增加余工时间的数目。假使工作时间的数目，可以由十小时增至十二小时，这余工时间，自然可以由五小时增至七小时。企业家常谋为此。虽有工场立法，强制些产业限制工作时间，于阻止余值的增长多少有点效果。但推行的范围，究竟限于少数产业，所以"八时间工作"的运动，仍不能不纷纷四起。

2、尽力缩短生产工人必要生活费的时间。假令生产工人必要生活费的工作时间，由五小时缩短至三小时，那余工时间自然由五小时增至七小时了。此种缩短，是可以由产业组织的完全或由生活费的减少作得到的。生活费减少，常为由协力（Cooperation）的影响所生的结果。资本家每依建立慈善院或雇用比成人生活费较少的妇幼劳工以图此利益。妇幼离开家庭，那一切家事乃至煮饭洗衣等等，都留给男子去做。但若有维持女工工银与男工相等的方法或限制妇幼劳工的法律，此种战略，也就完全失败了。

北洋军阀政府查禁李大钊等宣传马克思主义的图书，反而激发广大青年学子关注马克思主义。1920年，《北京大学学生周刊》第13号刊文讽刺："自经该部热心介绍著者及书名详披报章以后，即速按名购置，现已应有尽有，终日寝馈相伴，读得津津有味。"

马氏的论旨，不在诉说资本家的贪婪，而在揭破资本主义的不公。因为掠夺工人的，并不是资本家，乃是资本主义，工银交易的条件，资本家已经全然履行。你得一份钱，他买一份货，也算是公平交易。既然许资本主义与自由竞争行于经济界，这种结果，是必不能免的。资本家于此，固极愿购此便宜物品，因为他能生产比他自身所含价值还多的东西。惟有这一班可怜的工人，自己把自己的工力像机械一般贱价给人家，所得的价格，仅抵自己生产价值之半，或且不及其半，在法律上经济上全没有自卫之道，而自己却视若固然。这不是资本家的无情，全是资本主义的罪恶！

九

前节所述，是马氏"价值论"的要旨。而与其"价值论"最有关系的"平均利润率论"，也不可不略为说明。

今于说明"平均利润率论"以前，须先说一说那余值怎么变成利润的道理。余值本是由劳工生产的价值中除去他的必要生活费所余的价值。这必要生活费就是可变资本，是资本的一部分，不是资本的全部。余值的发生，是单由于可变资本，不是由于资本全部。但因生产物品时支出的费用都出自资本（这些费用，马氏叫作费用价格），而于费用价格的表形，不能认可变资本与不变资本间有何等区别，就把那仅与可变资本有关系的余值作成与全资本都有关系的样子。工力的价格就变成工银，工力生产的余值就变成利润了。我们可用左列的论式表明这个道理。

1、全资本（C）由不变资本（c）与可变资本（v）而成，

2、可变资本生出余值（m），

3、余值对于可变资本的比例（m/v）叫作余值率，用 m' 代他，

4、因而得 $m/v=m'$ 的公式，

5、又生 m=m′v 的公式,

6、今不令余值仅关系于可变资本,而使关系于全资本,把他叫作利润（p），

7、余值对于全资本（C）的关系（m/C）为利润率,用 p′代他,

8、从而得 p′=m/C=m/（c+v）的公式,

9、若把 m 换成 m′v 又得 p′=m′v/C=m′v/(c+v)的新公式,

10、再把他换成比例式,断得 p′：m′=v：C 的公式,

依此我们可以证明利润率之于余值率的关系,与可变资本之于全资本的关系相等。我们又可断定利润率（p′）常比余值率（m′）小,因为可变资本（v）常比全资本（C）小（C=c+v）。

资本主义把那仅与可变资本有关系的余值,变成与全资本有关系的利润,把那对于可变资本的比例的余值率,变成对于全资本的比例的利润率。在这神秘的形态中,把余值用利润的名义尽行掠去的真象,就是如此。

依以上所述的原理,余值随可变资本而增减,全与不变资本的多少无关。但实际上无论可变不变二种资本的比例如何变动,利润率常为同一。这是一个显然的矛盾。为使理论愈益明显,分析解说如下。

1、余值准可变资本的多少而增减,可变资本多则余值多,可变资本少则余值少。

2、利润率是把余值以对于全资本（合不变与可变二种）的比例表明的东西,故可变资本多则利润率高,少则利润率低。

3、然于实际,不拘可变资本分的多少,同一的全资本额有同一的平均利润率。

依马氏可变资本分多则利润率高、少则低的定理,应如下表。

C（全资本）		c（不变）		v（可变）	m'（余值率）	m（余值）	p'（利润率）
100	=	80	+	20	100%	20	20%
100	=	70	+	30	100%	30	30%
100	=	60	+	40	100%	40	40%
100	=	85	+	15	100%	15	15%
100	=	95	+	5	100%	5	5%

而于实际，这五种产业的利润率都为同一，与价值原则绝不相容。这就是"平均利润率的谜"。

昂格思在《资本论》第二卷的序文中曾说，这个矛盾，Ricardo已经看出而未能解释，Rodbertus也曾注意而未能解决，至于马氏，在他的《经济学批评》里，已经解决过这个问题，而在《资本论》第三卷始完全与以解答。故解释"平均利润率的谜"，在马氏书中是一个最著名的点，而因为解释此谜的原故，把他的"劳工价值论"几乎根本推翻。他的学说本身，发生一绝大矛盾，故又是一个最大弱点。

马氏解谜的键，并没有什么稀奇的道理，不过是：

1、商品若能按其价值被买卖，利润率必生种种差别。

2、然于实际，商品不能按其价值被买卖。

3、即于实际，以按不变可变两资本平均结合比例以上的比例结合的资本生产的商品，于其价值以上被买卖。以平均以下的比例的资本生产的商品，于其价值以下被买卖。

马氏以下表说明这个道理。

	资本结合比例	余值	已经消费的资本	商品的		商品卖价	利润率	价值与卖价的差
				价值	费用价格			
Ⅰ	80c+20v	20	50	90	70	92	22%	+2
Ⅱ	70c+30v	30	51	111	81	103	22%	−8
Ⅲ	60c+40v	40	51	131	91	113	22%	−18
Ⅳ	85c+15v	15	40	70	55	77	22%	+7
Ⅴ	95c+5v	5	10	20	15	37	22%	+17

我们再把此表细加说明如下：

1、

Ⅰ例：不变资本80，可变资本20，合计100，

Ⅱ例：不变资本70，可变资本30，合计100，

Ⅲ例：不变资本60，可变资本40，合计100，

Ⅳ例：不变资本85，可变资本15，合计100，

Ⅴ例：不变资本95，可变资本5，合计100；

2、余值率（m/v即m′）依马氏的定理皆为同一。兹假定余值率为100%。

3、那么，

Ⅰ例，对于可变资本20，其100%的余值为20，

Ⅱ例，对于可变资本30，其100%的余值为30，

Ⅲ例，对于可变资本40，其100%的余值为40，

Ⅳ例，对于可变资本15，其100%的余值为15，

Ⅴ例，对于可变资本5，其100%的余值为5。

4、费用价格，即生产费，应该与恰足收回（1）可变资本的全部及（2）不变资本中被消费的部分二者的数相当。那不变资本中被消费的部分，假定

Ⅰ例为50，Ⅱ例为51，Ⅲ例为51，Ⅳ例为40，Ⅴ例为10。

5、那么费用价格的额，应如下表。

	可变资本		消费资本额		费用价格
Ⅰ	20	+	50	=	70
Ⅱ	30	+	51	=	81
Ⅲ	40	+	51	=	91
Ⅳ	15	+	40	=	55
Ⅴ	5	+	10	=	15

6、商品的价值，等于把余值与右表所举的费用价格合算起来的数。就是：

Ⅰ：70+20=90

Ⅱ：81+30=111

Ⅲ：91+40=131

Ⅳ：55+15=70

Ⅴ：15+5=20

商品若能按其价值买卖，其卖价应如下表：

Ⅰ	Ⅱ	Ⅲ	Ⅳ	Ⅴ
90	111	131	70	20

8、而于实际，商品不能按其价值买卖，而以对于平均结合比例所生的余值与费用价格的合计为卖价。用不变资本在平均结合比例以上时，其卖价在上表所列的价值以上。用不变资本在平均结合比例以下时，其卖价在上表所列的价值以下。

9、今为看出这个平均结合比例，应该把第一至第五的资本总括起来，算出不变可变两种资本的百分比例。就是：

资本总额：100+100+100+100+100=500

不变资本总额：80+70+60+85+95＝390

可变资本总额：20+30+40+15+5＝110

把这二种资本总额变成百分比例，得式如下。

390/500＝78%　　110/500＝22%

而余值总额为20+30+40+15+5＝110

110/500＝22%

10、这22%就是对于平均结合比例78c＋22v＝100，所生的余值就是对于全资本额的平均利润率。

11、那么实在的卖价，应是：

Ⅰ：70+22＝92

Ⅱ：81+22＝103

Ⅲ：91+22＝113

Ⅳ：55+22＝77

Ⅴ：15+22＝37

12、随着资本结合的比例不同，有的得其价值以上的卖价，有的得其以下的卖价。现在把这五个例的卖价与其价值的差额算出如下。

第一例，卖价比价值多二，

第二例，卖价比价值少八，

第三例，卖价比价值少十八，

第四例，卖价比价值多七，

第五例，卖价比价值多十七。

13、再把这五个例的差额合算起来2-8-18+7+17＝0，各个的差异正负相消；由全体上看，卖价与价值仍无二致。

这就是马氏的平均利润率论。

　　由马氏的平均利润率论看起来，他所说的生产价格——就是实际卖价——和他所说的价值全非同物。但于价值以外，又有一种实际卖价，为供求竞争的关系所支配，与生产物品所使用的工量全不相干。结果又与一般经济学者所主张的竞争价格论有什么区别？物品的实际价格既为竞争所支配，那劳工价值论就有根本动摇的危险。劳工价值论是马克思主义的基础，基础一有动摇，学说全体为之震撼。这究不能不算是马克思主义的一大遗憾。

十

　　马氏的余值说与他的资本说很有关系。他的名著就是以"资本"这个名辞被其全编，也可以看出他的资本说在他的全学说中占如何重要的位置。

中国共产党成立后，李大钊代表党中央指导北方地区党的工作，积极领导北方党组织开展工人运动。1922年，李大钊派人到石家庄组织工业研究会传习所，以传习所名义开展工人运动。图为正太工业研究会传习所成立时代表们合影。

我所以把他略为介绍于此。

马氏分资本为不变与可变两种。原来资本有二个作用：一是自存，一是增值。资本用于生产并不消失，而能于生产物中为再生产，足以维持他当初的价值，这叫资本的自存。而资本又不止于自存，生产的结果，更于他本来价值以上生出新价值，这叫资本的增值。马氏称自存的资本为不变资本（Constant Capital），称增值的资本为可变资本（Variable Capital）。能生增值的，惟有劳力。故惟资本家对于劳工所给的劳银或生活必要品，是可变资本，其余生产工具，都是不变资本。

马氏所说的不变资本，也不是说形态的不变，是说价值的不变。在一生产经过中变其形态的资本，为流通资本，不变其形态的资本，为固定资本。然几经生产以后，就是固定资本，也不能不变其形态。没有永久不变形态的资本。永久不变的，只是他的价值。一万元的资本，千百年前是一万元，千百年后还是一万元。这项资本中永久不变的东西，就是这一万元的价值。

不变资本不能产出余值，只能产出他的价值的等值。他的价值，就是生产他的时候所吸入的价值的总额。

不变资本也是由劳力结晶而成的生产物。他的价值也是依劳工时间而决定，与别的生产物全是一样。

马氏为什么分资本为不变与可变二种呢？就是因为以利息普遍率说为前提。利息普遍率说是由来经济学的通说。其说谓凡资本都能自存，不能自存的，不是资本，是消费财。这个自存，不因事业的性质、使用者的能力而异，全离开人格、超越环围而行。这就是利息所以有普遍率的原故。一万元的资本，用到农业上、商业上均是一万元。这一万元因把他用于生产上生出利息。这个利息为资本自存的价值，随时随地有一定普遍的率，决没有甲的一万元生一分利息、乙的一万元生二分利息的道理。有之就是把别的所得，在利息名义之下混合来的。然在实际上，同是值一万元的资本，他的生产效程决不一样。房屋与机器同是值一万元的东西，而房屋与机器的生产效程不同。同是用一万元买的机器，而甲机器与乙机器的生产效程各异。可是生产分配分的利息普遍均等。有的学者说这个差异不是资本的作用，全是企业能力的关系。富于企业能力的去经营，所得的生产效果多，否则少，故主张以此项差额归入企业的利润。马氏以为不然，他说所以有这个差额的原故，全是因为自存的资本以外有增值的资本。自存的资本，当然受一定普遍的利率，以外的剩余，都是增值的资本所生的。增值的资本，就是资本中有生这个剩余的力量的。有这个力量的资本，只是那用作劳工生活维持料的资本。资本的所有者应该以自存就算满足，应该作不变资本的所得承受利息。那可变资本所得的增值，全该归生出这个的工人领受，要是把这个归于资本家或企业家，就是掠夺劳工的正当权利。企业的利润，就是赃物的别名。

只有价值决不能生产，必有劳工运用他才能有生产的结果，因为劳工是资本的渊源。可是只有劳工，没有维持他们生活的可变资本，还是不能生产。我们从此可以看出劳工与资本也应该有些结合。

于此我们应加特别注意的，就是为社会主义经济学鼻祖的马克思与那为个人主义经济学鼻祖的亚丹斯密氏两人的资本论颇有一致的点，且不是偶然一致，他们实在有系统的立于共同思想上的地方。

马克思分资本为不变与可变二种，亚丹斯密则分资本为固定与流通二种。亚丹斯密的固定资本，适当马克思的不变资本，流通资本适当可变资本。其相同的点一。

他们都认随着产业的种类这二种资本配合的比例也不一样。其相同的点二。

马克思学说研究会发起成员宋天放制作的
"亢慕义斋图书"篆章印文。

马克思主张惟可变资本才能于收回自己的本来价值以外生产余值，余值率常依可变资本的多少为正比例。亚丹斯密主张固定资本不能自己生出收益，必赖流通资本的助力始生收益的剩余。其相同的点三。

马克思说惟有用作维持劳工生活料的资本是可变资本。亚丹斯密列举流通资本的内容，也以维持劳工生活的资料为主。其相同的点四。

可是马克思的可变资本与亚丹斯密的流通资本，其内容也并非全同。亚丹斯密的流通资本中，实含有"止于收回自己本来价值的""以外还生出剩余的二部分"。就是把马克思的"被消费的不变资本的部分""可变资本的全部"，二者合称为流通资本。那么亚丹斯密的所谓收益（Revenue），其实也把自己收回分包含在内，就是于马克思的所谓余值以外，并括有生产费在内。

马克思主张劳工价值说，亚丹斯密主张生产费价值说，二人的出发点不同。可是马克思终于依了生产费价值说，才能维持他的平均利润率说，又有殊途同归的势子。

总之，不变可变资本说是支撑马氏余值论的柱子，余值论又是他的全经济学说的根本观念，这资本说被人攻破，马氏经济学说必受非常的打击。然而他的不变可变资本说与亚丹斯密的固定流通资本说大致相同。而在亚丹斯密的固定流通资本说，则人人祖述奉为典型，以为是不能动摇的定理。而在马克思的不变可变资本说，则很多人攻击，甚或加以痛诋，我们殊为马氏不平！

十一

宗马氏的说，入十六世纪初期，才有了资本。因为他所谓资本，含有一种新意义，就是指那些能够生出使用费的东西。这个使用费，却不是资本家自己劳力的结果，乃是他人辛苦的结果。由此意义以释"资本"，十六世纪以前，可以说并没有资本与资本家。若本着经济上的旧意义说资本单是生产的工具，那么就是十六世纪以前，也何尝没有他存在？不过在那个时代，基尔特制（Guild System）下的工人，多半自己有自己的工具，与马氏用一种新意义解释的资本不同。

马氏根据他那"社会组织进化论"，发见这种含有新意义的资本，渐有集中的趋势，就构成了他的"资本集中论"。

请述他的"资本集中论"的要旨。近代科学勃兴，发明了许多重要机械，致人类的生产力著见增加。从前的社会组织，不能供他迴翔，封建制度的遗迹，遂全被废灭。代他而起的，乃为近代的国家。于是添了许多新的交通手段，辟了许多新的市场。这种增大的生产力，得了适应他的社会组织，得了适应他的新市场。随着公债的成立，又发生了好多的银行和商业公司，更足助进产业界的发展。从前的些小工业都渐渐的被大产业压倒，也就渐渐的被大产业吸收了。譬如 Trusts 与 Cartels 这些组织，在马氏当时，虽未发生，到了现在，却足作马氏学说的佐证。这 Trusts（卡特尔，国际垄断组织形式这一，编者注）与 Cartels（托拉斯，垄断组织的高级形式之一，编者注）的组织，不止吸收小独立产主，并且把中级产主都吸收来，把资本都集中于一处，聚集在少数人的手中。于是产业界的权威，遂为少数资本家所垄断。

上节所说，是资本家一方面的情形。工人这一方面呢？因受这种新经济势力的压迫，不能不和他们从前的财产断绝关系，不能不出卖他自己的劳力，不能不敲资本家的大门卖他自己的人身。因为他们从前卖自己手造的货品的日子过去了，封建制度和基尔特制度的遗迹都消灭了，他们不卖自己的筋力别无东西可卖了！这些工人出卖的劳力，可以产出很多的余值，一班资本家又能在公开市场里自由购买，这真是资本家们创造新样财产的好机会。但是这种新样财产的造成，全是基于别人的汗血，别人的辛苦。他们新式财产之成功，就是从前基于自己劳力而成的旧式财产之破灭。少数资本家的工厂，就是多数无产阶级的大营。从前的有产阶级，为了这个事业，不知费了多少心力，奔走呼号了三世纪之久，他们所标榜的"人权""工人自由"的要求，正是他们胜利的凯歌。因为他们要想在市场里收买这种便宜货品，必须使这些工人脱离以前的关系，能够自由有权以出售他自己。他们的事业成功了，工人的运命也就沉落在地底了！

资本主义是这样发长的、也是这样灭亡的。他的脚下伏下了很多的敌兵，有加无已，就是那无产阶级。这无产阶级本来是资本主义下的产物，到后来灭资本主义的也就是他。现今各国经济的形势，大概都向这一方面走。大规模的产业组织的扩张，就是大规模的无产阶级的制造。过度生产又足以缩小市场，市场缩小，就是工人超过需要，渐渐成了产业上的预备军，惟资本家之命是听，呼之来便来，挥之去便去。因为小产主的消灭与牧业代替农业的结果，农村的人口也渐集中于都市，这也是助长无产阶级增长的一个原因。无产阶级愈增愈多，资本愈集中，资本家的人数愈少。从前资本家夺取小手工小产业的生产工具，现在工人要夺取资本家的生产工具了。从前的资本家收用手工和小产业的生产工具，是以少数吸收多数、压倒多数，现在工人收用资本家的生产工具，是以多数驱逐少数，比从前更容易了。因为无产阶级的贫困，资本家在资本主义下已失救济的能力，阶级的竞争因而益烈。竞争的结果，把这集中的资本收归公有，又是很简单的事情。"善泅者死于水，善战者死于兵。"凡物发达之极，他的发展的境界，就是他的灭亡的途径。资本主义趋于自灭，也是自然之势，也是不可免之数了。从前个人自有生产工具，所以个人生产的货品当归私有。现在生产的形式已经变为社会的，这分配的方法，也该随着改变应归公有了。资本主义的破坏，就是私有财产制的破坏。因为这种财产，不是由自己的劳工得来的，是用资本主义神秘的方法掠夺他人的辛苦得来的，应该令他消灭于集产制度之下。在资本主义未行以前，个人所有的财产，的确是依个人的劳工而得的。现在只能以社会的形式令这种制度的精神复活，不能返于古昔个人的形式了。因为在这大规模的分工的生产之下，再复古制是绝对不可能。只能把生产工具由资本家的手中夺来，仍以还给工人，但是集合的，不是个人的，使直接从事生产的人得和他劳工相等的份就是了。到了那时，余工余值都随着资本主义自然消灭了。

以上系马氏"经济论"的概要，本篇暂结于此。

（下篇）

原载《新青年》第六卷第五、六号，1919年9月、11月

由经济上解释中国近代思想变动的原因

李大钊

  凡一时代，经济上若发生了变动，思想上也必发生变动。换句话说，就是经济的变动是思想变动的重要原因。现在只把中国现代思想变动的原因由经济上解释解释。

  人类生活的开幕，实以欧罗细亚为演奏的舞台。欧罗细亚就是欧亚两大陆的总称。在欧罗细亚的中央有一凸地，叫作Tableland（高原，编者注）。此地的山脉不是南北纵延的，乃是东西横亘的。因为有东西横亘的山脉，南北交通遂以阻隔，人类祖先的分布移动，遂分为南道和北道两条进路，人类的文明遂分为南道文明——东洋文明——和北道文明——西洋文明——两大系统。中国本部、日本、印度支那、马来半岛诸国、俾露麻、印度、阿富汗尼士坦、俾而齐士坦、波斯、土耳其、埃及等，是南道文明的要路；蒙古、满州、西伯利亚、俄罗斯、德意志、荷兰、比利时、丹麦、士坎达拿威亚、英吉利、法兰西、瑞士、西班牙、葡萄牙、意大利、奥士地利亚、巴尔干半岛等，是北道文明的要路。南道的民族，因为太阳的恩惠厚，自然的供给丰，故以农业为本位，而为定住的；北道的民族，因为太阳的恩惠薄，自然的供给啬，故以工商为本位，而为移住的。农业本位的民族，因为常定住于一处，所以家族繁衍，而成大家族制度——家族主义；工商本位的民族，

由經濟上解釋中國近代思想變動的原因　李大釗

凡一時代，經濟上若發生了變動，思想上也必發生變動。換句話說，就是經濟的變動，是思想變動的重要原因。現在只把中國現代思想變動的原因，由經濟上解釋解釋。

人類生活的開幕，實以歐羅細亞爲演裝的舞台。歐羅細亞，就是歐亞兩大陸的總稱。在歐羅細亞的中央，有一凸地，叫作「Tableland」：此地的山脈，不是南北縱延的，乃是東西橫亘的。因爲有東西橫亘的山脈，南北交通，遂以阻隔；人類祖先的分布移動，遂分爲南道北道兩條進路；人類的文明，遂分爲南道文明—東洋文明—和北道文明—西洋文明—兩大系統：中國本部、日本、印度、支那、馬來半島諸國、印度、阿富汗尼士坦、伸蔺爾士坦、波斯、土爾其、埃及等，是南道文明的要路；豪右、滿洲、西伯利亞、俄羅斯、德意志、荷蘭、比利時、丹麥、士坵迷拿威亞、英吉利、法蘭西、瑞士、西班牙、葡萄牙、意大利、奧士地利亞、巴爾幹半島等，昂北道文明的要路。南道的民族，因爲太陽的恩惠厚，自然的供給豐，故以農業爲本位，而爲定住的；北道的民族，因爲太陽的恩惠薄，自然的供給嗇，故以工商爲本位，而爲移住的。農業本位的民族，因爲定住於一處，所以而成大族繁衍，而成大家族制度—家族主義；工商本位的民族，因爲常轉徙於各地，所以家族簡單，而成小家族制度—個人主義。前者因聚族而居，易有婦女遇庶的情向，所以成重男輕女一夫多妻的風俗；後者因轉徙無定，恆有婦女缺乏的憂慮，所以成尊重婦女一夫一妻的習慣。前者因爲富於自然，所以與自然調和，與同類調和；後者因爲乏

四七

1920年1月，李大钊在《新青年》第7卷第2期发表《由经济上解释中国近代思想变动的原因》，用唯物史观分析了中国新文化运动产生的根源，提出"经济上若发生了变动，思想上也必发生变动"。

因为常转徙于各地，所以家族简单，而成小家族制度——个人主义。前者因聚族而居，易有妇女过庶的倾向，所以成重男轻女一夫多妻的风俗；后者因转徙无定，恒有妇女缺乏的忧虑，所以成尊重妇女一夫一妻的习惯。前者因为富于自然，所以与自然调和，与同类调和；后者因为乏于自然，所以与自然竞争，与同类竞争。简单一句话，东洋文明是静的文明，西洋文明是动的文明。

中国以农业立国，在东洋诸农业本位国中，占很重要的位置，所以大家族制度在中国特别发达。原来家族团体一面是血统的结合，一面又是经济的结合。在古代原人社会，经济上男女分业互助的要求，恐怕比性欲要求强些；所以家族团体所含经济的结合之性质，恐怕比血统的结合之性质多些。中国的大家族制度，就是中国的农业经济组织，就是中国二千年来社会的基础构造。一切政治、法度、伦理、道德、学术、思想、风俗、习惯，都建筑在大家族制度上作他的表层构造。看那二千余年来支配中国人精神的孔门伦理，所谓纲常，所谓名教，所谓道德，所谓礼义，那一样不是损卑下以奉尊长？那一样不是牺牲被治者的个性以事治者？那一样不是本着大家族制下子弟对于亲长的精神？所以孔子的政治哲学，修身齐家治国平天下，"一以贯之"，全是"以修身为本"；又是孔子所谓修身，不是使人完成他的个性，乃是使人牺牲他的个性。牺牲个性的第一步就是尽"孝"。君臣关系的"忠"，完全是父子关系的"孝"的放大体；因为君主专制制度完全是父权中心的大家族制度的发达体。至于夫妇关系，更把女性完全浸却：女子要守贞操，而男子可以多妻蓄妾；女子要从一而终，而男子可以细故出妻；女子要为已死的丈夫守节，而男子可以再娶。就是亲子关系的"孝"，母的一方还不能完全享受，因为伊是隶属于父权之下的；所以女德重"三从"，在家从父，出嫁从夫，夫死从子"。总观孔门的伦理道德，于君臣关系，只用一个"忠"

字，使臣的一方完全牺牲于君；于父子关系，只用一个"孝"字，使子的一方完全牺牲于父；于夫妇关系，只用几个"顺"、"从"、"贞节"的名辞，使妻的一方完全牺牲于夫，女子的一方完全牺牲于男子。孔门的伦理是使子弟完全牺牲他自己以奉其尊上的伦理；孔门的道德是与治者以绝对的权力，责被治者以片面的义务的道德。孔子的学说所以能支配中国人心有二千余年的原故，不是他的学说本身有绝大的权威，永久不变的真理，配作中国人的"万世师表"，因他是适应中国二千余年来未曾变动的农业经济组织反映出来的产物，因他是中国大家族制度上的表层构造，因为经济上有他的基础。这样相沿下来，中国的学术思想都与那静沈沈的农村生活相照映，停滞在静止的状态中，呈出一种死寂的现象。不但中国，就是日本、高丽、越南等国，因为他们的农业经济组织和中国大体相似，也受了孔门伦理的影响不少。

时代变了！西洋动的文明打进来了！西洋的工业经济来压迫东洋的农业经济了！孔门伦理的基础就根本动摇了！因为西洋文明是建立在工商经济上的构造，具有一种动的精神，常求以人为克制自然，时时进步，时时创造。到了近世，科学日见昌明，机械发明的结果促起了工业革命。交通机关日益发达，产业规模日益宏大，他们一方不能不扩张市场，一方不能不搜求原料，这种经济上的需要，驱着西洋的商人，来叩东洋沈静的大门。一六三五年顷，已竟有荷兰的商人到了日本，以后Perry Harris（佩里，编者注）与Lord Elgin（额尔金，编者注）诸人相继东来，以其商业上的使命开拓东洋的门径，而日本，而中国，东洋农业本位的各国，都受了西洋工业经济的压迫。日本国小地薄，人口又多，担不住这种压迫，首先起了变动，促成明治维新，采用了西洋的物质文明，产业上起了革命——如今还正在革命中——由农业国一变而为工业国，不但可以自保，近来且有与欧美各国并驾齐驱的势力了。日本的农业经济组织既经有了变动，欧洲的文明、思想又随着他的经济势力以俱来，思想界也就起了绝大的变动。近来Democracy的声音震荡全国，日本人夸为"国粹"之万世一系的皇统，也有动摇的势子，从前由中国传入的孔子伦理现在全失了效力了。

中国地大物博，农业经济的基础较深，虽然受了西洋工业经济的压迫，经济上的变动却不能骤然表见出来。但中国人于有意无意间也似乎了解这工商经济的势力加于中国人生活上的压迫实在是厉害，所以极端仇视他们，排斥他们，不但排斥他们的人，并且排斥他们的器物。但看东西交通的初期，中国只是拒绝和他们通商，说他们科学上的发明是"奇技淫巧"，痛恨他们造的铁轨，把他投弃海中。义和团虽发于仇教的心理，而于西洋人的一切器物一概烧毁，这都含着经济上的意味，都有几分是工业经济压迫的反动，不全是政治上、宗教上、人种上、文化上的冲突。

欧洲各国的资本制度一天盛似一天，中国所受他们经济上的压迫也就一天甚似一天。中国虽曾用政治上的势力抗拒过几回，结果都是败辱。把全国沿海的重要通商口岸都租借给人，割让给人了，关税铁路等等权力也都归了人家的掌握。这时的日本崛然兴起，资本制度发达的结果，不但西洋的经济力不能侵入，且要把他的势力扩张到别国。但日本以新兴的工业国，骤起而与西洋各国为敌，终是不可能；中国是他的近邻，产物又极丰富，他的势力自然也要压到中国上。中国既受西洋各国和近邻日本的二重压迫，经济上发生的现象，就是过庶人口不能自由移动，海外华侨到处受人排斥虐待，国内居民的生活本据渐为外人所侵入——台湾、满蒙、山东、福建等尤甚——关税权为条约所束缚，适成一种"反保护制"。

外来的货物和出口的原料，课税极轻，而内地的货物反不能自由移动，这里一厘，那里一卡，几乎步步都是关税。于是国内产出的原料品以极低的税输出国外，而在国外制成的精制品以极低的税输入国内。国内的工业都是手工工业和家庭工业，那能和国外的机械工业、工厂工业竞争呢？结果就是中国的农业经济挡不住国外的工业经济的压迫，中国的家庭产业挡不住国外的工厂产业的压迫，中国的手工产业挡不住国外的机械产业的压迫。国内的产业多被压倒，输入超过输出，全国民渐渐变成世界的无产阶级，一切生活都露出困迫不安的现象。在一国的资本制下被压迫而生的社会的无产阶级，还有机会用资本家的生产机关；在世界的资本制下被压迫而生的世界的无产阶级，没有机会用资本国的生产机关。在国内的就为兵为匪，跑到国外的就作穷苦的华工，展转迁徙，贱卖他的筋力，又受人家劳动阶级的疾视。欧战期内，一时赴法赴俄的华工人数甚众，战后又用不着他们了，他们只得转回故土。这就是世界的资本阶级压迫世界的无产阶级的现象，这就是世界的无产阶级寻不着工作的现象。欧美各国的经济变动，都是由于内部自然的发展；中国的经济变动，乃是由于外力压迫的结果，所以中国人所受的苦痛更多，牺牲更大。

中国的农业经济，即因受了重大的压迫而生动摇，那么首先崩颓粉碎的就是大家族制度了。中国一切的风俗、礼教、政法、伦理都以大家族制度为基础，而以孔子主义为其全结晶体。大家族制度既入了崩颓粉碎的运命，孔子主义也不能不跟着崩颓粉碎了。

试看中国今日种种思潮运动，解放运动，那一样不是打破大家族制度的运动？那一样不是打破孔子主义的运动？

第一、政治上民主主义（Democracy）的运动，乃是推翻父权的君主专制政治之运动，也就是推翻孔子的忠君主义之运动。这个运动形式上已算有了一部分的成功。联治主义和自治主义也都是民主主义精神的表现，是打破随着君主专制发生的中央集权制的运动。这种运动的发动，一方因为经济上受了外来的压迫，国民的生活极感不安，因而归咎于政治的不良、政治当局

河北昌黎县五峰山及韩文公祠，李大钊在此撰写过重要文章。

的无能，而力谋改造。一方因为欧美各国 Democracy 的思潮随着经济的势力传入东方，政治思想上也起了一种响应。

　　第二、社会上种种解放的运动是打破大家族制度的运动，是打破父权（家长）专制的运动，是打破夫权（家长）专制的运动，是打破男子专制社会的运动，也就是推翻孔子的孝父主义、顺夫主义、贱女主义的运动。如家庭问题中的亲子关系问题、短丧问题，社会问题中的私生子问题、儿童公育问题，妇女问题中的贞操问题、节烈问题、女子教育问题、女子职业问题、女子参政问题，法律上男女权利平等问题（如承继遗产权利问题等）、婚姻问题——自由结婚、离婚、再嫁、一夫一妻制、乃至自由恋爱、婚姻废止——都是属于这一类的，都是从前大家族制下断断不许发生、现在断断不能不发生的问题。原来中国的社会只是一群家族的集团，个人的个性、权利、自由都束缚禁锢在家族之中，断不许他有表现的机会。所以从前的中国，可以说是没有国家、没有个人、只有家族的社会。现在因为经济上的压迫，大家族制的本身已竟不能维持。而随着新经济势力输入的自由主义、个性主义，又复冲入家庭的领土。他的崩颓破灭也是不能逃避的运数。不但子弟向亲长要求解放，便是亲长也渐要解放子弟了；不但妇女向男子要求解放，便是男子也渐要解放妇女了。因为经济上困难的结果，家长也要为减轻他自己的负担，听他们去自己活动，自立生活了。从前农业经济时代，把他们包容在一个大家族里，于经济上很有益处，现在不但无益，抑且视为重累了。至于妇女，因为近代工业进步的结果，添出了很多宜于妇女的工作，也是助他们解放运动的一个原因。

欧洲中世也曾经过大家族制度的阶级，后来因为国家主义和基督教的势力勃兴，受了痛切的打击；又加上经济情形发生变动，工商勃兴，分业及交通机关发达的结果，大家族制度遂立就瓦解。新起的小家族制度，其中只包含一夫一妻及未成年的子女，如今因为产业进步、妇女劳动、儿童公育种种关系。崩解的气运将来也必然不远了。

中国的劳动运动也是打破孔子阶级主义的运动。孔派的学说，对于劳动的阶级，总是把他们放在被治者的地位，作治者阶级的牺牲．"无君子莫治野人，无野人莫养君子""劳心者治人，劳力者治于人。"这些话可以代表孔门贱视劳工的心理。现代的经济组织，促起劳工阶级的自觉，应合社会的新要求，就发生了"劳工神圣"的新伦理，这也是新经济组织上必然发生的构造。

总结以上的论点：第一，我们可以晓得孔子主义（就是中国人所谓纲常名教）并不是永久不变的真理。孔子或其他古人，只是一代哲人，决不是"万世师表"。他的学说所以能在中国行了二千余年，全是因为中国的农业经济没有很大的变动，他的学说适宜于那样经济状况的原故。现在经济上生了变动，他的学说，就根本动摇，因为他不能适应中国现代的生活，现代的社会。就有几个尊孔的信徒天天到曲阜去巡礼，天天戴上洪宪衣冠去祭孔，到处建筑些孔教堂，到处传布"子曰"的福音，也断断不能抵住经济变动的势力来维持他那"万世师表""至圣先师"的威灵了。第二，我们可以晓得中国的纲常、名教、伦理、道德都是建立在大家族制上的东西。中国思想的变动就是家族制度崩坏的征候。第三，我们可以晓得中国今日在世界经济上实立于将为世界的无产阶级的地位。我们应该研究如何使世界的生产手段和生产机关同中国劳工发生关系。第四，我们可以正告那些钳制新思想的人，你们若是能够把现代的世界经济关系完全打破，再复古代闭关自守的生活，把欧洲的物质文明、动的文明完全扫除，再复古代静止的生活，新思想自然不会发生。你们若是无奈何这新经济势力，那么只有听新思想自由流行，因为新思想是应经济的新状态、社会的新要求发生的，不是几个青年凭空造出来的。

原载《新青年》第七卷第二号，1920年1月1日

唯物史观在现代史学上的价值

李大钊

"唯物史观"是社会学上的一种法则，是Karl Marx和Friedrich Engels一八四八年在他们合著的《共产党宣言》里所发现的。后来有四种名称，在学者间通用，都是指此法则的，即是：（1）"历史之唯物的概念"（"The Materialistic Conception of History"），（2）"历史的唯物主义"（"Historical Materialism"），（3）"历史之经济的解释"（"The Economic Interpretation of History"）及（4）"经济的决定论"（"Economic Determinism"）。在（1）（2）两辞，泛称物质，殊与此说的真相不甚相符。因为此说只是历史之经济的解释，若以"物质"或"唯物"称之，

1920 年 12 月，李大钊在《新青年》第 8 卷第 4 号发表的《唯物史观在现代史学上的价值》。

则是凡基于物质的原因的变动，均应包括在内，例如历史上生物的考察，乃至因风土、气候、一时一地的动植物的影响所生的社会变动，均应论及了。第（4）一辞，在法兰西颇流行，以有倾于定命论、宿命论之嫌，恐怕很有流弊。比较起来，还是"经济史观"一辞妥当些。Seligman（塞利格曼，编者注）曾有此主张，我亦认为合理，只以"唯物史观"一语，年来在论坛上流用较熟，故仍之不易。

科学界过重分类的结果，几乎忘却他们只是一个全体的部分而轻视他们相互间的关系，这种弊象，呈露已久了。近来思想界才发生一种新倾向：研究各种科学，与其重在区分，毋宁重在关系，说明形成各种科学基础的社会制度，与其为解析的观察，不如为综合的观察。这种方法可以应用于现在的事实，亦可以同样应用于过去的纪录。唯物史观，就是应这种新倾向而发生的。从前把历史认作只是过去的政治，把政治的内容亦只解作宪法的和外交的关系。这种的历史观，只能看出一部分的真理而未能窥其全体。按着思想界的新倾向去观察，人类的历史，乃是人在社会上的历史，亦就是人类的社会生活史。人类的社会生活是种种互有关联、互与影响的活动，故人类的历史，应该是包含一切社会生活现象，广大的活动。政治的历史，不过是这个广大的活动的一方面，是社会生活的一部分，不是社会生活的全体。以政治概括社会生活，乃是以一部分概括全体，陷于很大的误谬了。于此所发生的问题，就是在这互有关联、互与影响的社会生活里，那社会进展的根本原因究竟何在？人类思想上和人类生活上大变动的理由究竟为何？唯物史观解答这个问题，则谓人的生存，全靠他维持自己的能力，所以经济的生活，是一切生活的根本条件。因为人类的生活，是人在社会的生活，故个人的生存总在社会的构造组织以内进动而受他的限制，维持生存的条件之于个人，与生产和消费之于社会是同类的关系。在社会构造内限制社会阶级和社会生活各种表现的变化，最后的原因，实是经济的。此种学说发源于德，次及于意、俄、英、法等国。

唯物史观的名称意义，已如上述，现在要论他在史学上的价值了。研究历史的重要用处，就在训练学者的判断力，并令他得着凭以为判断的事实。成绩的良否，全靠所论的事实确实与否和那所用的解释法适当与否。十八世纪和十九世纪前半期的历史学者，研究历史原因的问题的人很少。他们多以为历史家的职分，不外叙述些政治上、外交上的史实，那以伟人说或时代天才说解释这些史实的，还算是深一层的研究。Lessing（莱辛，编者注）在他的《人类教育论》与 Herder（赫尔德，编者注）在他的《历史哲学概论》里所论述的，都过受神学观念的支配，很与思想界的新运动以阻力。像 Herder 这样的人，他在德国与 Ferguson（弗格森，编者注）在苏格兰一样，可以说是近代人类学研究的先驱，他的思想，犹且如此，其他更可知了。康德在他的《通史概论》里早已窥见关于社会进化的近代学说，是 Huxley（赫胥黎，编者注）与许多德国学者所公认的，然亦不能由当时的神学思想完全解放出来，而直为严正的科学的批评。到了 Hegel（黑格尔，编者注）的《历史哲学》，达于历史的唯心的解释的极点，但是 Hegel 派的"历史精神"观，于一般领会上究嫌过于暧昧，过于空虚。

有些主张宗教是进化的关键的人，用思想、感情等名词解释历史的发长，这可以说是历史的宗教的解释。固然犹太教、儒教、回教、佛教、耶教等五大宗教的教义，曾与于人类进步以很深的影响，亦是不可争的事实，但是这种解释，未曾注意到与其把宗教看作原因，不如把他看作结果的道理，并且未曾研究同一宗教的保存何以常与他的信徒的环境上、性质上急遽的变动相适合的道理。这历史的宗教的解释就是 Benjamin Kidd（本杰明·基德，编者注）的修正学说，亦只有很少的信徒。

此外还有历史的政治的解释。其说可以溯源于 Aristotle（亚里士多德，编者注），有些公法学者右之。此派主张通全历史可以看出由君主制到贵族制，由贵族制到民主制的一定的运动，在理想上，在制度上，都有个由专制到自由之不断的进步。但是有许多哲学家，并 Aristotle 亦包在内，指出民主制有时亦弄到专制的地步，而且政治的变动，不是初级的现象，乃是次级的现象，拿那个本身是一结果的东西当作普遍的原因，仿佛是把车放在马前一样的倒置。

这些唯心的解释的企图都一一的失败了，于是不得不另辟一条新路，

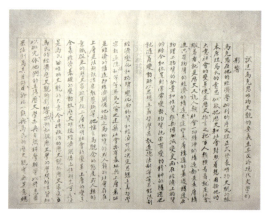

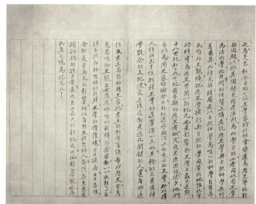

李大钊批阅的北京大学学生贺廷珊的《唯物史观》试卷。

这就是历史的唯物的解释。这种历史的解释方法，不求其原因于心的势力，而求之于物的势力，因为心的变动常是为物的环境所支配。

综观以上所举历史的解释方法，新旧之间截然不同。因历史事实的解释方法不同，从而历史的实质亦不同，从而及于读者的影响亦大不同。从前的历史专记述王公世爵纪功耀武的事。史家的职分，就在买此辈权势阶级的欢心，好一点的，亦只在夸耀自国的尊荣。凡他所纪的事实，都是适合此等目的的，否则屏而不载，而解释此类事实则全用神学的方法。此辈史家把所有表现于历史中特权阶级的全名表，都置于超自然的权力保护之下。所纪载于历史的事变，无论是焚杀，是淫掠，是奸谋，是篡窃，都要归之于天命，夸之以神武，使读者认定无论他所遭逢的境遇如何艰难，都是命运的关系。只有祈祷天帝，希望将来，是慰藉目前痛苦的惟一方法。

这种历史及于人类精神的影响，就是把个人的道德的势力，全弄到麻木不仁的状态。既已认定支配境遇的难苦，都是天命所确定的，都是超越自己所能辖治的范围以外的势力所左右的，那么以自己的努力企图自救，便是至极愚妄的事，只有出于忍受的一途。对于现存的秩序，不发生疑问，设若发生疑问，不但丧失了他现在的平安，并且丧失了他将来的快乐。他不但要服从，还要祈祷，还要在杀他的人的手上接吻。这个样子，那些永据高位握有权势的人，才能平平安安的常享特殊的权利，并且有增加这些权利的机会，而一般人民，将永沉在物质、道德的卑屈地位。这种史书，简直是权势阶级愚民的器具，用此可使一般人民老老实实的听他们掠夺。

唯物史观所取的方法，则全不同。他的目的是为得到全部的真实，其及于人类精神的影响，亦全与用神学的方法所得的结果相反。这不是一种供权势阶级愚民的器具，乃是一种社会进化的研究。而社会一语，包含着全体人民，并他们获得生活的利便，与他们的制度和理想。这与特别事变、特别

李大钊先后在北京大学、北京女子高等师范学校、北京高等师范学校、朝阳大学、中国大学任教，讲授"唯物史观""社会主义与社会主义运动""工人运动""女权运动史"等课程，通过大学讲台宣传马克思主义。图为李大钊（后排右3）与北京女子高等师范学校部分师生合影。

人物没有什么关系。一个个人，除去他与全体人民的关系以外，全不重要；就是此时，亦是全体人民是要紧的，他不过是附随的。生长与活动，只能在人民本身的性质中去寻，决不在他们以外的什么势力。最要紧的，是要寻出那个民族的人依以为生的方法，因为所有别的进步，都靠着那个民族生产衣食方法的进步与变动。

斯时人才看出他所生存的境遇，是基于能时时变动而且时时变动的原因；斯时人才看出那些变动，都是新知识施于实用的结果，就是由像他自己一样的普通人所创造的新发明新发见的结果，这种观念给了很多的希望与勇气在他的身上；斯时人才看出一切进步只能由联合以图进步的人民造成，他于是才自觉他自己的权威，他自己在社会上的位置，而取一种新态度。从前他不过是一个被动的、否定的生物，他的生活虽是一个忍耐的试验品，于什么人亦没有用处。现在他变成一个活泼而积极的分子了，他愿意知道关于生活的事实，什么是生活事实的意义，这些生活事实给进步以什么机会，他愿意把他的肩头放在生活轮前，推之挽之使之直前进动。这个观念，可以把他造成一个属于他自己的人，他才起首在生活中得了满足而能于社会有用。但是一个人生在思想感情都锢桎于古代神学的习惯的时代，要想思得个生活的新了解，那是万万不可能，青年男女，在这种教训之下，全麻痹了他们的意志，万不能发育实成。

这样看来，旧历史的方法与新历史的方法绝对相反：一则寻社会情状的原因于社会本身以外，把人当作一只无帆、无楫、无罗盘针的弃舟，漂流于茫茫无涯的荒海中，一则于人类本身的性质内求达到较善的社会情状的推进力与指导力；一则给人以怯懦无能的人生观，一则给人以奋发有为的人生观。这全因为一则看社会上的一切活动变迁全为天意所存；一则看社会上的一切活动和变迁全为人力所造，这种人类本身具有的动力可以在人类的需要中和那赖以满足需要的方法中认识出来。

有人说社会的进步，是基于人类的感情。此说乍看，似与社会的进步是基于生产程叙的变动的说相冲突，其实不然。因为除了需要的意识和满足需要的娱快，再没有感情，而生产程叙之所以立，那是为满足构成人类感情的需要。感情的意识与满足感情需要的方法施用，只是在同联环中的不同步数罢了。

有些人误解了唯物史观，以为社会的进步只靠物质上自然的变动，勿须人类的活动，而坐待新境遇的到来。因而一般批评唯物史观的人，亦有以此为口实，便说这种定命（听命由天的）人生观，是唯物史观给下的恶影响。这都是大错特错，唯物史观及于人生的影响乃适居其反。

旧历史的篡著和他的教训的虚伪既是那样荒陋，并且那样明显，而于文化上又那样无力，除了少数在神学校的，几乎没有几多教授再作这种陈腐而且陋劣的事业了。晚近以来，高等教育机关里的史学教授，几无人不被唯

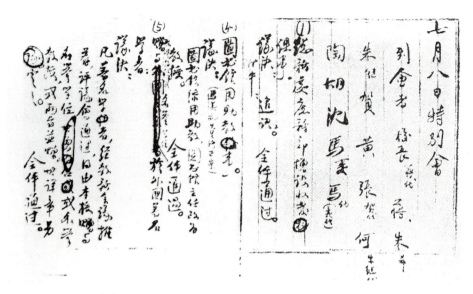

1920年7月，李大钊受聘为北京大学教授。图为北京大学评议会全体通过的关于李大钊由图书馆主任改任教授的会议记录。

物史观的影响，而热心创造一种社会的新生。只有出之公立学校的初级史学教员，尚未觉察到这样程度的变动，因为在那里的教训，全为成见与习惯所拘束，那些教员又没有那样卓越的天才，足以激励他们文化进步上的自高心，而现今的公立学校又过受政治和教科书事务局的限制。

唯物史观在史学上的价值，既这样的重大，而于人生上所被的影响，又这样的紧要，我们不可不明白他的真意义，用以得一种新人生的了解。我们要晓得一切过去的历史都是靠我们本身具有的人力创造出来的，不是那个伟人、圣人给我们造的，亦不是上帝赐予我们，将来的历史，亦还是如此。现在已是我们世界的平民的时代了，我们应该自觉我们的势力，赶快联合起来，应我们生活上的需要，创造一种世界的平民的新历史。

原载《新青年》第八卷第四号，1920年12月1日

马克思学说与中国无产阶级

蔡和森、陈独秀

一、原书

独秀先生：

闻公主张社会主义而张东荪欢迎资本主义，两方驳论未得而见，殊以为憾。和森为极端马克思派，极端主张：唯物史观、阶级战争、无产阶级专政。

所以对于初期的社会主义，"乌托邦"的共产主义，不识时务穿着理思的绣花衣裳的无政府主义，专注经济行动的工团主义，调和劳资以延长资本政治的吉尔特社会主义，以及修正派的社会主义，一律排斥批评，不留余地。以为这些东西都是阻碍世界革命的障碍物（其说甚长，兹不能尽），而尤其深恶痛绝参杂中产阶级思潮的修正派，专恃议院行动的改良派，动言特别情形、特别背影以及专恃经济变化说

蔡和森（1895—1931），字润寰，湖南双峰人。中国共产党早期领导人之一。1920年，赴法勤工俭学的蔡和森在给毛泽东信中明确提出建立中国共产党的主张。毛泽东在回信中表示"对和森的主张，表示深切的赞同"。

的投机派，以为叛逆社会党、爱国社会党都是这些东西的产物。

窃以为马克思主义的骨髓在综合革命说与进化说（Revolution et evolution）。专恃革命说则必流为感情的革命主义，专恃进化说则必流为经济的或地域的投机派主义。马克思主义所以立于不败之地者，全在综合此两点耳。

马克思的学理由三点出发：在历史上发明他的唯物史观，在经济上发明他的资本论，在政治上发明他的阶级战争说。三者一以贯之，遂成为革命的马克思主义。社会革命完全为无产阶级的革命。现今全世界只有两个敌对的阶级存在，就是中产阶级与无产阶级。中产阶级以上没有第二阶级，无产阶级以下没有第五阶级。因为交通发达的结果，资本主义如水银泼地，无孔不入，故东方久已隶属于西方，农业国久已隶属于工业国，野蛮国久已隶属于文明国，而为其经济的或政治的殖民地。因此经济上的压迫，东方农业国野蛮国的无产阶级之所受较西方工业国文明国无产阶级之所受为尤重。因为西方工业国文明国的资本帝国主义常常可以掠夺一些殖民地或势力地带以和缓他本国"剩余生产""剩余劳动"的两种恐慌，而分余润于其无产阶级（贿买工头及工联领袖，略加一般劳动者的工资，设贫民学校以及可以买工人欢心的慈善事业，使工人阶级感怀恩惠）。因此西方大工业国的无产阶级常常受其资本家的贿买笼络而不自觉，社会党、劳动党中改良主义、投机主义盛行，而与资本主义狼狈相倚，此所以社会革命不发生于资本集中、工业极盛、殖民地极富之英、美、法，而发于殖民地极少、工业落后之农业国俄罗斯也。因为俄罗斯在经济地位上久已隶属于西方工业国，而他那上古式的农业生产法又抵当法（小机械农业）、美（大机械农业）机器的农业生产法不住；所以农产品一入国际市场，不能与法、美相竞，因此农民及无产阶级受国际的经济压迫便异常之大，加以大战破产，社会革命遂起。由此就可推论中国社会革命了。中国受国际资本帝国主义的经济压迫到了那步田地？自身的生产方法还是三代以上的，自己不能供自己的需要，五大强的商品开始由大炮送进来，继之由本身的需要扯进来，这种经济侵略孰能御之？大机器生产品日日浩浩荡荡的输进来，于是三代以上的手工生产者一批一批的失其职业。现在中国失业人数到了那些田地？换言之，就是为经济压迫不能生活者的人数到了那些田地？我敢说一句：现在中国四万万人有三万万五千万不能生活了。到了这个地步，三万万五千万人惟有两条路走：（一）流为盗贼、土匪、流氓、痞子，以至饿死、乱死、战死、争夺扰攘而死……（二）三万万五千万人公然自行提出其生死问题于中国社会，及为中国经济的主人翁五大强之前，请其依我们的意见解决。

如其不能，我们恐怕免不了社会革命的运命。到了这个时候，革命之爆发乃是必然的趋势，也如自然力的雷电之爆发一样，行所必然，什么成败利钝都不会顾，什么改造的理想家、大学问家都也把持不下。这是最大多数的生死临头问题，纵然革命的经济条件、生产条件不具足，革命后会被围困封锁而饿死，但使群众一旦觉悟与其为盗贼、土匪、流氓、痞子而饿死、乱死、争夺扰攘而死，死得不值，毋宁为革命而战死、而饿死，死得荣誉。社会革命的标准在客观的事实，而不在主观的理想，在无产阶级经济生活被压迫、被剥削的程度之深浅，及阶级觉悟的程度之深浅，而不在智识程度、道德程度之深浅。自来一般中产阶级学者或空想的社会改造家好以他个人的头脑来支配世界，视社会改造或社会革命为几个圣贤豪杰、伟人志士、思想家、学问家的掌上珠、图案画和绣花衣，任凭他们几个人的主观理想去预定，去制造，去点缀，去修饰，去和颜配色，去装腔作势，去包揽把持，去迟早其时，去上下其手，指挥群众如此如彼的做去便是，这真愚妄极了。

我敢大声唤破这种迷梦：社会革命与染有中产阶级色彩的思想家和被中产阶级学说、教育、势力熏坏的改造家全无干涉。任凭你们怎样把你们的理想学说绣得好看雕得好玩，总与无产阶级的生死问题不能接近，不过在资本家的花园里开得好看，在资本家的翰林院内供他的御用罢了。一旦无产阶级的生死问题迫来，有如一九一七年的俄国饥民要面包，兵士要停战，工人要工厂，农人要土地，乱七八糟爆发起来，任凭那些中产阶级学者及自命为理想的改造家，凭依军阀、财阀而结为神圣同盟，也是遏制不住的。今日中国大多数的生活问题迫到了这个田地，贤人派的力量纵大，恐怕有点遏制社会革命的自然力不住！

　　马克思的革命说完全立于客观的必然论之上，革命既是必然的，然而我们无产阶级的觉悟者何以要去唤醒同阶级的觉悟呢？

　　（一）因为我们自身既得觉得苦痛之所由来（不由命运而完全由于私有财产制），便俯然不能终日。

　　（二）对于同阶级的人有同病相怜的同情。

　　（三）任其自然实现，时间延长，牺牲数量太大，无产阶级每日直接间接死于穷困者不知若干，直接间接死于战争者不知若干。若过三、五、十年再经一次世界大战，纵少又要死伤四五千万。

　　具此三个理由，所以我们无产阶级早已痛不堪痛（今日由段祺瑞下动员令送到这个战场上去死，明日由曹锟、张作霖下动员令送到那个战场上去死！天灾、人祸、穷困死亡，日日围着我们！），忍不堪忍了，还论什么革命的经济条件具足不具足。

　　不过我们无产阶级革命，在计划上讲起来，殊有于未革命以前，做一个大大的经济变化运动之必要。这个运动怎样做呢？就是我们无产阶级社会党，亟应于各大都会组织同阶级之失业者、最下层的贫困无告者，第一步公然起来向政府论南北要求"生存权"和"劳动权",迫令政府即向五国银团大借实业外债。第二步要求监督实业借款的用途。第三步要求产业及政治管理权。

独秀先生!现在英、法、美、意的劳动运动刚才接近第三步,还没达到目的。我们若有识力、有决心,必可于最短时期突过欧美的劳动运动。我以为社会运动为社会革命之起点,社会革命为社会运动之成熟,即综合 evolution et revolution 之意,如此才可立于不败之地,而不致流为鲁莽灭裂、毫无计画的感情革命主义,和审时度势、坐以待毙的投机主义。我深以上列三个具体步骤为中国社会运动、社会改造的不二法门。盖承此纷争破产之后,四五年中,资本主义必勃然而兴,与其待军阀、财阀勾结五大强来巩固资本主义于中国,不如由无产阶级先发制人,取其利而避其害。盖生产之三要素,中国具二而缺一(有劳力、原料而无资本),全国生命遂握于五大资本强国之手。若我们无产阶级不先发制人之计,则必受制于人,则必坐待资本主义之来而无可如何,则必待五大强国社会革命之后我们才能革命,那就真闷死人,真不值,真不经济了!

先生!劳动解放决不是一个地方、一个国家、一个民族的问题,乃是一个世界的社会问题,马克思社会主义乃是国际的社会主义,我们绝不要带地域的民族的色彩。中国的阶级战争,就是国际的阶级战争。说中国没有大中产阶级,阶级战争用不着的,固然是忘记了中国在国际上的经济地位,忘记了外国资本家早已为了中国无产阶级的主人;而说中国的阶级战争就是最大多数的劳动者对于本国几个可怜的资本家的战争,也同是忘了中国在国际上的经济地位,也同是忘记了外国资本家早已为了中国无产阶级的主人。故我认定中国的阶级战争乃是国际的阶级战争。中国已经兴起了的几个资本家和将兴起的资本阶级,不过为五大强国资本阶级的附属罢了。我认定全国人

1926 年上海民智书局出版的蔡和森著《社会进化史》。这是中国第一部用马克思主义唯物史观写成的社会发展史。

民除极少数的军阀、财阀、资本家以外，其余不是全无产阶级就是小中产阶级，而小中产阶级就是无产阶级的候补者。你看现在中国的中产之家，有几多能自给其生活、教养其子女而不感穷困者。故以我看来，中国完全是个无产阶级的国（大中产阶级为数极少，全无产阶级最多，半无产阶级——即中等之家——次之），中国的资本阶级就是五大强国的资本阶级（本国极少数的军阀、财阀、资本家附属于其中），中国的阶级战争就是国际的阶级战争。

独秀先生！我是极端主张无产阶级专政的。我的主张不是主观的，乃是客观的，必然的。因为阶级战争是阶级社会必然的结果，阶级专政又是阶级战争必然的结果；不过无产阶级专政与中产阶级专政有大不同的两点。

（一）中产阶级专政是永久的目的，无产阶级专政是暂时必然的手段。其目的在取消阶级。无产阶级不专政，则不能使中产阶级夷而与无产阶级为伍，同为一个权利义务平等的阶级，即不能取消阶级；不能取消阶级，世界永不能和平大同。

（二）中产阶级专政假名为"德莫克拉西"，而无产阶级专政公然叫做"狄克推多"，因此便惹起一般浅人的误会和反对。其实这是事有必至、理有固然的，任你如何反抗，历史的过程定要如此经过的。

以上拉杂写了一长篇，请先生指正，并请交换意见。和森感国内言论沉寂，有主义有系统的出版物几未之见（从前惟《星期评论》差善），至于各国社会运动的真情，尤其隔膜得很。甚想以我读书阅报之所得，做一种有系统、有主张、极鲜明强固的文化运动，意欲择言论机关之同趣者发表之。

蔡和森

一九二一，二，十一，在法国蒙逢尼

二、答书

蔡和森先生：

我前几天回到上海才见着你的信，所以久未答覆，实在抱歉之至。来信所说的问题甚大，现在只能简单说一说我的私见。

尊论所谓"综合革命说与进化说"固然是马克思主义的骨髓，也正是

1921年9月中旬，中法政府停发勤工俭学学生的维持费，并拒绝收录勤工俭学学生入读里昂中法大学。为争取开放里大，由蔡和森、赵世炎、陈毅、李立三率领的125人先发队于9月21日进占里昂中法大学，随后遭到拘禁并被押遣回国。此次斗争使广大勤工俭学学生认识到建立一个统一的共产主义组织的必要性，坚定了共产主义信仰。图为里昂中法大学校门。

有些人对于马克思主义怀疑的一个最大的要害。怀疑的地方就是：马克思一面主张人为的革命说，一面又主张唯物史观，类乎一种自然进化说，这两说不免自相矛盾。鄙意以为唯物史观是研究过去历史之经济的说明，主张革命是我们创造将来历史之最努力、最有效的方法，二者似乎有点不同。唯物史观固然含着有自然进化的意义，但是他的要义并不只此，我以为唯物史观的要义是告诉我们：历史上一切制度的变化是随着经济制度的变化而变化的。

我们因为这个要义的指示，在创造将来的历史上得了三个教训：（一）一种经济制度要崩坏时，其他制度也必然要跟着崩坏，是不能用人力来保守的；（二）我们对于改造社会的主张，不可蔑视现社会经济的事实；（三）我们改造社会应当首先从改造经济制度入手。

在第（一）（二）教训里面，我们固然不能忘了自然进化的法则，然同时我们也不能忘了人类确有利用自然法则来征服自然的事实，所以我们在第（三）教训内可以学得创造历史之最有效、最根本的方法，即经济制度的革命。

照我这样解释，马克思主义并没有什么矛盾。若是把唯物史观看做一种呆板的自然进化说，那末，马克思主义便成了完全机械论的哲学，不仅是对于历史之经济的说明了，先生以为如何？

此理说来甚长，我这不过是最简单的解释，很盼望赞成或反对马克思主义的人加以详细的讨论。

独秀

一九二一，八，一

原载《新青年》第九卷第四号，1921年8月1日

公开发起马克斯学说研究会启事

邓中夏

马克斯学说在近代学术思想界的价值，用不着这里多说了。但是我们愿意研究他的同志，现在大家都觉得有两层缺憾：（一）关于这类的著作博大渊深，便是他们德意志人对此尚且有"皓首穷经"的感想，何况我们研究的时候更加上一重或二重文字上的障碍，不消说，单独研究是件比较不甚容易完成的事业了。（二）搜集此项书籍也是我们研究上重要的任务。但是现在图书馆的简单的设备，实不能应我们的要求；个人藏书，因经济的限制，也是一样的贫乏，那么，关于书籍一项，也是个人没有解决的问题。

我们根据这两个要求，所以各人都觉得应有一个分工互助的共学组织，祛除事实上的困难，上年三月间便发起了这一个研究会。

邓中夏（1894—1933），湖南宜章人。1920年10月参加北京"共产党小组"。1921年8月担任中国劳动组合书记部书记，参与领导北方工人运动。1923年2月领导京汉铁路工人大罢工，并在全国发动了劳动立法运动。

1950 年新华书店出版的邓中夏著作《中国职工运动简史》。

现在我们已有同志十九人了。筹集了百二十元的购书费，至少要购备《马克斯全集》英、德、法三种文字的各一份。各书现已陆续寄到，并且马上就要找定一个事务所，可以供藏书、阅览、开会、讨论的用。我们的意思在凭着这个单纯的组织，渐次完成我们理想中应有的希望。

现在谨致意校内外的同志们：盼望你们热心的赞助，并欢迎你们加入共同研究。今将我们暂拟的几行规约写在下面。

一、本会叫做"马克斯学说研究会"，以研究关于马克斯派的著述为目的。

二、对于马克斯派学说研究有兴味的和愿意研究马氏学说的人，都可以做本会的会员。入会手续，由会员介绍或自己请愿，但须经会中认可。

三、研究的方法分四项：

——搜集马氏学说底德、英、法、日、中文各种图书；

——讨论会；

——讲演会；

——编译、刊印《马克斯全集》和其他有关的论文。

四、本会设书记二人，担任购置、管理和分配书籍事务。

五、会员有分担购置书籍费的义务。

六、本会书籍，会员得自由借阅，但须限期缴还。如会外人想借阅时，须经本会特别许可，并交纳保证金。

通讯处：（一）北京大学第一院王有德君

（二）北京大学西斋罗章龙君

发起人：高崇焕　王有德　邓仲澥　罗章龙　吴汝明

黄绍谷　王复生　黄日葵　李　骏　杨人杞

李梅羹　吴容沧　刘仁静　范鸿劼　宋天放

高尚德　何孟宏　朱务善　范齐韩

原载《北京大学日刊》，1921年12月16日

马克思学说

陈独秀

一、剩余价值

马克思是一个大经济学者，他的学说代表社会主义的经济学和亚当·斯密代表个人主义的经济学一样，在这一点无论赞成马克思或是反对者都应该一致承认。

马克思的经济学说，和以前个人主义的经济学说不同之特点，是在说明剩余价值之如何成立及实现。二千几百页的《资本论》里面所反复说明的，可以说目的就是在说明剩余价值这件事。亚当·斯密也曾说过："在土地未私有资本未集聚的最初状态，劳动者所生产的东西全属劳动者自己所有。"（见《原富》一卷六六页）又说："劳动者自己享有全部生产品的最初状态，土地私有资本集聚之后便不行了。"（见《原富》一卷六四页）这两段明明说因为土地和资本私有的缘故，劳动者不能得着所做的生产品全部分，只得着一部分。那剩余的部分归了何人呢？照马克思的学说，这就叫做剩余价值，是归了资本家的荷包。资本家夺取了劳动者的剩余价值，作为他私有的资本，再生产再掠夺，以次递增，资本是这样集聚起来的，资本制度就是这样发达起来的。话虽这样简单，但是要真实明白剩余价值是什么，以及他是如何成立、如何实现和分配的，本是一件很烦难的事，现在不得不略略说

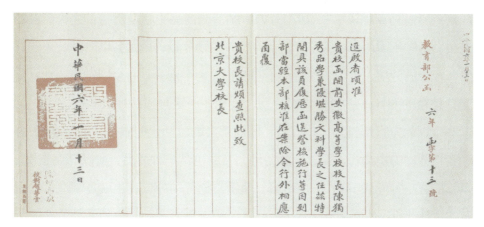

1917 年 1 月，陈独秀受蔡元培之邀出任北京大学文科学长，协助蔡元培整顿学校。这是北洋军阀政府教育部批准陈独秀为北京大学文科学长的函件。

明一下。

要明白马克思所说的剩余价值是什么，首先要明白马克思所指的价值是什么，其次要明白马克思所说的劳动价值是什么及劳动价值如何定法。亚当·斯密以来的经济学者，对于凡物之价格都分为自然价格（Natural Price）、市场价格（Market Price）两种。剩余价值所指的价值，是自然价格所表现的抽象价值，不是市场价格所表现的具体价值，我们千万不可弄错。劳动价值也分二种：（一）劳动力自身之价值，即是劳动者每月拿若干工钱把劳动力卖给资本家之价值；（二）劳动生产品之价值，即是劳动者每月做出若干生产品之价值。这两种劳动价值是如何定的呢？照马克思的意思是说，凡两件货物互换，这两件货物一定有什么相同的地方，譬如拿若干布匹换若干面粉，这两样货物形式不同，物理的性质不同，用处不同，他们相同的地方只是都为劳动所做的结果，因此所费劳动相等的货物价值亦相等。用十二小时做成的货物，价值比用六小时做成的货物高一倍，一个茶碗价值二角，一个茶壶价值一元，壶的价值比碗大四倍，是因为做壶所用的劳动比做碗的多四倍。所以马克思说："一切用劳力所制造的商品（就是货物）之价值，乃是由制造时所需社会的劳动分量而定。"（劳动分量，就是劳动时间长短的意思。社会的劳动，是与个别劳动不同的意思。个别劳动有个别勤惰巧拙以及工具精粗的差异，所谓社会的劳动，是指在一定时代的社会状况之下，将这些个别的差异都作为平均程度，因此社会的劳动也叫做平均的劳动。）劳动者把劳动力卖给资本家，因此劳动力自身也是一种商品，所以马克思说："劳动力这种商品的价值，是由培养他所需的劳动分量，也就是制造劳动者及其家族生活品所需的劳动分量而定。"马克思所谓制造一切商品所费的劳动分量，乃是兼"生的劳动"（制造该商品时所费的劳动）和"死的劳动"（制造该商品时所用原料工具建筑等以前所费的劳动）二种而言，这也是我们不可忽略的。

马克思的价值及劳动价值公例，略如以上所说，以下再说剩余价值是什么。

剩余价值究竟是什么呢？乃是货物的价值与制造这货物所费的价值（兼生的劳动之价值及死的劳动之价值而言）之差额。例如费一万元生产一万五千元的货物，在这货物一万五千元的价值中，除去生产这货物所费一万元的价值，所剩余的五千元就是剩余价值。说详细一点，当分为剩余价值之成立及剩余价值之实现和分配二部分。

剩余价值是如何成立的呢？照马克思说，剩余价值是在生产过程中成立的，不是在流通过程中成立的。这个意思十分重要，我们也千万不可弄错。此话怎讲？因为马克思所指出的剩余价值，虽然要在流通过程中才能够实际归到资本家的荷包，但是夺取的方法和剩余价值的本质，都不是指流通过程中一件一件生产品的卖价，乃是指生产过程中劳动者为资本家所做"剩余劳动"的价值。"剩余劳动"又是什么呢？是因为近代利用机器，制造业的规模一天大似一天，手工的生产品比机器的生产品货色不好价钱又贵，因此手工业一天衰败似一天。于是由手工工业时代变了机器工业时代，由家庭工业时代变了工厂工业时代，由独立生产时代变了共同生产时代，这就叫做"产业革命"。自产业革命以来，所有生产所必需的工具（土地、矿山、房屋、机器、原料等）都为资本家所占有，资本家以外的人，除了将自身的劳动力卖给资本家，便做不成工，便得不着生活费用。资本家给他们多少生活费用（即工钱）呢？照马克思的价值公例，一切商品之价值常与制造此商品时所费的劳力相等，劳力（也是一种商品）之价值（即工钱）也常与培养这劳力所需的劳动（即制造劳动者所必需的生活品之劳动）相等。那么，譬如

陈独秀支持学校多购置图书，广设阅览室，为学生提供良好的学习条件。图为北京大学图书馆中文书库。

一个劳动者每日所需的生活品值六小时的劳动分量，照理他每日做工六小时便已产出他生活品的价值。然而资本家往往要劳动者每日做工十二小时，所给工钱只值六小时的生活品，其余六小时，在实际上劳动者未曾得着工钱，是替资本家白做了，这白做的六小时就叫作"剩余劳动"。生产品之全部价值都是劳动者做出来的，而劳动者所得只一部分与六小时劳动价值相等的工钱，其余一部分由六小时剩余劳动而生的价值，就叫作"剩余价值"。

剩余价值是如何实现和分配的呢？剩余价值虽然成立在生产过程中，但是必须到了流通过程中才能够实现。资本家雇用劳动者产出一定价值的货物，剩余价值的本质及作用固然已经包含在这货物之中，然必待将这货物卖给消费者，把这货物的价值变成市场价格，剩余价值变成货币归到资本家的荷包，这时剩余价值才算实现。譬如一资本家费价值五成的劳动工钱，造成价值十成的棉纱，这时剩余价值五成固然已经由剩余劳动五成在生产过程中成立了，然必待将棉纱卖给消费者，将价值十成的货物变成价格十成的货币归到资本家的荷包，那时五成剩余价值才算实现了。这是因为生产者不能将货物直接卖给最后消费者，中间必须经过贩卖者之手，贩卖者须得一定资本及劳力之报酬，于是生产者不得不在价值以下的价格卖出他的货物。譬如用价值五成工钱造成价值十成的棉纱，因为贩卖者之报酬，价值十成的棉纱至多只能卖得价格八成的货币，因此五成剩余价值中，制造棉纱的资本家只能得着三成，其余二成是归了贩卖棉纱的资本家；制造棉纱的资本家若是向他资本家借过资本，便须拿一部分剩余价值付他资本家的利息；纱厂的地基若是向地主租的，又须拿一部分剩余价值付地租；剩余价值大概是如此分配的，各种资本家分配所余才是制造棉纱的资本家实际得着的剩余价值。所以说，剩余价值是在生产过程中成立的，是在流通过程中实现的。

资本家的资本是夺取劳动者剩余价值变成的，剩余价值是剩余劳动之价值变成的；工作时间越长，剩余劳动越加多；工钱越少，剩余劳动也越加多；出产能力越提高，剩余劳动也越加多；所以资本家想扩张剩余价值，天天在那里提高出产能力，天天在那里反对增加工钱、反对减少工作时间，拿剩余价值变成货币，又拿货币制造商品增加剩余价值，再拿剩余价值变成货币。如此利上生利，这就叫作"资本主义的生产方法"。资本主义的生产营业的规模一天大过一天，掠夺兼并的规模也一天大过一天，加上交通机关一天便利过一天，殖民地新市场一天扩大过一天，精巧的机器一天增多过一天，大银行大公司便一天发达过一天，从前的小工业都跟随着这些制度之发展，逐渐被大工业吸收了压倒了。这种吸收压倒的结果，便是把全社会的资本聚集在少数人手里，这就叫作"资本集中"。在从前小工业时代，资本不集中，因此产业不能发达，所以资本集中使生产能力增加、产业规模扩大，资本主义的生产方法好过以前的生产方法只在这一点。但是在财产私有制度之下，把全社会的财产大部分集中在少数资本家手里，便自然发生以下各项结果：（一）无财产的佣工渐渐增多；（二）生产能力增加而无产佣工的购买能力不能随之增加，因此造成"生产过剩"的结果，生产过剩又必然造成"市场缩小经济恐慌"和"工人失业"两种结果。合起这几项结果，无产佣工的困苦一天比一天沉重，而他们的人数却一天比一天增多，他们的团结也就一天比一天庞大。这个随着资本集中产业扩张而集中而扩张的无产阶级，必有团结起来，夺取国家政权，用政权没收一切生产工具为国有，毁灭资本主义生产方法之一日。

像以上所说资本主义的生产方法怎样利用机器对手工业起了产业革命，怎样夺取剩余价值集中资本，怎样造成大规模的产业组织，同时便造成了大规模的无产阶级，又怎样造成无产阶级对于资本主义革命之危机，这种种历史上经济制度之必然的变化在马克思学说里叫作"经济的历史观察"，又叫作"唯物的历史观察"。

二、唯物史观

马克思的唯物史观学说虽然没有专书，但是他所著的《经济学批评》《共产党宣言》《哲学之贫困》三种书里都曾说明过这项道理。综合上列三书中所说明的唯物史观之要旨有二。

其一，说明人类文化之变动。大意是说：社会生产关系之总和为构成社会经济的基础，法律政治都建筑在这基础上面。一切制度、文物、时代精神的构造都是跟着经济的构造变化而变化的，经济的构造是跟着生活资料之生产方法变化而变化的。不是人的意识决定人的生活，倒是人的社会生活决定人的意识。

其二，说明社会制度之变动。大意是说：社会的生产力和社会制度有密切的关系，生产力有变动，社会制度也要跟着变动，因为经济的基础（即生产力）有了变动，在这基础上面的建筑物自然也要或徐或速的革起命来，所以手臼造出了封建诸侯的社会，蒸汽制粉机造出了资本家的社会。一种生产力所造出的社会制度，当初虽然助长生产力发展，后来生产力发展到这社会制度（即法律、经济等制度）不能够容它更发展的程度，那时助长生产力的社会制度反变为生产力之障碍物，这障碍物内部所包涵的生产力仍是发展不已，两下冲突起来，结果，旧社会制度崩坏，新的继起，这就是社会革命。新起的社会制度将来到了不能与生产力适合的时候，它的崩坏亦复如是。但是一个社会制度，非到了生产力在其制度内更无发展之余地时，决不会崩坏。新制度之物质的生存条件，在旧制度的母胎内未完全成立以前，决不能产生，至少也须在成立过程中才能产生。

马克思社会主义所以称为科学的不是空想的，正因为他能以唯物史观的见解，说明资本主义的生产方法和资本主义的社会制度所以成立所以发达所以崩坏，都是经济发展之自然结果，是能够在客观上说明必然的因果，不是在主观上主张当然的理想。这是马克思社会主义和别家空想的社会主义不同之要点。

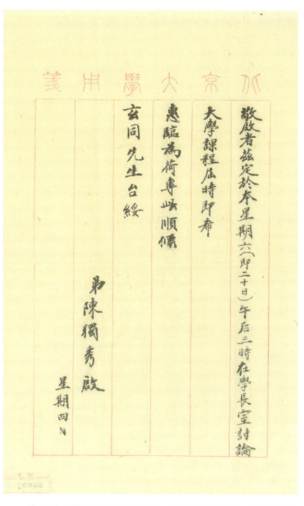

陈独秀严格学习和考试制度，整顿课堂纪律，同时调整
课程设置。这是陈独秀邀请讨论大学课程致文科教授钱玄同函。

有人以为马克思唯物史观是一种自然进化说，和他的阶级争斗之革命说未免矛盾。其实马克思的革命说乃指经济自然进化的结果，和空想家的革命说不同；马克思的阶级争斗说乃指人类历史进化之自然现象，并非一种超自然的玄想。所以唯物史观说和阶级争斗说不但不矛盾，并且可以互相证明。

马克思的好友恩格斯曾述说马克思的意见道："在历史各时代，必然有它的生产分配之特殊方法，又必然由这种特殊方法造出一种社会制度，那时代的政治和文明之历史，都建设在那个基础上面，依据那个基础说明。所以人类全历史是阶级争斗的历史，即掠夺阶级和被掠夺阶级、压制阶级和被压制阶级对抗的历史。这些阶级争斗的历史相连相续，构成社会进化之阶级，到了现在又达到一种新阶级，被掠夺被压制的阶级（即无产劳动者）要脱离掠夺压制阶级（即绅士阀资本家）的权力，将自己解放出来；同时还要将一切掠夺压制和阶级差别阶级争斗完全铲除，永远把社会全体解放出来。"这一段话可以说是把唯物史观说和阶级争斗说打成一片了。

三、阶级争斗

一八四八年马克思和恩格斯共著的《共产党宣言》，是马克思社会主义最重要的书，这书的精髓，正是根据唯物史观来说明阶级争斗的。其中要义有二。

（一）一切过去社会的历史都是阶级争斗的历史。例如在古代有贵族与平民，自由民与奴隶；在中世纪有封建领主与农奴，行东与佣工。这些压制阶级与被压制阶级，自来都是站在反对的地位，不断的明争暗斗。封建废了，又发生了近代有产者与无产者这两个阶级新的对抗、新的争斗。

（二）阶级之成立和争斗崩坏都是经济发展之必然结果。例如欧洲在封建时代的工业组织之下，生产事业是由同行组合一手把持的，到了发现了印度、中国等市场和美洲、非洲等殖民地的时候，便不能应付新市场需要的增加了，于是手工工场组织应运而生，各业行东遂被工场制造家所挤倒，接着市场日渐扩大，需要日渐增加，交通机关和交换方法都日渐发展，这时手工工场组织也不能应付了，于是又有蒸汽及大机器出来演成产业革命，从此手工工业又被大规模的近代产业所挤倒，近代的有产阶级便是这样成立的。近代产业建设了世界的市场，有了这些市场，商业、航业、陆路交通都跟着发达，这些发达又转而促进产业发达，产业、商业、航业、铁路既这样发达，有产阶级也跟着照样发达，资本越加多，产业越扩大，将中世纪留下的一切阶级都尽情推倒了。由此可知近代有产阶级乃长期发达和生产及交换方法选次革命的结果。由此可知做有产阶级基础的生产和交换方法，是萌芽在封建社会里面，这种生产和交换方法发展到一定地步，封建社会的生产和交换制度（即农业手工封建的制度）便不能和那已经发展的生产力适合，这种制度便成了生产力的障碍物，便必然要崩坏，结局果然崩坏了，封建的制度倒了，自由竞争的制度代之而兴，适合这自由竞争的社会及政治制度也就跟着出现，有产阶级的经济及政治权利也就跟着得到了。有产阶级得势以后，造成了极雄大惊人的生产力（像工业、农业、轮船、铁道、电报、运河等），惹起这般大规模生产及交换的社会，将人口财产及生产机关都集中了，建设了许多都市，将乡村人口移到都市，使乡村屈服在都市支配之下，使多数人民脱离了朴素的乡村生活，使野蛮和未开化国屈服于文明国，农业国屈服于工业国，东洋屈服于西洋。但是到了有产阶级的生产力发展到了与有产阶级社会的制度不适合的时候，社会制度就成了社会生产障碍物，有产阶级及有产阶级社会的制度也是必然要崩坏的。崩坏的征兆就是商业上的恐慌，这种恐慌隔了一定期间便反复发生，一回凶过一回，常常震动有产阶级社会的全部。这恐慌发生的缘故，是由于资本主义的生产方法所造成的生产过剩，是由于有产阶级社会的制度过于狭小，不能包容那过于发展的大生产力。有产阶级救济这种恐慌的方法，不外一面开辟新市场，一面尽量剥削旧市场，这只能救济一时，终是朝着更广大更凶猛的恐慌方面走去。如此，有产阶级颠覆封建制度的武器现在却向着有产阶级自身了。有产阶级不但造成了致自己死亡的武器，还培养了一些使用武器的人，这些人就是近代的劳动阶级，也就是无产阶级。

无产阶级是跟着有产阶级照同一的比例发达起来的。近代产业发展的结果，一般小资产的小商人小工业家，一方面因为他们的专门技能为新生产方法所压倒，一方面因为他们的小资本为大规模的产业所压倒，都不断地降到无产阶级；可是一方面产业愈加发展，一方面无产阶级不但人数愈加增

陈独秀文科学长室

多，而且渐次集中结成大团体，因为生活不安，对于有产阶级渐次增长阶级抵抗的觉悟，发生争斗，始于罢工，终于革命。有产阶级存在根本的条件，是在资本成立及蓄积；资本的重要条件，是在工钱制度；工钱制度，全靠劳动相互竞争。但有产阶级既已促进了产业进步，便已经使劳动者从竞争的孤立变成协力的团结了，近代产业发达，使有产阶级的生产及占有之基础从根破坏。有产阶级所造成的首先就是自身的坟墓，有产阶级之倾覆及无产阶级之胜利，都是不能免的事。

马克思说明阶级争斗大略如此，我们实在找不出和唯物史观有矛盾的地方。

四、劳工专政

从前有产阶级和封建制度争斗时，是掌了政权才真实打倒了封建，才完成了争斗之目的；现在无产阶级和有产阶级争斗，也必然要掌握政权利用政权来达到他们争斗之完全目的，这是很明白易解的事。所以马克思在《共产党宣言》里说：

"从前一切阶级一旦得了政权，没有不拼命使社会屈从他们的分配方法，巩固他们已得的地位。

有产阶级发达一步，他们政治上的权力也跟着发达一步……自他们成为有产阶级后，近代代议制度国家的政权都被他们一手把持。

劳动阶级第一步事业就是必须握得政权。

劳动阶级革命，第一步就是使他们跑上权力阶级的地位，也就是民主主义的战胜。既达到第一步，劳动阶级就利用政权渐次夺取资本阶级的一切资本，将一切生产工具集中在国家手里，就是集中在组织为支配阶级的劳动者手里……其初少不得要用强迫手段对付私有财产和资本家的生产方法，才得达到这种目的。

原来政权这样东西，不过是一个阶级压制一个阶级一种有组织的权力；劳动者和资本家战斗的时候，迫于情势，自己不能不组织一个阶级，而且不能不用革命的手段去占领支配阶级的地位，不得不用权力去破坏旧的生产方法。"

他又在所著《法兰西内乱》里说："劳动阶级要想达到自己阶级之目的，单靠掌握现存的国家是不成功的。"

他又在所著《哥达纲领批判》里说："由资本主义的社会移到社会主义的社会之中间，必然有一个政治的过渡时期。这政治的过渡时期，就是劳工专政。"

原载《新青年》第九卷第六号，1922年7月1日

4

孕育建党篇（14篇）

团体的训练与革新的事业

李大钊

人类之社会的观念和组织的能力，和文化有相互的影响。

文化高的民族，社会的观念和组织的能力，固然也高；亦惟社会观念和组织能力既高，而文化始有进步。原始社会如猎群、战团，其组织之简单，较诸今日社会乃不可以道里计。然证诸十九世纪以来，政党之发达，则人类组织能力之进步，又极可惊。英、美政治纯受政党支配，其政党都有极繁复之机关，极巧妙之组织，所以势力雄厚，直与政府并驾，甚或称为第二政府。至于欧、美社会方面，只要有两人以上的公同行动，就成一个团体的组织，打猎、钓鱼、旅行、音乐、茶话，都称为一个 Party。他们团体生活之习惯，几若出自天性，由小扩大，所以议会、政党，亦都行之若素。如儿童、妇女、慈善、教育、科学种种结社，非常的多，并且也有切实的计划，伟大的成绩，所以社会事业才能这样发达。

最近时代的劳动团体，以及各种社会党，组织更精密，势力更强大。试看各国罢工风潮及群众运动之壮烈，不难想见。俄罗斯共产党，党员六十万人，以六十万人之大活跃，而建设了一个赤色国家。这种团体的组织与训练，真正可骇。

中国人虽然也是社会动物，但几千年专制之压迫，思想之束缚，和消

李大钊办公室外间，俄共（布）远东局代表维经斯基与李大钊在此会晤。

极的、懒惰的、厌世的学说之浸染，闹得死气沉沉，组织的能力都退化了。然而中国社会腐败到这个样子，又不能不急求改革。改革的事业，亦断非一手一足之力，自然还要靠着民众的势力，那么没有团体的训练，民众势力又从那里表现呢？所以我们因渴想社会之改革，就恨中国人的组织能力太低，但是这也无怪，因为团体的训练和民众的运动，是互为因果的。即团体的训练愈发达，民众的运动愈有力；亦惟民众的运动愈发达，团体的训练才愈高明。换言之，没经过民众运动的人民，团体的训练是不会发达的；毫无团体训练的人民，也不能产生有力的民众运动，可见这两件事是相待为用，相随俱进的。所以我们现在要一方注意团体的训练；一方也要鼓动民众的运动，中国社会改革，才会有点希望。

中国自满清道、咸海禁大开之日，就有受些欧化洗礼的两个大党产生，一是同盟会，一是强学会。强学会的成绩是戊戌变法。同盟会的功业，是辛亥革命。他们都自有他们的价值。既入民国以来的政党，都是趁火打劫，植党营私，呼朋啸侣，招摇撞骗，捧大老之粗腿，谋自己的饭碗，既无政党之精神，亦无团体的组织，指望由他们做出些改革事业为人民谋福利，只和盼望日头由西边出来一样。

近二三年来，人民厌弃政党已达极点，但是我们虽然厌弃政党，究竟也要另有种团体以为替代，否则不能实行改革事业。

五四运动以后，学生团体发生，俨然革新运动中之惟一团体。其实学生虽有几许热心侠气，究竟还是团体的训练不大充足，其中缺憾正多，到了

1921 年 3 月，李大钊在《曙光》杂志第 2 卷第 2 期发表了《团体的训练与革新的事业》一文，指出"我们现在还要急急组织一个团体……中国谈各种社会主义的都有人了……但是还没有强固精密的组织产生出来。"

现在又有"强弩之末"的样子，令人正自伤心无极（闻最近北京学生会选举职员，投票两次都未产出，照投票这样散乱看来，恐怕就是团体训练薄弱之一证）。

最近也产生了几个小团体，只是章程定妥以后，就算完事，其中亦是学生居多。有人呼为"章程运动"，其言虽谑，亦自有理，尤足令人丧气。

闻特来中国讲学的某大学者，尝于私下对三两学生说："中国这样政府，设有革命党千人，便要站不住了。"然而我们竟没有那样的人，竟没有那样的团体，说到这里我们只有惭愧。

我们的社会腐败到这个样子，终天口说改革，实际上的改革，半点没有。这总因为我们团体的训练不充足，不能表现民众的势力，而从事革新的运动。

然而没有团体，也没有地方可以得到团体的训练，所以我们现在还要急急组织一个团体。这个团体不是政客组织的政党，也不是中产阶级的民主党，乃是平民的劳动家的政党，即是社会主义团体。中国谈各种社会主义的都有人了，最近谈Communism的也不少了，但是还没有强固精密的组织产生出来。

各国的C派朋友，有团体组织的很多，方在跃跃欲试，更有第三国际为之中枢，将来活动的势力，必定一天比一天扩大。中国C派的朋友，那好不赶快组织一个大团体以与各国C派的朋友相呼应呢？

中国现在既无一个真能表现民众势力的团体，C派的朋友若能成立一个强固精密的组织，并注意促进其分子之团体的训练，那么中国彻底的大改革，或者有所附托！

原载《曙光》第二卷第二期，1921年3月，署名S.C

谈政治

陈独秀

一

本志社员中有多数人向来主张绝口不谈政治,我偶然发点关于政治的议论,他们都不以为然。但我终不肯取消我的意见,所以常常劝慰慈、一涵两先生做关于政治的文章。在他一方面,外边对于本志的批评,有许多人说《新青年》不讨论政治问题,是一个很大的缺点。我对于这个批评也不能十分满足,曾在《我的解决中国政治方针》演说中回答道:"我们不是忽略了政治问题,是因为十八世纪以来的政治已经破产,我们正要站在社会的基础上造成新的政治;我们不是不要宪法,是要在社会上造成自然需要新宪法的实质,凭空讨论形式的条文,是一件无益的事。"因此,可以表明我对于政治底态度,一方面固然不以绝口不谈政治为然,一方面也不愿意和一班拿行政或做官弄钱当作政治的先生们谈政治。换句话说,就是:你谈政治也罢,不谈政治也罢,除非逃在深山人迹绝对不到的地方,政治总会寻着你的。但我们要认真了解政治的价值是什么,绝不是争夺权利的勾当可以冒牌的。

以上的说话,虽然可表明我对于政治的态度,但是过于简单,没有说出充分的理由,而且不曾包含我最近对于政治的见解,所以现在要详细谈一下。

二

我们中国不谈政治的人很多，主张不谈政治的只有三派人：一是学界，张东荪先生和胡适之先生可算是代表；一是商届，上海的总商会和最近的各马路商界联合会可算是代表；一是无政府党人。前两派主张不谈政治是一时的不是永久的，是相对的不是绝对的；因为他们所以不谈政治，是受了争权

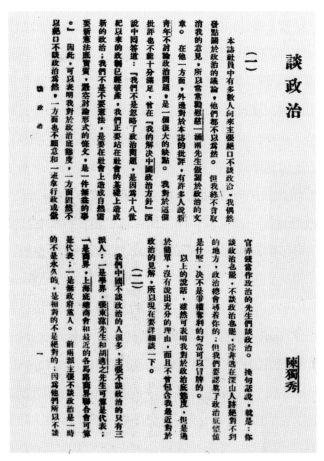

1920年9月，《新青年》第8卷第1号刊登陈独秀撰写的《谈政治》一文。文中论述了无产阶级革命和无产阶级专政等问题，提出"要建立劳农阶级专政的国家"，强调了阶级斗争的重要性。

夺利的冒牌的政治的刺激，并不是从根本上反对政治。后一派是从根本上绝对主张人类不应该有一切政治的组织，他们不但反对君主的贵族的政治和争夺权力的政治，就是民主的政治也要反对的。

我对于这三派的批评：在消极的方面，我固然很有以他们为然的地方；在积极的方面，我就有点异议了。

前两派只有消极没有积极的缺点，最近胡适之先生等《争自由的宣言》中已经道破了。这篇文章开口便说："我们本不愿意谈实际的政治，但是实际的政治却没有一时一刻不来妨害我们。"要除去妨害，自然免不了要谈政治了。

后一派反对政治，从消极的方面说起来，也有一大部分真理。他们反对政治、反对法律、反对国家、反对强权，理论自成一系统，到没有普通人一面承认政治、法律、国家，一面反对强权的矛盾见解。强权是少数人的或多数人的，广狭虽然不同，但若是没有强权便没有法律，没有法律还有什么政治国家呢？因此我们应该明白强权、国家、政治、法律是一件东西的四个名目，无政府党人一律反对，理论倒算是一贯。古代的社会契约（Social contract）和中世纪的自治都市（Commune），不但不是普遍的，而且是人类政治组织没有进化到近代国家的状态。近代国家是怎样？ Franz Oppeuheimer（弗兰茨·奥本海默，编者注）说：国家的唯一目的，就是征服者支配被征服者的主权，并且防御内部的叛乱及外部的侵袭。这主权的目的，也就是征服者对被征服者经济的掠夺（详见 Christensen's Politics and Crowd Morality, p.72 所引）。Christensen（古里天森，编者译注）说："国家是掠夺别人并防止别人来掠夺的工具。它的目的并不是制止每人和每人间的战争，乃是使这战争坚固而更有效力。"罗素说："国家的骨子，就是公民集合力的仓库。这力量有两个形式：一是对内部的，一是对外部的。对内部的形式是法律及警察；对外部的形式是战斗力所表现的陆海军。国家是一定区域内全住民的集合体依政府指挥用他们联合力所组织起来的。国家的权力，对内仅限于叛乱的恐怖，对外仅限于战败的恐怖，所以它阻止这两样是绝对的。在实际上它能够用租税名义夺人家的财产，决定结婚和继承的法律，惩罚它所反对的意见发表，因为要把一种人民所住的地方划归别国它能置人于死地，并且它想着要打仗便命令一切强健男子到战场去赌生命。在许多事件上，违反了国家的目的和意见，就是犯罪。"［见 Russell's Principles of Social Reconstruction（罗素的《社会改造原理》，编者注），p.45.46.47］过去及现在的国家的作用实在是如此，我所以说无政府党反对国家、反对政治、反对法律、反对强权，也有一大部分真理。

从消极方面说起来，无政府党否认国家政治，我们固然赞同。从积极方面说起来，我们以为过去的现在的国家和政治，过去的现在的资本阶级的国家和政治，固然建筑在经济的掠夺上面。但是将来的国家和政治，将来的劳动阶级的国家和政治，何人能够断定他仍旧黑暗绝对没有进步的希望呢？反对国家的人，说他是掠夺机关；反对政治的人，说他是官僚的巢穴；反对法律的人，说他是资本家私有财产的护符。照他们这样说法，不过是反对过去及现在掠夺的国家，官僚的政治，保护资本家私有财产的法律，并没有指出可以使国家、政治、法律根本摇动的理由。因为他们所反对的，不曾将禁止掠夺的国家，排除官僚的政治，废止资本家财产私有的法律，包含在内。

或者有人说："就是将来的禁止掠夺的国家，排除官僚的政治，废止资本家私有财产的法律，仍然离不掉强权，所以不从根本上绝对废除国家、政治、法律这几种强权，实现自由组织的社会，不能算彻底的改革。"

我们对于这种意见，可以分开理论和事实两方面的讨论。

从理论上说起来，第一我们应该要问：世界上的事理本来没有底，我们从何处彻起？所以懂得进化论的人，不应该有彻底不彻底的观念。第二我

们应该要问：强权何以可恶？我以为强权所以可恶，是因为有人拿它来拥护强者无道者，压迫弱者与正义。若是倒转过来，拿它来救护弱者与正义，排除强者与无道，就不见得可恶了。由此可以看出强权所以可恶，是它的用法，并不是它本身。我们人类文明最大的效果，是利用自然、征服自然。例如水火都可以杀人，利用水便得了行船、洗濯、灌溉的效用；利用火便得了烧饭菜、照亮、温暖身体的效用；炸药和雷电伤人更是可怕，利用他们便得了开山治病及种种工业上的效用；人类的强权也算是一种自然力，利用它也可以有一种排除黑暗障碍的效用。因此我觉得不问强权的用法如何，闭起眼睛反对一切强权，像这种因噎废食的办法，实在是笼统的、武断的，决不是科学的。若有人不问读书的目的如何，但只为读书而读书；不问革命的内容如何，但只为革命而革命，自然是可笑。现在若不问强权的用法如何，但只为强权而反对强权，或者只为强权而赞成强权，也未免陷于同一的谬误。

从事实上说起来，第一我们要明白世界各国里面最不平、最痛苦的事，不是别的，就是少数游惰的消费的资产阶级，利用国家、政治、法律等机关，把多数勤苦的生产的劳动阶级压在资本势力底下，当做牛马机器还不如。要扫除这种不平、这种痛苦，只有被压迫的生产的劳动阶级自己造成新的强力，自己站在国家地位，利用政治、法律等机关，把那压迫的资产阶级完全征服，然后才可望将财产私有，工银劳动等制度废去，将过于不平等的经济状况除去。若是不主张用强力，不主张阶级战争，天天不要国家、政治、法律，天天空想自由组织的社会出现，那班资产阶级仍旧天天站在国家地位，天天利用政治、法律，如此梦想自由，便再过一万年，那被压迫的劳动阶级也没有翻身的机会。法国的工团派，在世界劳动团体中总算是很有力量的了。但是他们不热心阶级战争，是要离开政治的，而政治却不肯离开他们，欧战中被资产阶级拿政权强迫他们牺牲了，今年"五一节"后又强迫他们屈服了，他们的自由在哪里？所以资产阶级所恐怖的，不是自由社会的学说，是阶级战争的学说。资产阶级所欢迎的，不是劳动阶级要国家政权法律，是劳动阶级不要国家政权法律。劳动者自来没有国家没有政权，正因为过去及现在的国家、政权都在资产阶级底手里，所以他们才能够施行他们的生产和分配方法来压迫劳动阶级。若劳动阶级自己宣言永远不要国家，不要政权，资产阶级自然不胜感谢之至。你看现在全世界的国家对于布尔塞维克的防御、压迫、恐怖，比他们对于无政府党利害的多，就是这个缘故。

第二我们要明白各国的资产阶级，都有了数十年或数百年的基础，站在优胜的地位，他们的知识、经验都比劳动阶级高明得多，劳动阶级要想征服他们固然很难，征服后想永久制服他们不至死灰复燃更是不易。这时候利用政治的强权，防止他们的阴谋活动；利用法律的强权，防止他们懒惰、掠夺，矫正他们的习惯、思想都很是必要的方法。这时候若反对强权的压迫，若主张不要政治、法律，若提倡自由组织的社会，便不啻对资产阶级下了一道大赦的恩诏，因为他们随时得着自由，随时就要恢复原有的势力地位。所以各国共和革命后，民主派若失了充分压服旧党的强力，马上便有复辟的运动。此时俄罗斯若以克鲁巴特金的自由组织代替了列宁的劳动专政，马上不但资产阶级要恢复势力，连帝政复兴也必不免。克鲁巴特金《国家论》中所称赞的中世自治都市是何以失败的？他所指责的近代资本主义的国家是何以发达起来的？这主要的原因，不用说一方面是自治都市里既不是以劳动阶级为主体，又没有强固的政治组织，因此让君主贵族们垄断了政权；一方面是新兴的资本家利用自由主义，大家自由贸易起来，自由办起实业来，自由虐待劳动者，自由把社会的资本集中到少数私人手里，于是渐渐自由造成了自由的资本阶级，渐渐自由造成了近代资本主义自由的国家。我们明明白白晓得中世自治都市是放弃政权失败的，是放任那不法的自由（Unconscionable

Freedom）失败的，劳动阶级的枷锁镣铐分明是自由主义将它带上的。现在理想的将来的社会，若仍旧妄想否认政治是彻底的改造，迷信自由主义万能，岂不是睁着眼睛走错路吗？我因此深信许多人所深恶痛绝的强权主义，有时竟可以利用它为善；许多人所歌颂赞美的自由主义，有时也可以利用它为恶，万万不可一概而论。因为凡强权主义皆善，凡自由主义皆恶，像这种笼统的大前提，已经由历史的事实证明它在逻辑上的谬误了。

第三我们要明白人类本性的确有很恶的部分，决不单是改造社会制度可以根本铲除的。就是社会制度——私有财产制度、工银劳动制度——所造成的人类第二恶性，也不是制度改变了这恶性马上就跟着消灭的。工银劳动制度实在不应该保存，但同时若不强迫劳动，这时候从前不劳动的人，自然不会忽然高兴要去做工；从前受惯了经济的刺激（Economic Stimulus）才去劳动的工人，现在解除了刺激，又加上从前疲劳的反动，一定会懒惰下来，如此一时社会的工作效率必然锐减。少数人懒惰而衣食，已经酿成社会上的不平等。若由少数增至多数，这社会的生活资料如何维持呢？人类诚然有劳动的天性，有时也自然不须强迫。美术化的劳动和创造的劳动，更不是强迫所能成的，自来就不是经济的刺激能够令它进步的，所以工银制度在人类文化的劳动上只有损而无益。至于人类基本生活的劳动，至少像那不洁的劳动、很苦的劳动，既然没有经济的刺激，又没有法律的强迫，说是人们自然会情愿去做，真是自欺欺人的话。凡有真诚的态度讨论社会问题的人，不应该说出这样没有征验的话来。制度变了，制度所造成的人类专己自私的野心，一时断然不易消灭。倘然没有法律裁制这种倾向，专制的帝王贵族就会发生在自由组织的社会里。若要预防它将来发生，抵抗它已经发生，都免不了利用政治的法律的强权了。更有一件事，就是人类的性欲本能和永续占有行动合起来发生的男女问题。这问题是人生问题中最神秘不可思议的部分，不但社会制度革命不能解决它，并且因为解除了经济的政治的压迫和诱惑，真的纯粹的男女问题更要露骨的发生。这时候的男女问题内，并不夹杂着政治的经济的影响和罪恶，倘由这种问题发生了侵犯个人及损害社会安宁的罪恶，也应该有点法律的裁制才好。

据以上的理论和事实讨论起来，无政府党所诅咒的资产阶级据以造作罪恶的国家、政治、法律，我们也应该诅咒的。但是劳动阶级据以铲除罪恶的国家、政治、法律，我们是不应该诅咒的。若是诅咒他，倒算是资产阶级的朋友了。换句话说，就是我们把国家、政治、法律，看做一种改良社会的工具，工具不好，只可改造他，不必将它抛弃不用。

三

不反对政治的人也有两派。一是旧派，他们眼中的国家，就是"我国家数百年深仁厚泽"的国家，"学生这样嚣张还成个什么国家"的国家；他们眼中的政治，就是"吴佩孚只是一个师长不配参与政治"的政治；他们眼中的法律，就是"王法""国法""大清律"的法律。这派的意见，我们犯不着批评。一是新派，他们虽不迷信政治、法律和国家有神秘的威权，他们却知道政治、法律和国家是一种工具，不必抛弃不用。在这一点上我很以他们为然，但是他们不取革命的手段改造这工具，仍旧利用旧的工具来建设新的事业，这是我大不赞成的。这派人所依据的学说，就是所谓马格斯修正派，也就是Bebel死后德国的社会民主党，急进派所鄙薄所攻击的社会党也就是这个。中国此时还够不上说真有这派人，不过颇有这种倾向，将来这种人必很有势力要做我们唯一的敌人。

他们不主张直接行动，不主张革那资产阶级据以造作罪恶的国家、政治、法律的命，他们仍主张议会主义，取竞争选举的手段，加入（就是投降）资产阶级据以作恶的政府、国会，想利用资产阶级据以作恶的政治、法律，来施行社会主义的政策。结果不但主义不能施行，而且和资产阶级同化了，还要施行压迫劳动阶级反对社会主义的政策。现在英、法、德的政府当局哪个不是如此？像这样与虎谋皮所噬还要来替虎噬人的方法，我们应该当作前车之鉴。

他们主张的国家社会主义，名为社会民主党，其实并不要求社会的民主主义，也不要求产业的民主化，只主张把生产工具集中在现存的国家——现存的资产阶级的军阀官僚盘踞为恶的国家——手里。Wilhelm Liebknecht（威廉·李卜克内西，编者注）批评这种国家社会主义道：这种国家社会主义，实在说起来只可叫做国家资本主义（State Capitalism），取其貌似投时所好来冒牌骗人罢了。德国的国家社会主义，严格说起来就是普鲁士的国家社会主义，它的理想就是军国的、地主的、警察的国家，它所最厌恶的就是民主主义。（见 Wilhelm Liebknecht, No Compromise, No Political Trading，p.15）这种国家社会主义的国家里面，劳动阶级的努力状态不但不减轻而且更要加重。因为国家成了公的唯一的资本家，比私的多数的资本家更要垄断得多。这种国家里面，国家的权力过大了，过于集中了统一了，由消灭天才的创造力上论起来，恐怕比私产制度还要坏。这种国家里面，不但无政府党所诅咒的国家、政治、法律的罪恶不能铲除，而且更要加甚。因为资产阶级的军阀官僚从前只有政治的权力，现在又假国家社会主义的名义，把经济的权力集中在自己手里，这种专横而且腐败的阶级，权力加多罪恶便自然加甚了。若是把这名义与权力送给世界上第一个贪污不法的中国军阀官僚，那更是造孽不浅。

他们反对马格斯的阶级战争说很激烈，他们反对劳动专政，拿德谟克拉西来反对劳动阶级的特权。他们忘记了马格斯曾说过：劳动者和资产阶级战斗的时候，迫于情势，自己不能不组成一个阶级，而且不能不用革命的手段去占领权力阶级的地位，用那权力去破坏旧的生产方法。但是同时阶级对抗的理由和一切阶级本身，也是应该扫除的，因此劳动阶级本身的权势也是要去掉的（见《共产党宣言》第二章之末）。他们又忘记了马格斯曾说过："法国社会主义及共产主义的著作，到德国就全然失了精义了，并且阶级争斗的意义从此在德国人手中抹去，他们还自己以为免了法国人的偏见……他们自以为不单是代表无产阶级利害的，是代表人类本性的利害，就是代表全人类利害的。"这种人类不属于何种阶级，算不得实际的存在，只有哲学空想的云雾中是他存在的地方。他们只有眼睛看见劳动阶级的特权不合乎德谟克拉西，他们却没眼睛看见戴着德谟克拉西假面的资产阶级的特权是怎样。他们天天跪在资产阶级特权专政脚下歌功颂德，一听说劳动阶级专政，马上就抬出德谟克拉西来抵制，德谟克拉西到成了资产阶级的护身符了。我敢说：若不经过阶级战争，若不经过劳动阶级占领权力阶级地位的时代，德谟克拉西必然永远是资产阶级的专有物，也就是资产阶级永远把持政权抵制劳动阶级的利器。修正派社会主义的格言，就是："从革命去到普通选举！从劳动专政去到议会政治！"他们自以为这是"进化的社会主义"，殊不知Bebel死后德国的社会民主党正因此堕落了！

四

我的结论是：我承认人类不能够脱离政治，但不承认行政及做官争地盘攘夺私的权利这等勾当可以冒充政治。

我承认国家只能做工具不能做主义，古代以奴隶为财产的市民国家，中世以农奴为财产的封建诸侯国家，近代以劳动者为财产的资本家国家，都是所有者的国家，这种国家的政治法律，都是掠夺的工具，但我承认这工具

馬克斯和昂格斯共產黨宣言

李澤彰譯

一千八百四十八年革命運動時代，德國勞動界有一個團體叫做「共產者共盟」這篇「共產黨宣言」就是他的綱領。

起草的人除鼎鼎大名的馬克斯 Karl Marx 而外還有他的好友昂格斯 Frederick Engels。這篇宣言就發表在一千八百四十八年雖說年代已遠卻是現代社會主義的根本原則包含了不少。現在只譯出第一段。第二段是講「無產者和共產者」將來再騰出功夫介紹讀者。

有產者和無產者

一切過去的社會的歷史都是階級爭鬥的歷史。

自由民和奴隸貴族和平民地主和農奴同業組合的頭目和工人簡單的說就是壓制者和被壓制者，自古以來老是立於反對的地位不住的暗鬥和明爭這種爭鬥到了全社會的革命成功，或是二階級都倒的時候才可以完結的。

在古代歷史裏面我們看起來差不多無論什麼地方社會全被區別為種種身分者社會的地位參差不一。在古代羅馬我

馬克斯和昂格斯共產黨宣言

們有貴族騎士平民奴隸在中世紀則有封建諸侯家臣同業組合的頭目工人徒弟而且在這些階級裏面又各分狠多的等級。

由封建社會的崩壞產出來的近代有產者的社會還是免不了階級的對峙。不過另外造出了一種新階級新壓制手段新鬥爭的形式代替覆式的種種能了。

到了我們的時代可以說是到了有產者本位的時代他把階級的對峙弄成最簡極了。全社會分裂成了互相敵視的二大陣營兩個相對峙的大階級就是有產者階級和無產者階級。

由中世紀的農奴裏面發生出來一種古代鎮市之特許的公民。有產者就是從這公民裏面綫邊出來的。

美洲被人發現以後好望角被人繞行以後那發達有產者的地方又新開了許許多多。東印度和中國兩個大市場美洲的植民植民地的貿易交易手段的增加和貨物的增加這都是促成商業航業工業以前未嘗有的大猛進因此那崩壞的封建社會裏面的革命種子就一日千里發達得快極了。

在產業的封建制度底下生產事業被同業組合一綱打盡等到有了新市場的生產需要他們就供給不上來。於是製造制度起而代之。那同業組合的頭目就被中等製造階級推倒了。

四五

1919 年 11 月，《国民》杂志刊登的《共产党宣言》第一章译文。

有改造进化的可能性，不必根本废弃它，因为所有者的国家固必然造成罪恶，而所有者以外的国家却有成立的可能性。

我虽然承认不必从根本上废弃国家、政治、法律这个工具，却不承认现存的资产阶级（即掠夺阶级）的国家、政治、法律有扫除社会罪恶的可能性。

我承认用革命的手段建设劳动阶级（即生产阶级）的国家，创造那禁止对内外一切掠夺的政治法律，为现代社会第一需要。后事如何，就不是我们所应该所能够包办的了。

原载《新青年》第八卷第一号，1920年9月

蔡和森给毛泽东（共产党之重要讨论）

润之兄：

上月寄一长信，大要系主张马克斯主义及俄式革命，而注重于组织共产党。今子升归国，再陈其略。我以为现在世界显然为两个敌对的阶级世界，学说亦显然划了鸿沟。自柏拉图统御以来的哲学思想（人生哲学，社会哲学），显然为有产阶级的思想。其特点重理想轻生活，重精神轻物质。马克斯的唯物史观，显然为无产阶级的思想。以唯物史观为人生哲学、社会哲学的出发点，结果适与有产阶级的惟理派(ld'eologic)相反，故我们今日研究学问，宜先把惟理观与惟物观分个清楚，才不至堕入迷阵。我对于人性只认为有"可能性"，比如到了饥的境地，性之可能为吃；遇到困难的境地，性之可能为思（想方法）；处现经济制度之下，性之可能为"人剥削人"；处怒或挑剔（如民族主义、军国主义）之时，性之可能为"打"或"杀"。究其极，这种可能性，与别的动物一样，没有别的高贵不同。总之人由低等动物进化成的。道德根于先天之说不能成立，成立也无意思。人是一它物质。人是一个消费（吃，穿，住）才能活动的动物。故人的理想云为乃是吃了饱了之后的物质的化分（或派生）。我以这种直捷简单的理由，肯定惟物观否定惟理观。惟理观弊病到了化境（助长有产阶级），惟物观才由马克斯寻找出来。这真是思想史上一桩大喜事！修正派改良派（即染了有产阶级惟理主义的毒）的考茨基，伯伦斯丁等，好胆大又把中产阶级的惟理主义拿来驳惟物史观，以为"人""社会"决不是单由物质的条件决定的，还有内心的理想的支配力。唉！这真是为资本家说法。结果是以惟物史观启发阶级战争的动机为卑下为薄弱（现张东孙也是这样说），而别寻所谓高尚的动机，及寻一劳资调和的办法，故他们最终的结果，主张改良而不主张革命。中产阶级的德谟克拉西和威尔逊的十四条，是他们叹观止的地方！今日俄德革命之不同，根本即在此点，我今拟二公式：

俄社会革命出发点＝惟物史观。

方法＝阶级战争＋阶级专政。

目的＝创造共产主义的社会；无阶级无反动社会组织完成、世界组织完成（列宁及共产党屡次如此宣言时），取消国家。

德多数社会党立足于＝修正派社会主义及中产阶级的德谟克拉西之上。

方法＝与帝国政府通力合作（入战时内阁）；利用革命与中产阶级联盟

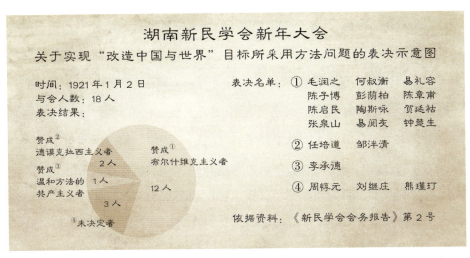

新民学会新年大会关于实现"改造中国与世界"目标所采用方法问题的表决示意图。《新民学会会务报告》第2号

组织政府。

目的＝劳资合组的德谟克拉西。

结果＝延长资本政治的危险，内乱，破产，反革命，压迫工人，闹个不休。

张君劢以中产阶级的反动眼光及贤人眼光观察俄国革命，对于德叛逆杜会党（即多数党）一唱而三叹（见解放与改造）。他对于中国主张的八条，不马不牛，这种冬烘头脑，很足误人。阶级战争的结果，必为阶级专政，不专政则不能改造社会，保护革命。原来阶级战争就是政治战争，因为现政治完全为资本家政治，资本家利用政权，法律，军队，才能压住工人，所以工人要得到完全解放，非先得政权不可。换言之就是要把中产阶级那架国家机关打破（无论君主立宪或议院政治），而建设一架无产阶级的机关——苏维埃。无产阶级不获得政权，万不能得到经济的解放，比如生长于现政治下的工团主义（经济的，职业的，而非政治的）充其量不过是运动到产业国有，由资本家的"公司"里运动到资本家的"国"里去，这不但于工人无益，而且反巩固"资本家国"的产业组织，以后工人愈难解放。比如三角同盟国有运动，自去年到现在，没生一点效，现在矿工为增加工钱、减少煤价争议数月（矿工已发停工预告定期本月二十五），政府公司丝毫不动，所以我们专门经济的职业的工团运动，经久不能超出"工钱、物价问题"，如何能得到解放呢？至于现在俄的工团就不然了，"工钱""物价"都由工团自定，生产管理与分配，工团与全国经济最高苏维埃共同执行。这才真算是解放。然而所以能达到这步，因为他获得了政权。现世经济政治早已打成一片。怎么会容许你单做经济解放呢？所以现在有两种说法最足延长现政治之危险而暗杀工人阶级：

（一）反惟物史观。以为以此启发阶级战争的动机太卑下而不高尚！

（二）分离经济与政治，教工人专去做经济运动，做保护职业的运动，使他们永世生息于资本家剥削政治之下！

这两种危险的说法，凡冬烘先生（欧美如此）及资本家御用的改良派社会学者总是瞎眼说去，不怕害死工人！

资本家帝国主义者的大战爆发，于是各国不真实的社会党及工党，尽向军国主义投降（即向资本家投降），尽变为叛逆，爱国的社会党和工党，有两个叛逆的总机关：一为第二国际党，一为万国工会。

忠于马克斯主义的布尔塞维克，既已把俄罗斯完全彻底的建设其主义，于一九一八年改名共产党。与德李伯克奈希，罗森堡，所手创的斯巴达加斯团（不久亦改名共产党），及匈贝拉庚所组的共产党，组织"第三国际党"（即万国共产党），一九一九年三月四日（正资本家分赃会议在巴黎热闹时），在木斯哥成立，加入的团体共三十五个。高丽亦以劳动联合会的名义加入，波斯，印度，土耳其等，以东亚民族解放大联盟的名义加入，独中日没有团休！万国共产党即世界革命的总机关，这是无产阶级极彻底的极真实极具主义方略的真正的国际组织，与没气焰的资本阶级的国际联盟针锋对立。俄十月革命成功，各国犯了罪的革命党及工党又疑又怕，去年二月已死的第二国际党，在柏伦死灰后燃，开了一次大会，赞扬俄革命的占多数，诋毁的尽为犯罪已深（入了战时内阁）及执迷不悟的改良派，不久大多数纷纷宣布脱离第二国际党。其中的大党如德独立社会党，法统一社会党，英独立劳动党，西班牙社会党，瑞士社会左党等等，并宣布与第三国际党商议加入条件。故今年七月万国共产党开第二次大会。中西南欧及美社会党都预会，中国亦有两个代表，但无团体名义。现中西欧各代表已返国，正在开全国大会讨论即刻加入。中西欧各社会党战时屈伏于军国主义之下，多少违反了主义，此缘于平日改良派及修正派之恶劣影响，现在完全的马克斯主义及无产阶级专政

既在俄罗斯实现有效，于是各国觉悟的工人莫不醉心于红色化。而各国社会党和工党大呈分裂之状。从中把持的无非是几个改良派，修正派，中立派的旧首领，这种首领在各国觉悟的工人阶级中，不久即会遭淘汰。现在英，法，美共产党（英八月成立的）业已成立，加入万国共产党，所以英，法，美的社会党非加入则不能立足（因违反工人的要求故），我今把美，中，西南欧巴尔干，及东亚的已加入或即将加入万国共产党的略举如下：

美，已成立三个共产党，加入木斯哥。社会党（已参与木斯哥大会）势力不大，首领为豆伯斯，因反对战争，现还关在牢里。美I.W.W势力亦弱，但主张阶级战争，为美劳工的真正组织，已参预木斯哥大会。美势力最大的劳动联合会的领袖为刚伯斯，极旧极反动（木斯哥指名排斥）。社会党和I.W.W.都参与木斯哥大会，与第二国际党及黄色的万国工会脱离关系。

英，不列颠社会党与别的三个团休，自去夏商议组织与俄一致的共产党，今年八月一日成立，加入木斯哥万国共产党。英共产党始拟不令劳动党加入（党员已近五百万），列宁力主可容其加入。独立劳动党已宣告脱离第二国际党与木斯哥商议国际改造，现英劳动党阶级战争的色彩益明。援俄及国际运动甚力（近又派代表参预俄波和议）。三角同盟将与俄工团于今秋冬发起红色的万国工会，打破死灰复燃之老的黄的万国工会（他有七千万会员），反动的工党旧首领将被排斥。

法，统一社会党之极左翼，已组成共产党。为万国共产党之一部。统一社会党今年二月宣布脱离第二国际党，与第三国际党协商加入，此次派二代表参与木斯哥万国共产党第二次大会。木斯哥加入的条件极严，大略如下：五十名之多。与中产阶级联盟的社会党一败涂地。现俄共产党的党纲，在保销行八十万卷。去年三月即加入木斯哥。

罗马尼亚，战后军国主义大盛。共产党运动亦盛，去年三月加入木斯哥，此次多脑河流域三小协约国，不听法命助波攻俄，即三国共产党之力。

东亚，印度共产党已成立，去年即加入木斯哥，我在法报见其宣言。

土耳其，共产党于今年八月成立。昨波斯，印度，埃及，土耳其代表于参与木斯哥二次大会之后，又在巴库开东亚民族解放大同盟的大会。印度又于八月成立八百万工人的联合会。法统一社会党及人道报派代表赴印度祝贺。高丽去年三月以高丽劳动联合会名义加入木斯哥，此次又有二代表与第二次大会，中日亦有代表，但不见团体名义。

以上所举系荦荦大者，观此亦可知世界大势所趋。而中国民众运动幼稚如此，将怎祥呢？我以为非组织与俄一致的（原理方法都一致）共产党，则民众运动劳动运动改造运动皆不会有力，不会彻底。

布尔塞维克与门色维克（先同属社会民主党）的分裂，开首是争党员加入的条件，布派主张极严格。门派主张宽大。其后布党主张极端的行以下的公式，即阶级战争＋无产阶级专政＝Soviets（苏维埃，编者注），而门派还主张与中产阶级联盟，所以十月革命不得不起。现在布党改名为共产党，加入条件仍极严格，所以十月革命时的党员仅万人（极确实的份子），现在不过六十万。现在入党条件如下：(1)二人介绍于地方支部。(2)入党的实习所受训练三月，作为后补入党之期。(3)实习所的指导员一步一步引导他们到共产主义的生活上来，并令他到共产主义的学校去听讲。(4)不能确信主义及遵守的除名。(5)如指导员认训练未成熟，须再受训练三月。(6)然后具愿书三份，须守党的"铁的纪律"。党的组织为极集权的组织，党的纪律为铁的纪律，必如此才能养成少数极觉悟极有组织的份子，适应战争时代及担负偌大的改造事业（现全俄政府每部的事纵多不过十余人担任，全国劳动联合总会五人担任）。党的最高机关为中央委员会。党中设宣传运动部，组织教育部，调查统计部，义务劳动部（此部专为党员做星期下午的义务劳动；以为社会倡率而设）。在十月革命前，党的方略为多方面的，无论报纸，议院，团体，以及各种运动绝对受中央委员会的指挥和监督，绝不准单独自由行动。所以议院行动在各国社会党弊端百出，以致工人不信用政治行动，而在布党适得其反，他第一从根本上否定中产阶级的议院主义；第二以为应入到里面去打破他。一面党的群众在外面酿革命风潮，一面党的议员在议坛上酿风潮，队员亦须参预群众行动，利用选举战争为宣传运动，而不在得票多少。第三党的议员一言一语，皆须依中央委员会所授命的态度（革命的），一面在议院内做合法的工作，一面又在议院外做非法的工作，一等运动成

1920年7月，留法的新民学会会员在蒙塔尔纪召开会议，讨论学会的发展方针和"改造中国与世界"的道路。图为会后合影（后排右1蔡畅，右2蔡和森，站立右1向警予）。

熟，即打倒议院和政府，而做完全的革命行动。十月革命时，俄工团份子约百五十万，大多数反对布党的主张。不及数月布党在各工团中都组有党的团体，将反动的首领驱逐，一变而为多数赞成布党的主张。即如十月二十五日，乃是一种定期的革命，是日开全俄苏维埃第二次大会，列宁所提出的议案为将临时政府的政权移与全俄苏维埃。门党及中产阶级各党和克伦斯基都到会投票，结果工人与兵尽赞成将全政权移与苏维埃。于是克伦斯基只得跑了，这完全是一种组织的革命、绝不是流血的革命。革命的标准在客观而不在主观，有一干人生怕革命，其实是错了，凡社会上发生了种种问题，而现社会现制度不能解决他，那末革命是一定不能免的了。你看中国今日所发生的问题，那一种能在现社会现制度之下解决？所以中国的社会革命，一定不能免的。不趁此时加一番彻底的组织，将来流血恐怖自然比有组织要狠些，有了强有力的组织，或者还可以免掉，所以我认党的组织是很重要的。组织的步骤：(1) 结合极有此种了解及主张的人组织一个研究宣传的团体及出版物。(2) 普遍联络各处做一个要求集会结社出版自由的运动，取消治安警察法及报纸条例。(3) 严格的物色确实党员，分布各职业机关，工厂，农场，议会等处。(4) 显然公布一种有力的出版物，然后明目张胆正式成立一个中国共产党。现在组织研究宣传之外，更可组织一调查统计部，研究宣传部调查统计部与出版物三者现在可打成一片而潜在从事。比如我在外国可调查俄国及各国的情形，你在国内可调查各省情形，将人口，土地，产业，交通，劳动状况，经济，教育等列为统计，此种材料与研究的著作，皆在一种出版物上发表，出版物又须组织一个审查会。凡游移不定的论说及与主义矛盾的东西，皆不登载。

没有纸了，我的意见一时不能写完，再笼统说几句：我以世界革命运动自俄革命成功以来已经转了一个大方向，这方向就是"无产阶级获得政权

来改造社会"。不懂的人以为无产阶级专政是以暴易暴的，不知列宁及万国共产党已再三宣言，专政是由资本主义变到共产主义过渡时代一个必不可少的办法。等到共产主义的社会组织世界组织完成了，阶级没有了，于是政权与国家一律取消。故现在各国的无政府党与工团的见到了的份子，业已改了倾向，我不信这种倾向会错的。无政府党最后的理想我以为列宁与他无二致。不过要做到无政府的地步，我以为一定要经俄国现在所用的方法，无产阶级专政乃是一个惟一无二的方法，合此无方法。试问政权不在手，怎样去改造社会？怎样去组织共产主义的生产和消费？最大的错误，就是他们以为迟一点就会了，殊不知迟一点儿资本家的大战又起了，伏尸流血又不知几千百万，而战死与破产及生活昂贵的大祸，都是无产阶级受了，战胜的中产阶级又不知道要得到好多的赔款和殖民地，而战胜的国际的托辣斯的组织（指国际联盟）将越发巩固，工人真是动也动不得了！第二次资本家的大战战场必在中国。我们还不应准备么？

叔衡，惇元，殷柏，启民，章甫，均此。

彬。九月十六。

原载《新民学会会员通信集》第三集，1921年1月31日

毛泽东给蔡和森（讨论创建共产党）

和森兄：

来信于年底始由子升转到。唯物史观是吾党哲学的根据，这是事实，不象惟理观之不能证实而容易被人摇动。我固无研究，但我现在不承认无政

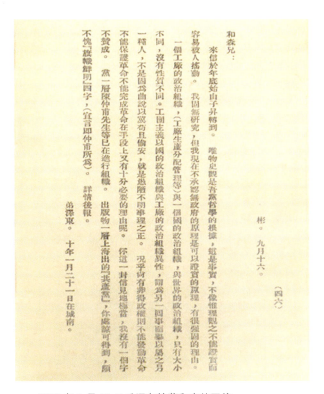

1921 年 1 月 21 日毛泽东给蔡和森的回信

府的原理是可以证实的原理，有很强固的理由。一个工厂的政治组织（工厂生产分配管理等），与一个国的政治组织，与世界的政治组织，只有大小不同，没有性质不同。工团主义以国的政治组织与工厂的政治组织异性，谓为另一回事而举以属之另一种人，不是固为曲说以冀苟且偷安，就是愚陋不明事理之正。况乎尚有非得政权则不能发动革命不能保护革命不能完成革命在手段上又有十分必要的理由呢！如你这一封信见地极当，我没有一个字不赞成。党一层陈仲甫先生等已在进行组织。出版物一层上海出的《共产党》，你处谅可得到，颇不愧"旗帜鲜明"四字（宣言即仲甫所为）。详情后报。

弟 泽东。十年一月二十一日在城南。

原载《新民学会会员通信集》第三集，1921年1月31日。

游工人之窟

邓中夏

今天我还留在这里，

拉杂写了这么一封信，

寄给我所欲见而未得见的汇川。

北京城里同时发生两件奇事！

就是太阳起来了，

我也起来了。

太阳起来了，

做他大公无私的普照、煦育的工作。

我呢？

偕友游工人之窟。

刚发正阳门，

忽过卢沟桥，

和我同时努力的朝曦，

装点成许多异样的奇景，

仿佛给游人安排着。

荒城，

野渡，

远山，

近村，

1921 年 4 月，邓中夏在《少年中国》第 2 卷第 10 期发表的诗歌《游工人之窟》。

袅娜的炊烟，

深蔚的朝岚，

包容在太阳的怀中，

收罗在我的眼底。

好呀！

曾几何时，

劳动学校有这么可喜的成绩。

"作始也简，

将毕也巨"，

我于此更相信唯人力为伟大。

看啊！

世界不是劳动的艺术品吗？

没有劳动，

就没有世界。

海之外已奔腾澎湃起来了，

海之内呢？

诚实的辛苦的工人们！

由张君的引导，

得孙君的介绍，

参观工人经营之女学。

可是礼教习俗的铁锁，

邓中夏通过指导和总结北方工人运动，编撰了《工会论（上编）》和《中国职工运动简史（1919—1926）》两部专著，是最早从宏观上对中国工人运动进行系统研究的两部专著。图为《工会论（上编）》封面。

还稳套她们嫩白的颈上。

街南之尽头，
云是永定河支流，
平沙黏树，
鹭鹚群飞。
猛忆及我可爱的汇川，
不是几次招我来打围吗？
今日却令我孤另另在这里，
望清碧的漾波，
听激越的流水。

午饭以后，
参观工人医院。
石大夫见我，惊讶道：
"噫——先生何爱于新长的疙瘩！
你愿割弃吗？
我可执其劳。"
我答道：
"你割吧！你割吧！"
这么阻碍自由的东西，
谁爱他来？

太阳落了！

安息了！

他何曾安息呢？

他正在那半球起来呦！

那半球或亦同时发生两件奇事。

丁昌润，

赵盛宗，

吴敏珂，

张淳和我，

　　根据邓中夏等的建议，平民教育讲演团利用假期，分赴卢沟桥、丰台、长辛店、海淀及罗道庄、通县等地开展"农村讲演""工厂讲演"。图为北京大学平民教育讲演团宣讲所。

坐灯光底下，
作扪虱之谈。
"人生"，"社会"，
"阶级斗争"，"世界共产"。
都是我们的话料
讵奈勤勤恳恳的邻鸡，
一声声催我们睡去。

原载《少年中国》第二卷第十期，1921年4月

北京共产主义组织的报告

同志们，北京共产主义组织仅仅是在十个月以前才产生的。此外，加入这个年轻组织的，只是为数不多的知识分子，他们多半缺乏革命经验。由于时局本身的变化，我们的整个活动遇到阻碍，所以，我们的工作成果是微

北京代表在中共一大上报告了共产党北京支部在工人与知识分子中开展工作的情况。图为"光辉伟业 红色序章——北大红楼与中国共产党早期北京革命活动主题展"中陈列的《北京共产主义组织的报告》。

不足道的。我们感到非常遗憾，在此次代表大会上，不能向你们谈更多的经验。可是我们殷切地希望这次代表大会能极大地丰富我们的经验，并对我们今后的整个活动作出原则指示。

在报告之前，我尽量简略地向你们叙述一下北京社会生活的情况。

一、大家知道，北京是中国北方的政治中心，近五百年来，又是中国的首都。在清朝时，有许多满族人居住在那里，他们利用与帝王的关系，一直保持着不成体统的生活方式。现在还有将近二十万这样的居民，他们非常忠顺，他们仍然不从事任何固定的职业。加上大大小小的文武官员，以及簇拥在他们周围的各种寄生虫，此外，还有他们的家属，再就是还有约三万干着各种各样可疑职业的人。北京的人口不超过九十三万，可以大胆地说，有一半以上是游手好闲的人。的确可以说，北京是世界上最奇怪的城市。

正如我们已经谈到的，北京是公认的所谓政治中心，因此，似乎当地居民应该关心一切政治问题，可是，实际上远远不是这样。当中国存在着君主政体时，人们把政治看作是帝王个人的事情。革命以后，则把政治看作是军人个人的事情，即高级将领和普通军官个人的事情，看作是那些在争夺各种特权的斗争中只追求个人目的的各种政客的事情。因此，政治问题仍然不被重视。

为什么北京的居民抱有这种消极态度呢？首先，北京人铭记古代哲学家所说的"搞政治不是下等人的事"，这种宿命思想深深地刻印在他们的脑海里。其次，几千年来，他们处于暴政压制之下，俯首听命和从属依附的情感深深地扎根在他们的心坎上。最后，工业尚处于初级发展阶段，工人中极端利己主义盛行，他们没有集体生活习惯，浸透了保守的传统精神。在茶馆或是饭馆里常常碰到"莫谈国事"的告示。这种对国家政治问题的一切谈论都加以禁止的作法，好像是对下层阶级设置的社会监督。

1879 年开办的门头沟通兴煤矿，是中国煤矿史上第一个中外合办的煤矿，同时也标志着北京近代工业的开端。

在"文学"革命（推行白话文等等）之后知识分子开始第一次感到需要新的理想、愿望和志向。与此同时，在瓜分战利品的会议上，中日之间因山东问题发生了冲突，这就引起了前所未闻的强大的学生的民族主义运动，即"五四运动"。当时，学生作了很大的努力，想唤起群众对政治事件的兴趣，可是，这种努力一直没有效果。得不到群众的支持，学生运动就逐渐削弱了。从这个例子中可以非常清楚地看出，在北京这个政治中心，知识分子阶层的爱国主义精神还没有在无产阶级中扎下根来。

知识分子的政治运动大体上可以分为三派：1.民主主义运动，2.基尔特社会主义，3.无政府主义运动。民主主义运动的拥护者没有任何固定的组织。而基尔特分子只有少数拥护者，因而，影响也小，为了宣传他们的混乱不堪的思想，他们随便地利用已出版的报纸和其他定期刊物，甚至无政府主义者

也没有这帮家伙走得远。拿起任何一张报纸，即使是军阀们出版的报纸都可以找到通篇是各种混乱思想同民主主义、基尔特社会主义和无政府主义等学说的大杂烩的文章。当然，这种运动所使用的手段是不会达到目的的。至于说无政府主义者，尽管他们大概已意识到他们向群众发出呼吁是怎样重要，但是他们除了散发他们的小册子和坐牢以外，也没有什么别的办法。例如，在去年五四运动时，无政府主义者小组已集合了三十人，可他们没能在工人中亲自发起组织游行示威，只限于印刷一些周刊，可是又不能像样地组织散发，因此，散发得很不均匀。

知识界的人士认为，改造社会时必定会运用他们的知识，科学事业会使他们获得有影响的地位，因而往往渴望受到广泛的教育。他们把无产阶级看作是很无知的、贫穷而又软弱的阶级，因而可以利用他们来达到自己的目的。知识分子认为自己非常重要，而无产阶级则微不足道，他们的这种倾向极为明显，结果就成了工人革命运动的极大的障碍。

同志们，综上所述，我们面临着需要立即着手解决的两个重要问题：第一，怎样使工人和贫民阶级对政治感兴趣，怎样用暴动精神教育他们，怎样组织他们和促使群众从事革命工作；第二，怎样打消他们想成为学者并进入知识界的念头，促使他们参加无产阶级的革命运动，怎样使他们成为工人阶级的一员。

军阀和官僚的政权，一般说来很不稳固；他们的眼界局限于纯粹自私的目的；他们没有任何固定的政治路线。只要无产阶级努力，这个政权就很容易被推翻。

二、北京的经济状况很简单。北京是政治中心，而不是工业或商业城市，因此，实际上只有百万富翁才在银行里有存款，而企业家一般地说很少，大商业家也不多。某些较大的工厂和企业，如编辑部、出版社、地方的财政部、精密仪器厂、度量衡厂，还有铁路，所有这些都是政府的机关。因此，这里的厂主和雇主就是政府本身。为了加强上述企业和机关的职员的爱国主义精神，为了使他们不停歇地工作，政府向他们解释说，"为了国家富强应当这样做"。自然，在这种情况下，宣传工作很困难，无论如何要比同资本家厂主打交道困难得多。同志们，请你们注意这个需要解决的问题。

工人中有许多人力车夫，计有五万到六万人。他们虽没有给资本家做工，可是他们来自下层，就其工作来说，又与广大居民阶层有接触，必须寻求向他们积极进行宣传工作的实际措施。

三、欺压人是北京常见的事，外国人侮辱中国人，军官粗暴地对待老百姓，乘客用鞭子或手杖催赶人力车夫等等。我认为不论什么地方，只要一发生这样的事情，我们就应当抓住时机激发工人阶级的革命精神。

政府官吏、军人、官僚和警察，他们在压迫平民百姓方面争相竞赛："重要人物"的汽车可以压死行人，他们可以随意控制交通，他们唆使警察任意镇压平民。某位"重要人物"一出门，摆在首位的就是维护其尊严。所有这些事例表明，有多少向群众宣传的好时机啊！

现在，再回过头来谈谈北京共产主义组织过去的活动和计划。我们应该看到，在去年十月这个组织成立时，有几个假共产主义者混进了组织，这些人实际上是无政府主义分子，给我们增添了不少麻烦，可是由于过分激烈的言论，他们使自己和整个组织脱离了。他们退出以后，事情进行得比较顺利了。我们人手还很少，因此，不能立即提出广泛的战斗任务。我们必须集中全付精力向知识分子和工人阶级进行宣传和组织工作。

在工人中的宣传工作

北京工业还不发达，没有可以把工人联合起来的大工厂。在这种情况下，我们决定把工作转到铁路员工方面来。可是我们都是知识分子出身，与工人阶级的距离很大，因此，首先应当同他们加强内部联系。为此，我们决定在长辛店创办劳动补习学校，训练两千名铁路工人。这所学校离北京不远，有三位教员——社会主义者在那里教课。

这所学校看来是我们接近工人的一个途径，我们和工人之间逐渐产生了亲密友好的感情；我们不止一次地向工人提出鼓舞他们的重要建议，结果，我们看到，认为必须提出各种阶级要求，像增加工资、缩短工时、成立工会等思想，在工人中间不断增长起来。后来，他们成立了拥有三百四十至三百五十人的铁路工人工会。

同志们，不应当只限于成立工会，工会成立以后，首先应当引导它与企业主交锋。只有这样，工人才会对自己的工会感兴趣，才相信工会的力量。工人群众没有知识，不认识字，十人当中只有一人能看报，因此，印刷宣传工作自然做得很差。可见，我们必须同这些困难做斗争，不惜任何代价加以克服。

总之，我们在最初一个短时期内所取得的经验是：第一步，在忠实于工人运动的人与工人之间建立友好关系；第二，从工人当中选拔一些领袖；第三，提醒他们不要忘记我们组织的目的，并利用自己的工会同雇主进行斗争，从而使阶级仇恨激化；最后，第四，我们必需利用每一个机会，推动群众举行游行示威和罢工。

自然，开办劳动学校时，我们不能幻想马上提高工人的一般知识水平，因为我们的工作人员能力差，经费少，不可能做到这一点。我们建立学校，力求达到的不过是上述的前两个目的。学校的任务主要是教育工人，并使他们习惯于亲自从他们当中选出有觉悟而又积极的人来管理学校和工会的事情。学生会议能够给你们提供许多合适的宣传机会，而特别重要的是培养这种召

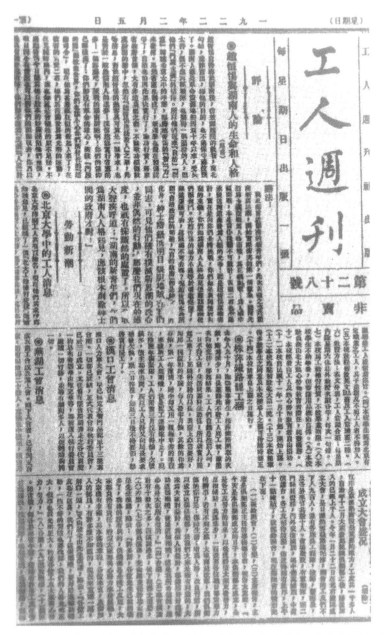

1920 年 11 月，北京"共产党小组"举行会议，决定更名为"共产党北京支部"，继续研究和宣传马克思主义，编辑发行《劳动音》《工人周刊》。

开公开群众大会的习惯，这种大会最能使到会者养成共同利益感和严守纪律。

我们教工人什么呢？我们经常不断地向他们说，他们遭受他们的厂主资本家的掠夺，不得不过着牛马般的生活；其次，向他们介绍外国工人运动史。我们不断地向他们指出组织起来的意义和方法，时常给他们讲课，教他们识字，同时，还教他们习惯于用文字来表述自己的思想，让他们写出关于家庭生活和日常生活情况以及工厂里发生的一切不公平事件的书面报告。起初，他们感到有些为难，但后来从他们中间培养出了一些优秀的鼓动员。不过，要找到导师，找到工人阶级的真正领袖，那是极其困难的。

我认为，没有必要开办所有行业的工人学校，作为第一步，只在那些既没有工人组织又没有工人领袖的地方才需要建立这样的学校。经验表明，我们不能建立一般的工人学校，应当只开办专门学校，如纺织工人学校和铁路工人学校等等；这种学校是建立产业工会的必要准备阶段。

在京汉铁路工会方面，我们积极进行活动，以便使这些工人同我们建立密切的联系。我们还特别注意各地所发生的罢工事件。一听说那个地区的采煤工人和其他工人举行罢工，我和罗同志就立即乘火车奔赴那里，想给罢工者以帮助，可是他们不但不相信能够从外人那里得到援助，反而怀疑我们是奸细，害怕我们，因此，我们的尝试没有成功。

我们为工人阶级出版的宣传刊物，大部分篇幅不多。我们经常鼓励工人自己写简讯，并全部刊登在我们的刊物上或一般的报刊上。我们最初出版的是《工人周刊》周刊，但出到第六期以后，就被政府查禁了。遭到这次迫害以后，我们的刊物改名为《仁声》，但在第三期以后，由于缺乏经费，只得停刊。我们还出版了一些小册子，如《工人的胜利》和《五一节》，这些出版物传播得相当广泛。可是，我们的主要宣传工作集中在要求提高工资和缩短工时上，这些要求现在已成为最有效的战斗口号。

我想举个例子来证实工人举行公开示威游行的重要性。正像我已向你们说过的，我们在长辛店播下了宣传工作的第一批种子，去年五月一日，那里举行了示威游行。应该称赞同志们举行的这次示威游行，这一天召开了有千百个工人参加的群众大会，工人亲自在会上发表了鼓动性的演说，会议持续了三个多小时，可是仍有一些工人没有来得及发言。群众大会以后，开始游行，由一千五百名工人组成的游行队伍，高举着写有重要标语的旗帜，唱着革命歌曲，喊着"增加工资、缩短工时"的口号沿街行进。这个事件过后，在不到一个星期之内，工厂车间里发生了数十起使管理人员感到极大不安的小型活动。同志们，请注意，我们不得不同尚没有纪律的工人一起活动，而帮助他们的最好方法，据我看就是帮助他们组织罢工和游行。我们要积极采取一切能够加速这一运动的措施。

在知识分子中的宣传工作

我们曾试图在知识分子阶层中扩大我们的宣传工作，可是现在印刷所受到监视，因此，不能刊印我们的出版物。我们翻译了一些小册子，如《俄国革命和阶级斗争》和《共产党纲领》等等，但我们的译文尚未印出。我们只散发了上海印的《共产党宣言》和《经济学谈话》。《曙光》杂志虽由我们的一个同志负责出版，但不纯粹是我们的刊物，而是一个混合性的刊物。我们刊登了一些翻译文章和原著，当罗素教授在上海讲学，并宣传基尔特社会主义时，我们组织了公开辩论，并作为其论敌发表了意见。我们不得不时常公开与无政府主义者以及社会党人进行争论，但很少参加笔战，大部分争论是公开辩论或私人谈话。

近几年来，公共的普通教育学校在北京显著地增加了。从前，它们对学生进行了爱国主义教育，我们尽力促使这些学校进行共产主义的宣传，并

北京地区传播马克思主义的报刊
《曙光》。

且在这方面获得了部分成绩。

我的报告就要完了，我还有几句话要说一说。虽然我们现在把精力都用在组织和教育群众的工作上，但同时还应当注意对知识分子的宣传工作。同志们，黑暗的政治局势和包围着我们的腐败的社会，许多令人难以容忍的社会不公平以及悲惨的经济生活状况，所有这一切都是易于引起革命爆发的因素。我们能否利用易于激发起来的无产阶级的革命精神，能否把民主主义的政治革命引上工人阶级社会革命的轨道，所有这一切都将取决于我们高举红旗进行斗争的努力程度。这次成立大会应当具体地解决摆在我们面前的一切任务，并制定实际工作计划。大会的责任看来是不轻的。

译自中共驻共产国际代表团档案的俄文版，1921年6月26日

家庭和女子

缪伯英

——打破家庭制度——真女子解放的实现——光明运动之前驱——

家庭是关于全人类的问题，不独于女子。今以其切于女子的生死存亡为尤甚。故偏就这方面发表一点意见，希望诸知识界的女同胞和凡留心女子教育的热心家，详加研究和指导！

一

题目既是家庭和女子，那末我们就先由家庭方面讲到女子方面，但是当没讨论本题之先，我们不得不要明白下面两项事情。一、家庭究竟是什么一种东西？现在一般人大概分作大家庭和小家庭两种：大家庭是由家长制度组合成的一个血族团体；小家庭是由一夫妻和所生的子女组成

缪伯英（1899—1929），女，湖南省长沙县人。1916年入湖南省立第一女子师范学校学习。1919年，考入北京女子高等师范学校。1920年加入北京大学马克思学说研究会。同年秋先后参加北京社会主义青年团和北京的共产党早期组织，成为中国共产党第一位女党员。

的小团体。还有许多人以为大家庭的制度为不合于现时趋势的组织，应当消灭；惟有小家庭的组织，因维持人类的治安计，不得不极力保存。这说对与不对，暂时不加判断。统而言之，家庭在人类过去的历史上，蕃殖人种，保证子女，常操社会上政治、经济、教化……各种组织的中心，实在是社会进化一种最重要的制度。但就其本身而论，就无分大小，都是男女间以现存的婚姻制度，经济上的机能，组合成的一种私产制度的组织。所以我们只就以上所述的几层，再加以现世进化的趋势，略略讨论一番，则家庭存去的疑问，自然会有一个明确的答案了。二、家庭在社会上占什么位置？家庭组织是人类进化中一时期的制度，原和社会之成立与否没什关系——社会以个人为本位没家庭的先就有社会——家庭既是人类所创的一种制度。那末我们对于制度两字的观念，不可不找他一个明了的见地。大凡一切制度，都是人类对于那时期所需要的一种产物：所以那产物之于人类，不过是适于那时期的环境。环境是随人类进化而时时变迁的，所以制度也没有千古不变的道理。

况且人类既具有创造制度的能力，当然就有改革变除的可能，断没有至高灵气的人类，反做出那自苦自陷的一成不变的束缚来！

上面已说家庭的起源，是由于社会感受种种不满足的缺憾所创立的。那末，到了现在又感受这种组织的困苦，不是我们又要还原返古，作一种退化的趋势吗？殊不知这种的远虑，实在只当得杞人忧天的一笑！我们稍稍考察社会的历史，就知道家庭的由来，主要的分子就站在社会经济，人类繁殖两大鹄的之上。在古者人类幼稚时期，人类之智慧，充其量只能谋到一家的范围的活动；较宽大的筹计，就不知道措手的方法了。现世人群进化已高出太古时代无数倍了，人人的注矢，都集在社会的一个中心，凡一切的组织和经营，都以最大的人群作单位。像这样，合全世界上的人类以谋全世界人类的幸福——如工厂、农场……等大规模组织——那末，所得的效力，比较昔时代的以最少数人作起点的营谋所得何如？自然不待说明而人人都能推到的。这是关于经济方面的解决。其余像儿童公育，学校设施，没一不是借大多数人类的互助，使人类蒸蒸日上一日的。由这样看起来，所有昔时代一定要家庭才能够解决的问题，在现世都集社会共同的力量去消除，没一点剩余的困难。

缪伯英与何孟雄。何孟雄（1898 —1931），湖南省酃县（今炎陵县）人。1919 年入北京大学学习。1920 年 3 月参加组织北京大学马克思学说研究会，同年参加北京共产党早期组织。1923 年 2 月参与领导二七大罢工。

我们由以上的观察，就可以得一种家庭在历史上和现在社会上站怎样的位置的梗概了，现在又要偏到女子方面讲一讲。写到那里——我还没有述到女子的关系，不觉愤懑填胸，怒潮汹涌！故不得不先作几句垄断的言词：家庭是女子的包办物，破坏社会组织的一障碍碑；家庭一天存在，女子一天不能自由，经济一天不能独立，人格一天不能恢复。换而言之，家庭就是女子身体的监狱、精神的坟墓。假使这东西不打破，什么女子平等的运动，什么解放的高吹，终久就是得到一个捕风捉影的效果罢了！今请分述如下。

二

原始时代，男女曦曦皡皡，纯以天然的活动呼吸自然空气，没有什么制度，更没有阶级的可言。到后渐渐由男女性质上的不同，男多从事战斗渔猎诸猛烈破坏方面的行为，女则好作农种储藏……诸人生必需的和平建设事业。那时女子占社会经济上的势力已是不少，加以当那人类没法达的时代，

原人视子女作一种的财产，而那时的子女因养育专负于母亲，自然子女都归女子所有。因此，女子为一般男女所尊敬，而发生母系母权时代。但是因男子天天在活动优游之中，身体渐渐强健；女子就天天在经营劳苦之境，加以生育的伤损，就渐渐衰弱。男女的体力，慢慢就呈偏颇的趋向。以后男子方面的争斗渐息，女子因担负太重，受经济上的压迫，不得不求助于男子，于是，男子就脱战器而从事耕耘以补女子的不及。那时女子就一天天退缩，男子势力一天天膨涨，终至压服女子于其势力之下。随后社会越进越复杂，人类的欲心也随长随盛，那私色的心思，一天天发展于男性方面。所以男女间起先由劫婚、质婚，以至现出的婚姻制度的肇起，由是，家庭的组织也就由此发生而日进。自从有了家庭，女子就完全为男子所有物，天天倚着男子作牛马奴隶。然而人性是不得满足的，在上的越长越想上，在下的就越压越不得翻身。愈流愈久，更造出许多压抑引诱……种种的制度和礼教，以垄断一般女子。无非是想使男性的势力扩张上天；女子的权力压伏下地。于是女子因此坠落十八层地狱里面，几千年来，没见天日了！

三

自男子改事耕耘以后，社会就变为耕种的社会：这种社会存留最久，差不多占人类历史上一很长的时期，在这时期中，家庭制度也极端的发达。女子在这个时期里面，凡中流以下的人家，除生育子女以外，就专事服伺料理的事务，和一点纺织缝缀的手工，以博男子的欢心。中流以上的女人就纯纯粹粹仰人而食、仰人而衣，专事那娇柔巧丽以作男人的玩品和机器。此外凡关于社会上的事业，女子自身的人格自由，简直是男子所有的专利公司，女子不得插一听闻，那能做女子一种分内事？但是当这时代，家庭工业还适用。家庭虽一方面为消费机关，一方面还得有一部分的生产，所以在经济方面，得以维持其不死的生命。然女子方面黑暗，也就依然紧闭在深层的地壳里面！

四

现世机械工业一天发达一天，家庭手工工艺，尽被掠夺于无形。家庭经济根本上受其动摇，更以人类思想上的变迁，家庭组织的弊害，渐为一般人共同研究的鹄的。兹分三层说明如下。

1. 伦理方面，自从十八世纪以后，个人主义日见昌盛，那平等自由，尊重个人人格的声浪，普振于天下人群的耳鼓，凡历来一切非人道的牛马奴隶制度，根本上受那不安固的打击，所谓社会革命的风声，一天天的不得平稳的状态。于是在千百个气压下的女子们，也渐渐受了一点的惊动，慢慢有点觉醒的现象，知道自己也是个人，一定也要享点人类的意味，于是所谓妇女种种的运动，累见不鲜了。那末，像那样摧残人格的家庭组织，还能让他安安稳稳的存于若是的大舞台上吗？况且家庭是根本建筑在阶级和私产制度上，其结合无论如何，免不掉勉强偏颇的状态，因其于女子经济独立和个人发展上根本相冲突。这是稍一考察社会历来的情形就得明白了见的，人类相遇间，既然带了几分牵强的趋势，那末，一切的伪虚不忠的行为，自然跟随而生。这样下去，无论怎样，不得有和我们理想的自然社会共同容合的地方。这是家庭组织于伦理变化中不能存在的第一原因。

2. 经济方面，在今实业发达时代，家庭中的手工工业，都被组织工业掠夺无余，而根本宣布破产了，所以社会上一切经济的操纵权，尽掌握在最少数资本家手内，文明越进步，资本家垄断的权能越增长。所谓物质文明发达一天，资本的集中范围扩大一天，一般平民生活的困苦迫急一层，差不多尽一个人的劳力，不能得到一人生活上所必须的报酬。像此，那一家人专靠一个男子以为生的，所感受经济上的痛苦，不言可知了。于是文明各国的一

般妇女，大多日间投入工厂与男子做一样多时间的工，晚间还要处理家庭一切事务。差不多以一身而兼两任的过劳，是不是社会上一种安全的现象，和女子兴盛的升造吗？试考察今世各文明国的社会状况，那末，男女间因为减少痛苦和牵掣计，就被迫而牺牲人生一部分很自然而应享的幸福，作一种干枯厌世的生活的趋势，一天发展一天。像这样病状的社会的由来，家庭制度，实实占他一部很重大的罪因。

3. 社会进化方面，今世社会上一切的组织，设不是以群众为中心，共营为适便，那末，家庭中的组织，当然是不合人类为共同的组合，为利便经济的趋势，如从前各家作各家的饭，各人保育各人的子女……还不是不经济吗？今就渐有公共消费的组织，儿童公育的设施，像此种种，比较昔时的零星组合，当要高出无数万倍了。又女子大概占人类的半数，本乎人性自由发展，各尽所长的原理，假使女子只以家事作毕生惟一的天职，是不是要消磨一部分的个性本能；违背那人类进化的公例吗？

五

家庭为一血族系传，财产世袭的惟一利器。人类的所以集资无厌，熙熙攘攘惟自私自利所趋的，非遗产制度的所驱使，那能到若是的努力不顾咧？所以家庭组织这种东西，简直是私产制度保留的惟一的坚城固库。然在私产制度之下，女子不是做家庭中的奴隶，就要做资本家的牛马，无论怎样，没得经济独立的机会。经济不能独立，人格怎样能恢复？又家庭一天存在，贫富阶级一天不能打破。贫富既分，则教育不平等，发展不得均匀。富的美食玉衣还觉不足，仍就一天天的致力掠夺和压迫以自饱，贫的就整天困于劳动中，这要遭受饥饿冻寒的烈祸。于是贫的越趋越贫，富的越进越富，造成人类中无量宽的鸿沟，社会上一种牢不可破的崎岖现象。像这样的影响于劳动

刊载有缪伯英撰《家庭和女子》一文的《家庭研究》1921年第1卷第3期。

阶级的解放，社会组织的改进，女子人格的重生，实有日不可缓的趋势。

六　结论

由以上种种方面的观察，家庭组织在今世的破产，实实是人类进化中一种很自然的要求，女子运动中一种根本的解决，故家庭为适合过去人类的需求而创立，当也可以依现世人类的需求而破灭，总之家庭的组织是适于那时期的一种制度。大凡人类对于一种制度发生不满足的问题时，由怀疑而至于破坏，由破坏而至于改建，纯是人类进化很平常而不可免除的一种现象。故无论是一种怎样轰烈的维新运动，改革风潮，实丝毫没有什么稀奇，更丝毫没有什么可怕和反抗的价值！所以我很希望一般留心女子问题的诸君，和女界中稍具知识的朋友们，切勿徘徊疑望、踌躇不定，顺着人类进化的趋势，大家努力向光明的路走！

一九二○，十二，十五。

原载《家庭研究》第一卷第三期，1921年

狱中题壁

何孟雄

当年小吏陷江州，
今日龙江作楚囚。
万里投荒阿穆尔，
从容莫负少年头。

1922年

注：1921年4月，何孟雄作为北京社会主义青年团代表参加国际少年共产党第二次代表大会，在赴俄途中于满洲里被捕，6月经保释出狱。次年写下《狱中题壁》。

《先驱》发刊词

　　《先驱》出版了，在《先驱》与读者相见的第一天，《先驱》要告诉读者"他出世以后的使命"。

　　中国自近年以来，与外人通商的结果，旧的农业社会的经济组织，已次第为新的工商业社会的经济组织所撼动所代替了。在这样变迁的中间，就发生旧道德、旧制度的摇动，和新道德、新制度的乘时代兴的现象。但二者是不能相容的，因不免互相冲突。请看前数年由专制改成共和的运动，和近数年来的新文化运动，便是这二种势力互相冲突最显著的表示了。只不幸这种冲突还未告一结束，就全国的形势看来，还是旧的势力占着优势。如国内武人军阀的横行，他们的勒索聚敛，毫无忌惮，使我们感觉着这还是法国大革命以前封建社会的状态，何曾有一丝民主的气味呢？全国由辛亥革命以后，直到现在，可说还是反革命的势力冒着民主的招牌，以行他们的抢掠之实罢了。再看新文化运动的结果，使我们尤抱悲观，近一二年来的言论界，大非"五四"前后的言论界了。大家都在纸上空谈不着边际的主义，并毫无研究问题解决问题的决心。反动的势力便也乘着这人家不注意他的机会大施其活动来了。所以我们现在社会里的道德，还是农业社会所留存给我们的。因袭、奴性、偷惰、倚赖，这社会里的事业哪一种不受他们的影响？各种事业经他们的熏染自然是麻木不仁，因之中国的政治，也任一般武人操纵把持了。我们以为军阀武人的专横不是他们的力量强大，实是我们国民的力量薄弱，实由国民还未觉悟的结果。所以本刊的任务是努力唤醒国民的自觉，打破因袭、奴性、偷惰和倚赖的习惯而代以反抗的创造的精神，使将来各种事业，都受着这种精神的支配而改变。我们的政治，以后就不至于这样黑暗，

1922年1月，北京社会主义青年团机关刊物《先驱》半月刊创刊，其发行通信处设在北大红楼收发课，后成为中国社会主义青年团团刊。图为《先驱》发刊词。

我们达到理想的社会——共产主义的社会——的道路，也就容易得多了。

既有了这种精神，我们若不知道中国客观的实际情形，还是无用的。许多无政府主义者何尝不富于反抗的和创造的精神？但他们因为不明白实际情形，他们的努力不知不觉的就变成了盲目的和反动的了。我们要知道那不就客观的实际情形研究，而徒凭个人主观的思想想改造社会的人，他们的罪恶在实际上与反动派保守派没有什么分别（虽然我们可以原谅他的心迹）。在一个时候，改造社会的方法是只有一种的，他们反对那一种最合于环境的要求的改造方法，而不谙实际的传播一种高调的主张，便是使一般人入于歧路，分散对敌人的力量，而我们的理想社会也终于不能达到了。所以本刊的第一任务是努力研究中国的客观的实际情形，而求得一最合宜的实际的解决中国问题的方案。

我们除了以上种目的之外，还要介绍各国社会主义运动的成绩和失败之点，以供我们运动的参考。我们特别注意的是俄国革命的状况和革命以后的建设。许多人都只知咒骂俄国和赞美他，但他的设施和他运动的方法，从来无人注意研究的。我们想在此时将他们实际运动的真相，忠实的介绍国人。

本刊发刊的旨趣说完了，我们很希望海内外表同情于我们的目的的人对于本刊物都加以充分的赞助。

原载《先驱》创刊号，1922年1月15日

关于中国少年运动的纲要

中国经济的状况，可依性质分为两种：一为在内地乡村的，还是一种旧式农业的和家长制的状况；一为在边境各口岸的，则已是一种近代资本主义发展的状况了。列强在中国所施行之帝国主义政策——侵略政策——已使中国经济完全被奴服了。这样所产生的结果：一方面是大部分农民被倾覆而驱迫入都市去找工作，于是开始形成了一部分无产阶级；一方面是手工工业不足与资本国机器工业竞争，渐渐归于毁灭。

中国政治的状况，亦可分为两种：在北方是大权操在封建式军阀的手中，他们是替日本实施其在中国的侵略政策，日本资助他们内争来扰乱中国，贫弱中国，所以日本军阀现在可在中国操纵一切，无异乎做了中国"太上政府"；在南方是大权操在方兴的有产阶级的手中，他们正预备一个战争去推倒北方封建式的军阀，这个战争是美国资助着他们的。

经济的和政治的状况，影响了中国阶级战争，使它分成两段程途。第一段是大的和小的有产阶级起来推倒封建主义的战争，第二段是新起的无产阶级起来推倒有产阶级的战争。因为中国的无产阶级还没有强壮，第二个战争现还在刚萌芽的时代。在这个时候，它所表显的，只是"组成工会"和"罢工运动"。

1922 年 4 月 1 日，中国社会主义青年团团刊《先驱》发表《关于中国少年运动的纲要》，初步提出中国革命要分两步走的思想。

　　为了要使我们的事业得到胜利，中国劳苦的群众，应分两步去做：第一步是完全倾覆封建主义，促成中国真正独立；第二步是推翻有产阶级的政治，把政权掌在自己手中。

　　中国少年运动问题中，必须有一个是教育少年男女工人和学生使他们有革命的精神，这样他们才可在这个战争中果敢的前进。为了这个理由，这种运动，必须具个群众的性质，他当收集少年的工人和农人以及少年的智识阶级在他旗子下面。社会主义青年团现在应从事普遍的做争自由的运动（如出版、言论、集会等等自由）。但同时又要给群众们解释道："现在的政权，是握在有产阶级的手中呢。'国家'是他们压制无产阶级惯用的武器，所以有产阶级存在一天，我们无产阶级便一天得不到完满的自由。"

　　在形式上这种运动的组织，须纯是少年，参加的人要在二十五岁以下。所运动的事业，也应当限定是为少年的。他应当是以革命的态度，来保护和发展少年工人农人及少年智识阶级的利益的。只有纯粹的少年事业，才可以吸收大群的少年们，万勿要变成少数人自修的组合。

　　社会主义青年团的事业，应具个政治教育的性质。他不仅仅应当教育团内的人，对团外少年的群众，也应当教育，以便引起他们来参加普通革命性质的运动。这样事情的进行：在团内应当时常分组研究和演讲，团员们应格外努力做科学的革命训练；在团外应当时常用激烈的议论，做口实的和文字的（如小册子、定期刊物、报纸等等）宣传。

　　关于少年经济利益保护的事业，现在要做的是要使少年工人劳动得着一定的保护和规定。为了这个事业，社会主义青年团需要和工会亲密的接近。禁止"夜工""越龄作工"，每天做六小时或八小时以上的作工，并增加工钱——社会主义青年团应为少年工人要求这些。还应要求：将学徒的待遇改良，并为学徒结一种有利的契约。

关于教育革新的方面，少年团体要加以十分的注意。这样的成功须预先施他们以教育的工夫，且常替他们想法改良经济地位，普通总要了解这些少年们所需要的是些什么，且能替他们去作出这些需要。

社会主义青年团现应着手去做些专门事业，以便吸收少年女子加入团结，这种事业就是以一种解放女子的意思，使伊们脱开家庭的压制，使伊们得着和少年男子同等的权利。如认为必要，女团员可在团内组成一部。少年团要向群众说明："现在女子奴属的地位，是封建制度和私产制度社会一定的结果，只有劳动阶级掌握政权的时候，伊们才可得到实在的解放。所以这种运动需要女子同来参加；伊们独立的组织'女子团体'争'参政权'，争'遗产权'，是不适当的。"这样才可使我们的事业和那些妇女"自由团体"所做的有所区别。

关于这样组合的组织，须要十分注意，少年团体应当组织坚固的全国总部及各地分部，来替代旧日各自独立而须互相报告的形式组织。就是说：每省应有个大会举出一个全省委员会；各省应再举出委员来组织一个中央委员会。各地方分部须服从中央委员会的指示。在工厂工会及学校里，少年们应组织社会主义青年团分团。

青年团与别的各种青年团体的关系，应当是：一方面攻击那些反革命的团体；一方面要使人加入那些不属政党的团体——如学生联合会及抵制日货同志会等——从里边找出一些同志来，组织在这些团体中的社会主义青年团小组，设法占到这些团体的领袖地位，以指挥一切，使这些团体跟我们社会主义化。中国社会主义青年团运动，第一期只不过吸收一些忠实的青年社会主义者在自己旗下，他们所从事的大部是为了研究马克思主义。这样——且因为缺乏全国集中组织的缘故，所以过去的团结只不过是很少的人数，即人数不少，亦不过像"一盘散沙"实在没做出几件具体的事业来。这第一期

中国社会主义青年团中央机关刊物《中国青年》。

应当过去了，因为自身研究的工具已经够了，现在所需要的是着手去从事些新的事业，用新的方法解决。

大会觉得现在中国少年运动的形式还不甚圆满，因为他并没有完成他的目的。他需要进而为"大群的组织"和"纯粹少年事业的运动"，因为只有这样做，我们才能吸收大群的少年们来做运动。大会很信：中国少年社会主义的运动，一定要接近各国劳苦的少年们的运动。全世界革命的劳苦的少年们亲密的联合，就是争自由奋斗确能得到胜利的一个预示。

所以大会承认国际青年共产党为中国青年社会主义者运动的领袖。

（这是本年一月间在莫斯科东方少年革命党会议议定的大纲。希望全国少年们特别注意。——记者）

原载《先驱》第五号，1922年4月1日

《向导周报》宣言

现在最大多数中国人民所要的是什么？我们敢说是要统一与和平。为什么要和平？因为和平的反面就是战乱，全国因连年战乱的缘故，学生不能求学，工业家渐渐减少了制造品的销路，商人不能安心做买卖，工人农民感受物价昂贵及失业的痛苦，兵士无故丧失了无数的性命，所以大家都要和平。为什么要统一？因为在军阀割据互争地盘互争雄长互相猜忌的现状之下，战乱是必不能免的，只有将军权统一政权统一，构成一个力量能够统一全国的中央政府，然后国内和平才能够实现，所以大家都要统一。我们敢说：为了要和平要统一而推倒为和平统一障碍的军阀，乃是中国最大多数人的真正民意。近代民主政治，若不建设在最大多数人的真正民意之上，是没有不崩坏的。

所谓近代政治，即民主政治立宪政治，是怎样发生的呢？他的精髓是什么呢？老老实实的简单说来，只是市民对于国家所要的言论、集会、结社、出版、宗教信仰这几项自由权利，所以有人说，宪法就是国家给予人民权利的证书，所谓权利，最重要的就是这几项自由。所以，世界各种民族，一到了产业发达人口集中都市，立刻便需要这几项自由，也就立刻发生民主立宪的运动，这是政治进化的自然律，任何民族任何国家可以说没

The Guide Weekly.

嚮 導

週報

分售處
昆大館上路○
沙學○海二廣
文出北至十州
化版京東八昌
者部國號興
社○立杏○屬

定價
每份連郵費大
洋三分
增刊不另加價
後有

每星期三出版　總發行所上海老西門肇浜路發蘭里三號

本報宣言

現在最大多數中國人民所要的是什麼？我們敢說是要統一與和平。爲什麼要和平？因爲和平的反面就是戰亂，全國因連年戰亂的緣故，學生不能求學，工業家漸漸減少了製造品的銷路，商人不能安心做買賣，工人農民感受物價昂貴及失業的痛苦，兵士無故喪失了無數的生命，所以大家都要和平。爲什麼要統一？因爲在軍閥割據互爭雄長互相猜忌的現狀之下，戰亂是必不能免的，只有將軍權統一政權統一，構成一個力量能夠統一全國的中央政府，然後國內和平才能夠實現，所以大家都要統一。我們敢說：爲了要和平要統一而推倒爲和平統一障礙的軍閥，乃是中國最大多數人的真正民意。

近代民主政治，若不建設在最大多數人的真正民意之上，是沒有不崩壞的。

所謂近代政治，卽民主政治立憲政治，是怎樣發生的呢？他的精髓是什麼呢？老老實實的簡單說來，只是市民對於國家所要的言論，集會，結社，出版，宗教信仰，這幾項自由權利，這幾項自由。所以有人說，憲法就是國家給予人民權利的證書，所謂權利，最重要的就是這幾項自由。十餘年來的中國，也就立刻發生民主立憲的運動，這是政治進化的自然律，任何民族任何國家可以說沒有一個例外。至少在沿江沿海沿鐵路交通便利的市民，宗教信仰，集會，結社出版，對於言論，集會，結社出版，這幾項自由權利，已經是生活必需品，不是奢侈品了。

世界各種民族，一到了產業發達人口集中都市，立刻便需要這幾項自由，也就立刻發生民主立憲的運動，這是政治進化的自然律，任何民族任何國家可以說沒有一個例外。人口也漸漸集中到都市了，因此，這幾項自由，依政治進化的自然律，人民必須以革命的手段取得之，因爲這幾項自由是我們的自由，可是現在的狀況，我們的自由，不但在事實上爲軍閥剝奪淨盡，而且在法律上爲袁世凱私造的治安警察條例所束縛，所以我們一般國民尤其是全國市民，對於這幾項生活必需品的自由，斷然要有誓死必爭的決心。『不自由毋寧死』這句話，只有感覺到這幾項自由的確是生活必需品才有意義。

現在的中國，軍閥的內亂固然是和平統一與自由之最大的障礙，而國際帝國主義的外患，在政治上仕經濟上，更是箝制我們中華民族不能自由發展的惡魔。北京東交民巷公使團簡直是中國之太上政府；中央政府之大部分財政權不操諸財政總長之手，而操諸客卿總稅務司之手；領諸

嚮導週報（第一期）

一

1922 年 9 月，中共中央在上海创办了政治机关报《向导》周报，10 月迁往北京，1927 年停刊，共出版 201 期。李大钊曾主持《向导》周报在北京的出版、发行，旗帜鲜明地宣传党的反帝反封建的民主革命纲领，在革命斗争中发挥了舆论宣传和政策指导的作用。

有一个例外。十余年来的中国，产业也开始发达了，人口也渐渐集中到都市了，因此，至少在沿江沿海沿铁路交通便利的市民，若工人、若学生、若新闻记者、若著作家、若工商业家、若政党，对于言论、集会、结社出版、宗教信仰，这几项自由，已经是生活必需品，不是奢侈品了。在共和名义之下，国家若不给人民以这几项自由，依政治进化的自然律，人民必须以革命的手段取得之，因为这几项自由是我们的生活必需品，不是可有可无的奢侈品。可是现在的状况，我们的自由，不但在事实上为军阀剥夺净尽，而且在法律上为袁世凯私造的治安警察条例所束缚，所以我们一般国民尤其是全国市民，对于这几项生活必需的自由，断然要有誓死必争的决心。"不自由毋宁死"这句话，只有感觉到这几项自由确是生活必需品才有意义。

现在的中国，军阀的内乱固然是和平统一与自由之最大的障碍，而国际帝国主义的外患，在政治上在经济上，更是钳制我们中华民族不能自由发展的恶魔。北京东交民巷公使团简直是中国之太上政府：中央政府之大部分财政权不操诸财政总长之手，而操诸客卿总税务司之手；领事裁判权及驻屯军横行于首都及各大通商口岸；外币流通于全国；海关邮政及大部分铁路管理权，都操诸外人之手；银行团及各种企业家，一齐勾串国内的卖国党，尽量吸收中国的经济生命如铁路矿山和最廉价的工业原料等；利用欺骗中国人的协定关税制度，钳制中国的制造业不能与廉价的外货竞争，使外货独占中国市场，使中国手工业日渐毁减，中国为使永消费国家，使他们的企业家尽量吸收中国的现金和原料，以满足他们无穷的掠夺欲。在这样国际帝国主义政治的经济的侵略之下的中国，在名义上虽然是一个独立的共和国，在实质上几乎是列强的公共殖民地。因此我中华民族为被压迫的民族自卫计，势不得不起来反抗国际帝国主义的侵略，努力把中国造成一个完全的真正独立的

国家。

现在，本报同人依据以上全国真正的民意及政治经济的事实所要求，谨以统一、和平、自由、独立，四个标语呼号于国民之前！

原载《向导》周报第一期，1922年9月13日

工人们需要一个政党

高君宇

这一回京汉罢工的失败，有两个大原由：

一是军阀武力的摧残；

一是工友的组织还未完善。

手无寸铁而组织幼弱的工人们，加以如虎似狼的兵力压迫，那自然是抵敌不得，所以京汉罢工就失败了。不过，我们确信：假使京汉工友的组织更较完固，势力虽终不足抵敌持枪带刀的军队，也不至受摧残到如是地步。

现在情形是很明白的：我们需要的自由是没争到，屠杀我们的军阀是更横暴了，我们的组织——工会——是被摧残了。这是证明我们更不自由了。我们要为了自由而奋争，应当比过去还勇敢

高君宇（1896-1925），山西省娄烦县人。1916年入北京大学。五四运动的组织者之一，北京大学马克思学说研究会发起人之一。1920年参加北京的共产党早期组织。1925年3月病逝。图为高君宇在北京大学学生会办公室合影。

努力。我们要努力恢复我们的工会，恢复和扩张我们的势力，以期打倒摧残我们的军阀，争到我们未获得的自由。

我们绝不灰心！我们从事的是个很长远的战争，这回失败不过是我们开场的暂而且小的挫折罢，我们决然要继续这个战争，最后的胜利一定是我们的！

组织我们是第一重要了！我们需要再组织成工会，就是努力使被封工会恢复，产生出很完固有力的团体。但我们只有完固有力的工会，还是不够奋斗的。从这回京汉罢工被摧残，使我们看明了。当京汉和武汉罢工被摧残，工会被封之后，工人中的重心和交通便消失了，行动上骤感了非常的困难。这证明工人要于工会之外另有组织，才够奋斗。工会之外，还要的组织是什么呢？就是政党。我们早和工友们谈过的：我们所从事的是个战争，为了这个战争的胜利，工友们一致的很完固的组织成自己的军队——就是工会，是非常的必要；不过只有兵士群众的组织，必不足应付战争，要和通常军事组织一样，于兵队之上还有参谋部的组织，计划和统率全工人阶级利益的争斗。参谋部就是一个政党。

这个政党是怎样个政党呢？是帝制派或复辟派吗？不是的！——这些是替一人一姓谋皇位的奴才，绝不是工人的政党。是交通系进步系或安福系吗？也不是的！——他们都是官僚们升官发财和捧军阀的结合，不是替工人阶级谋利益的。此外，什么民主派呢，什么无政府"党"呢，什么基尔特社会主义派呢，虽然他们于工人初步利益在相当范围之内也表示赞助，但他们也都不是始终为了工人阶级全部利益奋斗的派别。现在一切政治团体，惟一能为了工人阶级全部利益奋斗的，只有一个共产党。我们工人需要于组织工会之外，还组织政党，我们要的政党就是共产党了。

全国奋斗的工友们当然会记得，这几年来共产党是怎样和我们一块儿奋

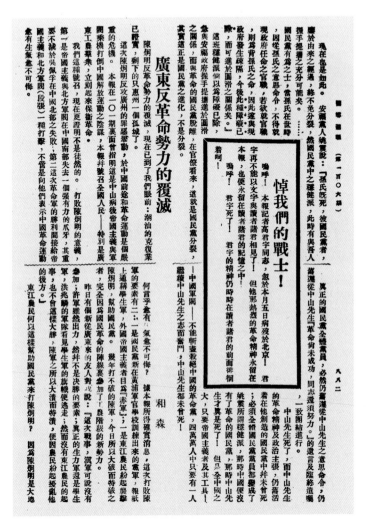

刊载有《悼我们的战士》一文的《向导》周报（1925年第106期）。

斗呢！他起首引导我们组织工会，又助我们争到工钱的增加，使我们大家认识"团结就是工人的势力"，他的目的在不断的领我们向解放之路，所以他决不畏难与懈怠，又引导我们来争我们最迫切需要的自由了。这几年他和我们肩并肩亲密的奋斗，至少当已使我们认识，他是始终为我们阶级利益亲切奋

京汉工人流血记

斗的了。这回他的党员与工友们奋争自由，至于被屠杀而都不稍畏缩，是何等勇敢的为阶级利益奋斗呢！而不久在北京开"二七被难诸工友追悼会"，当时并未曾受何等武力的压迫，不但招牌社会主义者们没有人来，就是革命的三民主义代表（民党议员）也没到了一个，他们对死者甚至连这么点同情心都没有！这件很小的事情，不但证明共产党是为了工人阶级利益的政党，且是惟一的为了工人阶级利益奋斗的政党呀！

这里就许有人接口要问：共产党不就是"过激派"吗？不就是在俄国"杀人不贬眼"的那一党人吗？——可怕，可怕！你是听了好些关于俄国革命的话吗？你是被那些消息震吓过吗？但我要问你，你可知你听过的消息是从什么来源传来的吗？我可立即指出那些谣言和咒詈都是华洋资本家和白党炮制，经他们宣传机关传播来的。他们报告过列宁的死，不知有若干次了，然而列宁却未曾死，他们是造谣可证明了。资本家为何要造俄国的谣言呢？就是因为俄国是工人革命，国家由工人管理了。如果各国工人都要学起俄国的榜样来，全世界资本阶级马上就得要倒，所以美日法等强盗国家，便一致努力，一致造苏俄的谣言，捏造他好多坏话，来蒙蔽全世界的工人们，使他们消失对俄国革命的同情，所以我们这几年关于俄国的听闻，大半是被他们欺骗了。那一个革命能免掉了杀人？俄国共产党人是杀过人的，但杀的是阻挠革命进行和反对工人利益的那一类人。"过激派"的确是可怕的，且要使人吓得抖擞的；但这话是要对全世界资本家说，因为"过激派"的革命是在推翻资本主义。资本家永远是工人的仇敌，我们没有所为来怕"过激派"；资本阶级恨"过激派"，怕"过激派"，替"过激派"造谣，反倒证明"过激派"就是在我们工人这边，他所反对的就是我们工人的仇人，他们所争斗的就是工人的利益。这或者倒是我们不当怕"过激派"，反要去和他亲密的一大理由！

我们的现在的责任很明白了，我们要努力去恢复我们的营垒（工会），同时也要努力组织好我们的参谋部，凡是工人阶级的革命先驱，都要加入中国共产党的组织之内。

"确认于工会之外，还须有党的组织，这是我们这次失败之下，一个很有益的教训。假使工友们努力迅速向这个需要进行，努力去扩张共产党的势力，我们损失的马上就会恢复。"

中国共产党万岁！

原载《京汉工人流血记》后序，1923年3月24日

牺牲

李大钊

　　人生的目的，在发展自己的生命，可是也有为发展生命必须牺牲生命的时候。因为平凡的发展，有时不如壮烈的牺牲足以延长生命的音响和光华。绝美的风景，多在奇险的山川。绝壮的音乐，多是悲凉的韵调。高尚的生活，常在壮烈的牺牲中。

原载《新生活》第十二期，1919年11月9日，署名孤松

狱中自述

李大钊

李大钊，字守常，直隶乐亭人，现年三十九岁。在襁褓中即失怙恃，既无兄弟，又鲜姊妹，为一垂老之祖父教养成人。幼时在乡村私校，曾读四书经史，年十六，应科举试，试未竟，而停办科举令下，遂入永平府中学校肄业，在永读书二载。其时祖父年逾八旬，只赖内人李赵氏在家服侍。不久，祖父弃世。

钊感于国势之危迫，急思深研政理，求得挽救民族、振奋国群之良策，乃赴天津投考北洋法政专门学校。是校为袁世凯氏所创立，收录全国人士。钊既入校，习法政诸学及英、日语学，随政

1927年4月6日，李大钊在北京遭到奉系军阀张作霖的逮捕。面对敌人的威胁利诱，他大义凛然、坚贞不屈。4月28日，李大钊从容就义，年仅38岁。图为李大钊就义前照片。

治知识之日进，而再建中国之志趣亦日益腾高。钊在该校肄业六年，均系自费。我家贫，只有薄田数十亩，学费所需，皆赖内人辛苦经营，典当挪借，始得勉强卒业。

卒业后我仍感学识之不足，乃承友朋之助，赴日本东京留学，入早稻田大学政治本科。留东三年，益感再造中国之不可缓，值洪宪之变而归国，暂留上海。后应北京大学之聘，任图书馆主任。历在北京大学、朝阳大学、女子师范大学、师范大学、中国大学教授史学思想史、社会学等科。数年研究之结果，深知中国今日扰乱之本原，全由于欧洲现代工业勃兴，形成帝国主义，而以其经济势力压迫吾产业落后之国家，用种种不平等条约束制吾法权税权之独立与自主。而吾之国民经济，遂以江河日下之势而趋于破产。今欲挽此危局，非将束制吾民族生机之不平等条约废止不可。从前英法联军有事于中国之日，正欧、美强迫日本以与之缔结不平等条约之时，日本之税权法权，亦一时丧失其独立自主之位置。厥后日本忧国之志士，不忍见其国运之沉沦，乃冒种种困难，完成其维新之大业，尊王覆幕，废止不平等条约，日本遂以回复其民族之独立，今亦列于帝国主义国家之林。惟吾中国，自鸦片战役而后，继之以英法联军之役，太平天国之变，甲午之战，庚子之变，乃至辛亥革命之变，直到于今，中国民族尚困轭于列强不平等条约之下，而未能解脱。此等不平等条约如不废除，则中国将永不能恢复其在国际上自由平等之位置。而长此以往，吾之国计民生，将必陷于绝无挽救之境界矣！然在今日谋中国民族之解放，已不能再用日本维新时代之政策，因在当时之世界，正是资本主义勃兴之时期，故日本能亦采用资本主义之制度，而成其民族解放之伟业。今日之世界，乃为资本主义渐次崩颓之时期，故必须采用一种新政策。对外联合以平等待我之民族及被压迫之弱小民族，并列强本国内之多数民众；对内唤起国内之多数民众，共同团结于一个挽救全民族之政治纲领之下，以抵制列强之压迫，而达到建立一恢复民族自主、保护民众利益、发达国家产业之国家之目的。因此，我乃决心加入中国国民党。

大约在四五年前，其时孙中山先生因陈炯明之叛变，避居上海。钊曾亲赴上海与孙先生晤面，讨论振兴国民党以振兴中国之问题。曾忆有一次孙先生与我畅论其建国方略，亘数时间，即由先生亲自主盟，介绍我入国民党。是为钊献身于中国国民党之始。翌年夏，先生又召我赴粤一次，讨论外交政策。又一年一月，国民党在广州召集第一次全国代表大会，钊曾被孙先生指派而出席，被选为中央执行委员。前岁先生北来，于临入医院施行手术时，又任钊为政治委员。其时同被指认者，有：汪精卫、吴稚晖、李石曾、于右任、陈友仁诸人。后来精卫回广州，政治委员会中央仍设在广州，其留在北京、上海之政治委员，又略加补充，称分会。留于北京之政治委员，则为吴稚晖、李石曾、陈友仁、于右任、徐谦、顾孟余及钊等。去年国民党在广州开第二次全国代表大会，钊又被选为中央执行委员。北京执行部系从前之组织，自第二次全国代表大会后已议决取消。中央执行委员会为全国代表大会闭会中之全党最高中央机关，现设于武汉，内分组织、宣传、工人、农民、商人、青年、妇女、海外等部。政治委员会委员长系汪精卫，从前只在上海、北京设分会，今则中央已迁往武汉，广州遂又设立一分会。北京分会自吴稚晖、于右任等相继出京后，只余李石曾及钊，久矣不能成会。近自石曾出京，只钊一人，更无从开会起矣。钊所以仍留居北京者，实因不得稳妥出京之道路，否则久已南行。此时南方建设多端，在在需人。目下在北方并无重要工作，亦只设法使北方民众了解国民党之主义，并且增收党员而已。

此外，则中外各方有须与党接洽者，吾等亦只任介绍与传达之劳。至于如何寄居于庚款委员会内，其原委亦甚简单。盖因徐谦、李石曾、顾孟余等，皆先后任庚款委员，徐谦即寄居于其中，一切管理权皆在徐、顾，故当徐、

顾离京时，钊即与徐、顾二君商，因得寄居于此。嗣后市党部中人，亦有偶然寄居于此者，并将名册等簿，寄存其中，钊均径自允许，并未与任何俄人商议。盖彼等似已默认此一隅之地，为中国人住居之所，一切归钊自行管理。至于钊与李石曾诸人在委员会会谈时，俄人向未参加。我等如有事须与俄使接洽时，即派代表往晤俄使。至如零星小事，则随时与使馆庶务接洽。

中山先生之外交政策，向主联俄联德，因其对于中国已取消不平等条约也。北上时路过日本，曾对其朝野人士，为极沉痛之演说，劝其毅然改变对华政策，赞助中国之民族解放运动。其联俄政策之实行，实始于在上海与俄代表越飞氏之会见。当时曾与共同签名发表一简短之宣言，谓中国今日尚不适宜于施行社会主义。以后中山先生返粤，即约聘俄顾问，赞助中山先生建立党军，改组党政。最近蒋介石先生刊行一种中山先生墨迹，关于其联俄计画之进行，颇有纪述，可参考之。至于国民政府与苏俄之外交关系，皆归外交部与驻粤苏俄代表在广州办理，故钊不知其详。惟据我所知，则确无何等秘约。中山先生曾于其遗嘱中明白言之，与"以平等待我之民族，共同奋斗！"如其联俄政策之维持而有待于密约者，则俄已不是以平等待我之民族，尚何友谊之可言？而且国民党之对内对外诸大政策，向系公开与国人以共见，与世界民众以共见，因亦不许与任何国家结立密约。

政治委员会北京分会之用款，向系由广州汇寄，近则由武汉汇寄。当徐谦、顾孟余离京之时，顾孟余曾以万余元交付我手，此款本为设立印刷局而储存者。后因党员纷纷出京，多需旅费及安置家属费，并维持庚款委员会一切杂费及借给市党部之维持费。数月间，即行用尽。此后又汇来数万元，系令钊转交柏文蔚、王法勤等者，已陆续转交过去。去岁军兴以来，国民政府之经费亦不甚充裕，故数月以来，未曾有款寄到。必需之费，全赖托由李石曾借债维持。阳历及阴历年关，几乎无法过去。庚款委员会夫役人等之月薪，以及应交使馆之电灯、自来水等费，亦多积欠未付。委员会夫役阎振，已经拘押在案，可以质证。最近才由广州寄来两千元，由武汉寄来三千元，除陆续还付前托李石曾经借之债，已所余无几，大约不过千元，存在远东银行。历次汇款，无论由何银行汇来，钊皆用李鼎丞名义汇存之于远东银行，以为提取之便。

党中之左、右派向即存在，不过遇有政治问题主张不一致时，始更明显。其实，在主义之原则上原无不同，不过政策上有缓进急进之差耳。在北京之党员，皆入市党部，凡入市党部者，当然皆为国民党员。市、区党员之任务，乃在训练党员以政治的常识。区隶属于市，积若干区而成市，此为党员之初级组织，并无他项作用。北京为学术中心，非工业中心，故只有党之组织，而无工会之组织。在国民军时代，工人虽略有组织，而今则早已无复存在。党籍中之工人党员，亦甚罕见。近来传言党人在北京将有如何之计画，如何之举动，皆属杯弓市虎之谣，望当局悟勿致轻信，社会之纷扰，泰半由于谣传与误会。当局能从此番之逮捕，判明谣诼之无根，则对于吾党之政治主张，亦可有相当之谅解。苟能因此谅解而知吾党之所求，乃在谋国计民生之安康与进步，彼此间之误会，因以逐渐消除，则更幸矣！

钊自束发受书，即矢志努力于民族解放之事业，实践其所信，励行其所知，为功为罪，所不暇计。今既被逮，惟有直言。倘因此而重获罪戾，则钊实当负其全责。惟望当局对于此等爱国青年宽大处理，不事株连，则钊感且不尽矣！

又有陈者：钊夙研史学，平生搜集东西书籍颇不少，如已没收，尚希保存，以利文化。谨呈。

1927年4月